ÉTAPES D'APPRENTISSAGE DU FRANÇAIS
PAR LA GRAMMAIRE NOUVELLE

Ninon Carmant

ÉTAPES D'APPRENTISSAGE DU FRANÇAIS
PAR LA GRAMMAIRE NOUVELLE

3e secondaire

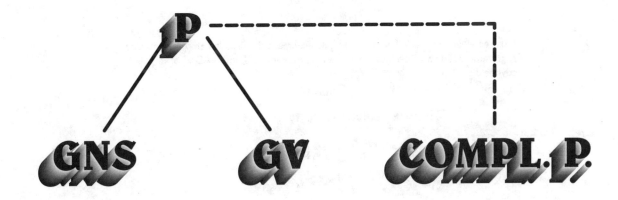

Fiches d'accompagnement

ÉTAPES D'APPRENTISSAGE DU FRANÇAIS
PAR LA GRAMMAIRE NOUVELLE

3e secondaire

auteur
Ninon Carmant

révision linguistique
Brigitte Marier

conception graphique
LIDEC inc.

maquette de la page couverture
LIDEC inc.

Dépôt légal
Bibliothèque nationale du Québec, 2000
Bibliothèque nationale du Canada, 2000

ISBN 2-7608-5302-0
Imprimé au Canada

Nous reconnaissons l'aide financière du gouvernement du Canada par l'entremise du Programme d'Aide au Développement de l'Industrie de l'Édition (PADIÉ) pour nos activités d'édition.

Canadä

4350, avenue de l'Hôtel-de-Ville
Montréal (Québec) H2W 2H5
Téléphone: (514) 843-5991
Télécopieur: (514) 843-5252
Adresse Internet: http://www.lidec.qc.ca
Courriel: lidec@lidec.qc.ca

Table des matières

TEXTE 1 NARRATIF

TEXTE **185**
EXPLICATIF

TEXTE 337

Adj.	adjectif	G. Part.	groupe participial
Adv.	adverbe	G. Prép.	groupe prépositionnel
Antéc.	antécédent	GV	groupe verbal
Attr.	attribut	excl.	exclamatif
auxil.	auxiliaire	imparf.	imparfait
circ.	circonstancielle	impér.	impératif
class.	classifiant	ind.	indicatif
compar. d'égal.	comparatif d'égalité	indéf.	indéfini
compar. d'infér.	comparatif d'infériorité	interr.	interrogatif
compar. de supér.	comparatif de supériorité	Intrans.	intransitif
Compl. Adj.	complément de l'adjectif	juxt.	juxtaposé
Compl. Ag.	complément d'agent	modal.	modalisateur
Compl. D.	complément direct	modif.	modificateur
Compl. I.	complément indirect	num.	numéral
Compl. N.	complément du nom	partit.	partitif
Compl. P.	complément de phrase	part. p.	participe passé
Compl. P. Impers.	complément de la phrase impersonnelle	pers.	personne
		poss.	possessif
Compl. Présent.	complément du présentatif	prés.	présent
Compl. V.	complément de verbe	pron.	pronom
Compl. V. Impers.	complément du verbe impersonnel	pron. nég.	pronom négatif
		pron. pers.	pronom personnel
cond.	condition	pron. rel.	pronom relatif
conj. de coord.	conjonction de coordination	quant.	quantifiant
conj. de sub.	conjonction de subordination	réf.	référent
cons.	conséquence	sub.	subordonnée
déf.	défini	subj.	subjonctif
dém.	démonstratif	Suj.	sujet
dét.	déterminant	super. abs.	superlatif absolu
G. Adj.	groupe adjectival	super. rel.	superlatif relatif
G. Adv.	groupe adverbial	Trans. D.	transitif direct
G. Inf.	groupe infinitif	Trans. I.	transitif indirect
GN	groupe nominal	V	verbe
GNS	groupe nominal sujet		

LE TEXTE NARRATIF

LE PETIT FÛT

Guy de Maupassant est né le 5 août 1850, près de Dieppe, en Normandie. Dans la villa d'Étretat où il vivait avec sa mère, il a mené, selon sa propre expression, une vie de «poulain échappé».

Il fait ses études d'abord au séminaire d'Yvetot, puis au lycée de Rouen. La publication, en 1880, de Boule-de-Suif lui donne la notoriété. Dès lors, sa voie est trouvée. Il travaille assidûment et publie dix-huit ouvrages en dix ans: contes, nouvelles et romans.

Cependant, son état de santé se détériore peu à peu. Il s'isole, hanté par l'idée de la mort. Interné en 1892 dans une maison de santé à Paris, il y meurt le 6 juillet 1893.

1 Maître Chicot, l'aubergiste d'Épreville, arrêta son tilbury [cabriolet à deux places] devant la ferme de la mère Magloire. C'était un grand gaillard de quarante ans, rouge et ventru, et qui passait pour être malicieux.

2 Il attacha son cheval au poteau de la barrière, puis il pénétra dans la cour. Il possédait un bien attenant aux terres de la vieille, qu'il convoitait depuis longtemps. Vingt fois il avait essayé de les acheter, mais la mère Magloire s'y refusait avec obstination.

«J'y sieus née, j'y mourrai», disait-elle.

3 Il la trouva épluchant des pommes de terre devant sa porte. Âgée de soixante-douze ans, elle était sèche, ridée, courbée, mais infatigable comme une jeune fille. Chicot lui tapa dans le dos avec amitié, puis s'assit près d'elle sur un escabeau.

«Eh bien! la mère, et c' te santé, toujours bonne?

– Pas trop mal, et vous, maît' Prosper?

– Eh! eh! quéques douleurs; sans ça, ce s' rait à satisfaction.

– Allons, tant mieux!»

4 Et elle ne dit plus rien. Chicot la regardait accomplir sa besogne. Ses doigts crochus, noués, durs comme des pattes de crabe, saisissaient à la façon de pinces les tubercules grisâtres dans une manne, et vivement elle les faisait tourner, enlevant de longues bandes de peau sous la lame d'un vieux couteau qu'elle tenait de l'autre main. Et, quand la pomme de terre était devenue toute jaune, elle la jetait dans un seau d'eau. Trois poules hardies s'en venaient l'une après l'autre jusque dans ses jupes ramasser les épluchures, puis se sauvaient à toutes pattes, portant au bec leur butin.

5 Chicot semblait gêné, hésitant, anxieux, avec quelque chose sur la langue qui ne voulait pas sortir. À la fin, il se décida:

«Dites donc, mère Magloire…

– Qué qu'i a pour votre service?

– C' te ferme, vous n' voulez toujours pas m' la vendre?

– Pour ça, non. N'y comptez pas. C'est dit, c'est dit, n'y r' venez pas.

– C'est que j'ai trouvé un arrangement qui f' rait notre affaire à tous les deux.

– Qué qu' c'est?

– Le v' là. Vous m' la vendez, et pi vous la gardez tout d' même. Vous n'y êtes point? Suivez ma raison.

6   La vieille cessa d'éplucher ses légumes et fixa sur l'aubergiste ses yeux vifs sous leurs paupières fripées.

Il reprit:

«Je m'explique. J' vous donne chaque mois, cent cinquante francs. Vous entendez bien: chaque mois, je vous apporte ici, avec mon tilbury, trente écus de cent sous. Et pi n'y a rien de changé de plus, rien de rien; vous restez chez vous, vous n' vous occupez point de mé, vous n' me d' vez rien. Vous n' faites que prendre mon argent. Ça vous va-t-il?»

7   Il la regardait d'un air joyeux, d'un air de bonne humeur.

La vieille le considérait avec méfiance, cherchant le piège. Elle demanda:

«Ça, c'est pour mé; mais pour vous, c' te ferme, ça n' vous la donne point?

8   Il reprit:

«N' vous tracassez point de ça. Vous restez tant que l' bon Dieu vous laissera vivre. Vous êtes chez vous. Seulement vous m' ferez un petit papier chez l' notaire pour qu'après vous ça me revienne. Vous n'avez point d'enfants, rien qu' des neveux que vous n'y tenez guère. Ça vous va-t-il? Vous gardez votre bien votre vie durant, et je vous donne trente écus de cent sous par mois. C'est tout gain pour vous.»

9   La vieille demeurait surprise, inquiète, mais tentée. Elle répliqua:

«Je ne dis point non. Seulement, j' veux m' faire une raison là-dessus. Rev' nez causer d' ça dans l' courant d' l'autre semaine. J' vous f' rai une réponse de mon idée.»

10   Et maître Chicot s'en alla, content comme un roi qui vient de conquérir un empire.

11   La mère Magloire demeura songeuse. Elle ne dormit pas la nuit suivante. Pendant quatre jours, elle eut une fièvre d'hésitation . Elle flairait bien quelque chose de mauvais pour elle là-dedans, mais la pensée de trente écus par mois, de ce bel argent sonnant qui s'en viendrait couler dans son tablier, qui lui tomberait comme ça du ciel, sans rien faire, la ravageait de désir.

12   Alors elle alla trouver le notaire et lui conta son cas. Il lui conseilla d'accepter la proposition de Chicot. Mais en demandant cinquante écus de cent sous au lieu de trente, sa ferme valant, au bas mot, soixante mille francs.

«Si vous vivez quinze ans, disait le notaire, il ne la paiera encore, de cette façon, que quarante-cinq mille francs.»

13   La vieille frémit à cette perspective de cinquante écus de cent sous par mois; mais elle se méfiait toujours, craignant mille choses imprévues, des ruses cachées, et elle demeura jusqu'au soir à poser des questions, ne pouvant se décider à partir. Enfin, elle ordonna de préparer l'acte, et elle rentra troublée comme si elle eût bu quatre pots de cidre nouveau.

14   Quand Chicot vint pour savoir la réponse, elle se fit longtemps prier, déclarant qu'elle ne voulait pas, mais rongée par la peur qu'il ne consentît point à donner les cinquante pièces de cent sous. Enfin, comme il insistait, elle énonça ses prétentions.

Il eut un sursaut de désappointement et refusa.

Alors, pour le convaincre, elle se mit à raisonner sur la durée probable de sa vie. «Je n'en ai pas pour pu de cinq à six ans pour sûr. Me v' là sur mes soixante-treize, et pas vaillante avec ça. L'aut' e soir, je crûmes que j'allais passer. Il me semblait qu'on me vidait l' corps, qu'il a fallu me porter à mon lit.»

15   Mais Chicot ne se laissait pas prendre.

«Allons, allons, vieille pratique, vous êtes solide comme l' clocher d' l'église. Vous vivrez pour le moins cent dix ans. C'est vous qui m'enterrerez, pour sûr.»

Tout le jour fut encore perdu en discussions. Mais, comme la vieille ne céda pas, l'aubergiste, à la fin, consentit à donner les cinquante écus. Ils signèrent l'acte le lendemain. Et la mère Magloire exigea dix écus de pot-de-vin.

16   Trois ans s'écoulèrent. La bonne femme se portait comme un charme. Elle paraissait n'avoir pas vieilli d'un jour, et Chicot se désespérait. Il lui semblait, à lui, qu'il payait cette rente depuis un demi-siècle, qu'il était trompé, floué, ruiné. Il allait de temps en temps rendre visite à la fermière, comme on va voir, en juillet, dans les champs, si les blés sont mûrs pour la faux. Elle le recevait avec une malice dans le regard. On eût dit qu'elle se félicitait du bon tour qu'elle lui avait joué; et il remontait bien vite dans son tilbury en murmurant:

«Tu ne crèveras donc point, carcasse!»

Il ne savait que faire. Il eût voulu l'étrangler en la voyant. Il la haïssait d'une haine féroce, sournoise, d'une haine de paysan volé.

Alors il chercha des moyens.

17   Un jour enfin, il s'en vint la voir en se frottant les mains, comme il faisait la première fois lorsqu'il lui avait proposé le marché.

Et après avoir causé quelques minutes:

«Dites donc, la mère, pourquoi que vous n ' venez point dîner à la maison, quand vous passez à Épreville? On en jase, on dit comme ça que j' sommes pu amis, et ça me fait deuil. Vous savez, chez mé, vous ne paierez point. J' suis pas regardant à un dîner. Tant que le cœur vous en dira, v' nez sans retenue, ça m' fera plaisir.»

18   La mère Magloire ne se le fit point répéter, et le surlendemain, comme elle allait au marché dans sa carriole conduite par son valet Célestin, elle mit sans gêne son cheval à l'écurie chez maître Chicot, et réclama le dîner promis.

19   L'aubergiste, radieux, la traita comme une dame, lui servit du poulet, du boudin, de l'andouille, du gigot et du lard aux choux. Mais elle ne mangea presque rien, sobre depuis son enfance, ayant toujours vécu d'un peu de soupe et d'une croûte de pain beurré.

20   Chicot insistait, désappointé. Elle ne buvait pas non plus. Elle refusa de prendre du café.

Il demanda:

«Vous accepterez toujours un p' tit verre?

– Ah! pour ça, oui. Je ne dis pas non.»

Et il cria de tous ses poumons à travers l'auberge:

«Rosalie, apporte la fine, la surfine, la fil-en-dix.»

Et la servante apparut, tenant une longue bouteille ornée d'une feuille de vigne en papier.

Il emplit deux petits verres.

«Goûtez ça, la mère, c'est de la fameuse.»

Et la bonne femme se mit à boire tout doucement, à petites gorgées, faisant durer le plaisir. Quand elle eut vidé son verre, elle l'égoutta, puis déclara:

«Ça oui, c'est de la fine.»

21   Elle n'avait point fini de parler que Chicot lui en versait un second coup. Elle voulut refuser, mais il était trop tard, et elle le dégusta longuement, comme le premier.

Il voulut alors lui faire accepter une troisième tournée, mais elle résista. Il insistait:

«Ça, c'est du lait, voyez-vous; mé, j'en bois dix, douze, sans embarras. Ça passe comme du sucre. Rien au ventre, rien à la tête; on dirait que ça s'évapore sur la langue. Y a rien de meilleur pour la santé.»

Comme elle avait bien envie, elle céda, mais elle n'en prit que la moitié du verre.

Alors Chicot, dans un élan de générosité s'écria:

«T' nez, puisqu'elle vous plaît, je vas vous en donner un p' tit fût, histoire de vous montrer que j' sommes toujours une paire d'amis.»

La bonne femme ne dit pas non et s'en alla un peu grise.

22   Le lendemain, l'aubergiste entra dans la cour de la mère Magloire, puis tira du fond de sa voiture une petite barrique cerclée de fer. Puis il voulut lui faire goûter le contenu, pour prouver que c'était bien la même fine; et quand ils eurent encore bu chacun trois verres, il déclara en s'en allant:

«Et puis, vous savez, quand il n'y en aura pu, y en a encore; n' vous gênez point.

J' ne suis pas regardant. Pu tôt que ce sera fini, pu que je serai content.»

Et il remonta dans son tilbury.

Il revint quatre jours plus tard. La vieille était devant sa porte, occupée à couper le pain de la soupe.

Il s'approcha, lui dit bonjour, lui parla dans le nez, histoire de sentir son haleine. Et il reconnut un souffle d'alcool. Alors son visage s'éclaira.

«Vous m'offrirez bien un verre de fil, dit-il?» Et ils trinquèrent deux ou trois fois.

23   Mais bientôt le bruit courait dans la contrée que la mère Magloire s'ivrognait toute seule. On la ramassait tantôt dans sa cuisine, tantôt dans sa cour, tantôt dans les chemins des environs, et il fallait la reporter chez elle, inerte comme un cadavre.

Chicot n'allait plus chez elle, et, quand on lui parlait de la paysanne, il murmurait avec un visage triste:

«C'est-il pas malheureux, à son âge, d'avoir pris c' t' habitude-là? Voyez-vous, quand on est vieux, y a pas de ressource. Ça finira bien par lui jouer un mauvais tour!»

Ça lui joua un mauvais tour, en effet. Elle mourut l'hiver suivant, vers la Noël, étant tombée saoule dans la neige.

Et maître Chicot hérita de la ferme, en déclarant:

«C' te manante, si elle s'était point boissonnée, elle en avait bien pour dix ans de plus.»

Guy de MAUPASSANT, Contes
© Librairie Hachette

A   L'étude du texte

1. Quels sont les personnages principaux de ce conte?

   _____

2. L'auteur a-t-il participé aux événements qu'il raconte? Justifiez votre réponse.

   _____

3. Quelles sont les caractéristiques physiques de Me Chicot?

   _____

4. Quel trait de son caractère est annoncé en même temps?

   _____

5. Pourquoi, selon vous, l'auteur l'a-t-il indiqué dès le début?

_____

_____

6. Quelle raison particulière explique la visite de l'aubergiste à la fermière?

_____

_____

7. Quel mot du 2e paragraphe résume le principal trait de caractère de la mère Magloire?

_____

8. Quel fait justifie votre réponse à la question précédente?

_____

9. Relevez maintenant, dans les 3e, 4e et 6e paragraphes, les caractéristiques physiques de la mère Magloire.

_____

_____

_____

10. Que laisse entendre cette comparaison: «infatigable comme une jeune fille»?

_____

11. «Chicot lui tapa dans le dos avec amitié.» Pensez-vous que ce geste soit sincère?

_____

12. Comment comprenez-vous la gêne, l'hésitation et l'anxiété de Chicot?

_____

_____

13. Dites en vos propres mots en quoi consiste la proposition de l'aubergiste.

_____

_____

_____

14. Quelle fut la toute première réaction de la vieille dame à cette proposition?

_____

15. Et par la suite?

_____

16. La ferme détermination de la vieille vous semble-t-elle aussi solide maintenant?

_____

17. Pourquoi Maître Chicot s'en va-t-il «content comme un roi qui vient de conquérir un empire»?

_____

18. Cependant, la mère Magloire, flaire un piège. Comment se traduit sa méfiance persistante?

_____

_____

19. Quelle réflexion du narrateur, exprimée au 11e paragraphe, porte à croire qu'elle pourrait finir par céder?

_____

_____

_____

20. Que fit-elle dans l'intervalle?

_____

_____

21. Sa décision arrêtée, comment s'y prend-elle pour faire accepter sa contre-proposition à Maître Chicot?

_____

_____

22. Chicot, cependant, réplique: «C'est vous qui m'enterrerez, pour sûr.»
    En quoi cette phrase est-elle ironique?

_____

_____

23. Qui semble avoir le dessus dans cette seconde phase de la lutte?

_____

_____

24. Quel est tout de même l'espoir secret de Maître Chicot?

_____

_____

25. Combien d'années s'écouleront avant que l'aubergiste ne s'impatiente?

_____

_____

_____

26. Quelle exclamation de Maître Chicot met en lumière sa sournoiserie et son cynisme?

_____

27. Maître Chicot, impatient, contre-attaque. Quel moyen imagina-t-il afin d'attirer la mère Magloire et, ainsi, l'avoir à sa merci?

_____

28. Au départ, quelle était son intention secrète, selon vous?

_____

29. Quel extrait du 19e paragraphe permet de le croire?

_____

_____

30. Quelle habitude de vie a permis à la vieille d'échapper à ce premier piège?

_____

31. Chicot, plus cynique que jamais, trouva un autre moyen. Lequel?

_____

_____

32. «Pu tôt que ce sera fini, pu que je serai content», dit Chicot à la mère Magloire après lui avoir donné le petit fût. Quelle double interprétation peut-on donner à cette affirmation?

a) _____

b) _____

_____

33. Pourquoi le visage de Chicot s'éclaira-t-il lorsqu'il constata que l'haleine de la fermière sentait l'alcool?

_____

_____

34. Pourquoi Chicot cessa-t-il de visiter la mère Magloire?

_____

_____

_____

35. Comment jugez-vous l'attitude de Chicot quand on lui parlait de la paysanne?

_____

_____

36. Qui sortira vainqueur de cette lutte? Expliquez.

_____

_____

37. Quels sentiments laissent deviner les derniers mots de Maître Chicot concernant la mère Magloire?

_____

_____

38. Pour votre part, que pensez-vous de l'attitude de cet homme?

_____

_____

_____

B La grammaire de la phrase et du texte

1. Les formes et constructions «mé» pour moi, «j' sieus» et «j' sommes» pour je suis, «j'crûmes» pour je crus, «c' te», «v' là», etc. sont propres au patois normand (Nord de la France). À quel moment sont-elles précisément utilisées dans le texte?

   _____

   _____

2. Pourquoi, selon vous, l'auteur a-t-il tenu à les utiliser?

   _____

3. Très souvent, pour annoncer qu'il va rapporter les paroles exactes des personnages, l'auteur utilise un verbe introducteur. Relevez-les à travers le texte.

   a) _____

   b) _____

   c) _____

   d) _____

   e) _____

   f) _____

   g) _____

   h) _____

   i) _____

   j) _____

   k) _____

   l) _____

   m) _____

   n) _____

4. Quel est le sens général de ces verbes?

   _____

5. À quoi reconnaissez-vous que les propos rapportés sont exactement ceux des personnages?

   _____

6. Citez deux autres indices qui permettent de reconnaître les paroles exactes des personnages.

   _____

7. Essayez de composer un exemple de votre choix.

   _____

8. Relevez dans le texte six brèves comparaisons.

   a) _____

   b) _____

   c) _____

d) _____

e) _____

f) _____

9. Dans les six exemples relevés ci-dessus, quel est le mot de comparaison utilisé?

_____

LA PHRASE: LE GROUPE NOMINAL, LE GROUPE VERBAL ET LEURS EXPANSIONS

Toute phrase correctement construite est constituée essentiellement d'un groupe nominal sujet (**GNS**) et d'un groupe verbal (**GV**) représentés graphiquement de la façon suivante:

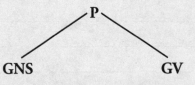

GNS et **GV** sont les deux éléments obligatoires de la phrase de base auxquels peuvent s'ajouter des éléments facultatifs (les expansions).

I. Le groupe nominal (GN)

Tout groupe de mots ayant pour **noyau** un **nom** (mot qui désigne un être, un objet, une idée ou un sentiment) constitue _____ (**GN**). Généralement, le premier mot du GN est un _____ (**le, ce, son**…) ou _____ (**peu de, trop de**…) Cependant, le déterminant est absent _____ et de _____, les noms _____, _____, etc.

Exemples: 1) **La vieille** (énonça) **ses prétentions.**

```
        GN                          GN
       /  \                        /  \
   Dét.    Nom                 Dét.    Nom
    La     vieille              ses    prétentions
```

2) Chicot (eut) un sursaut.

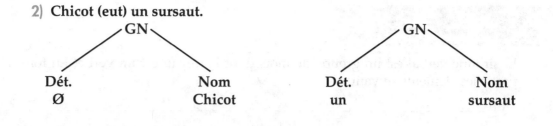

GN		GN	
Dét.	Nom	Dét.	Nom
Ø	Chicot	un	sursaut

À un groupe nominal peuvent s'ajouter différents groupes compléments qui sont des expansions facultatives du GN. Il peut s'agir:

a) d'un_____;

Exemple: _____

b) d'un_____ placé _____ ou _____, mais toujours;

_____;

Exemple: _____

c) d'un_____;

Exemple: _____

d) d'une_____;

Exemple: _____

e) d'une_____.

Exemple: _____

Les fonctions du groupe nominal

Un groupe nominal peut avoir diverses fonctions. Le tableau suivant en présente quelques-unes.

QUELQUES FONCTIONS DU GROUPE NOMINAL	
FONCTIONS	**EXEMPLES**
a) Suj. V.	_____
b) Compl. D. V.	_____
c) Attr. Suj.	_____
d) Compl. P.	_____
e) Attr. Compl. D.	_____

N.B. Le **groupe nominal** précédé d'une **préposition** est un groupe prépositionnel (**G. Prép.**). Celui-ci sert à compléter un nom (**Compl. N.**), un adjectif (**Compl. Adj.**), un verbe (**Compl. V.**). Le **G. Prép.** peut être aussi complément de phrase (**Compl. P.**). Parmi ces compléments, seul le **Compl. V.** ne peut être **effacé**.

Le groupe verbal est un groupe de mots dont le **noyau** est un **verbe**. En font nécessairement partie les éléments suivants:

a) _____;

Exemples: _____

_____

b) _____;

Exemple: _____

c) _____;

Exemple: _____

d) _____.

Exemple: _____

N.B. 1) Un **verbe seul** peut constituer un **GV**.

Exemple: _____

La représentation graphique du groupe verbal est alors la suivante:

GV

V
réfléchissait

Compl. V.
Ø

2) Parfois, la phrase est construite sans verbe. On dit qu'elle est _____.

Exemples: _____

_____

_____

Remarques

1) À l'intérieur d'une phrase, le verbe à l'**infinitif** (présent ou passé) est le **noyau** d'un groupe infinitif (**G. inf.**). Il peut être employé seul (Sophie aime converser) ou avec diverses expansions (GN, G. Adj., G. Prép., Pron., Sub. complétive).
Les fonctions du G. Inf. sont les mêmes que celles du GN:

a) _____;

Exemple: _____

b) _____;

Exemple: _____

c) _____;

Exemple: _____

d) _____ .

    Exemple: _____

2) Le **GV** peut être formé _____ (avec ou sans

    expansions).

    Exemple: _____

3) La **phrase infinitive** se distingue du **groupe infinitif**, car elle est construite autour d'un

    _____ , généralement _____ .

    Exemple: _____

EXERCICES

A Représentez graphiquement les phrases suivantes, en suivant le modèle ci-dessous.

    Exemple: L'aubergiste, anxieux, attacha son cheval.

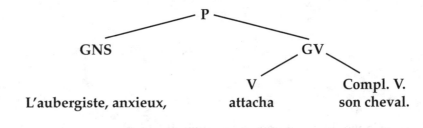

1. La vieille dame tenait à ces terres que Chicot convoitait.

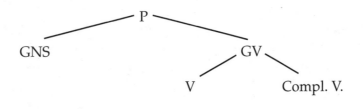

2. Chicot était le seul aubergiste de la région.

3. Chicot, l'aubergiste d'Épreville, était un malin.

4. La dame, perspicace, avait deviné ses intentions malveillantes.

5. Les terres de la vieille étaient convoitées par l'aubergiste.

6. La vieille dame épluchait ses légumes.

7. L'idée que la vieille vivait encore désespérait Chicot.

8. Ces scientifiques poursuivront leurs étonnantes recherches.

9. Mon ami, très honnête, a préféré dire la vérité à ses parents.

10. La nouvelle responsable de ce service espère résoudre cet épineux problème.

B Maintenant, réduisez chacune des phrases ci-dessus en phrase de base en effaçant les éléments facultatifs.

Exemple: **L'aubergiste, anxieux, attacha son cheval.**
L'aubergiste attacha son cheval.

1. La vieille dame tenait à ces terres que Chicot convoitait.

_____

2. Chicot était le seul aubergiste de la région.

_____

3. Chicot, l'aubergiste d'Épreville, était un malin.

_____

4. La dame, perspicace, avait deviné ses intentions malveillantes.

_____

5. Les terres de la vieille étaient convoitées par l'aubergiste.

_____

6. La vieille dame épluchait ses légumes.

_____

7. L'idée que la vieille vivait encore désespérait Chicot.

_____

8. Ces scientifiques poursuivront leurs étonnantes recherches.

_____

9. Mon ami, très honnête, a préféré dire la vérité à ses parents.

_____

10. La nouvelle responsable de ce service espère résoudre cet épineux problème.

_____

LE TEXTE NARRATIF

C Représentez graphiquement chacune des phrases de base ci-dessous.

Exemples: 1) **L'aubergiste attacha son cheval.**   2) **La vieille dame résista.**

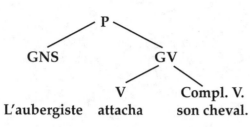 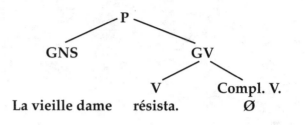

1. La dame tenait à ces terres.

2. Chicot était l'aubergiste.

3. Chicot était un malin.

4. La dame avait deviné ses intentions.

5. Les terres étaient convoitées par l'aubergiste.

6. La dame épluchait ses légumes.

7. L'idée désespérait Chicot.

8. Ces scientifiques poursuivront leurs recherches.

9. Mon ami a préféré dire la vérité à ses parents.

10. La responsable espère résoudre ce problème.

D À votre tour, composez dix phrases de base et représentez graphiquement chacune d'elles.

Exemple: **Sylvie pratique le ski.**

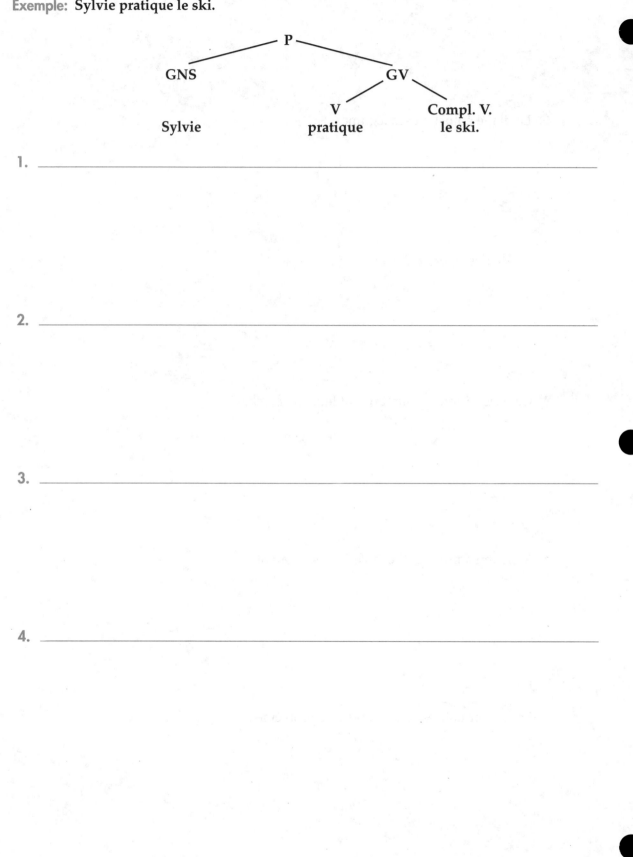

1. _____

2. _____

3. _____

4. _____

5. _____

6. _____

7. _____

8. _____

9. _____

10. _____

E Cette fois, ajoutez à l'un ou l'autre des groupes nominaux contenus dans les phrases que vous venez de former un élément facultatif (GN Compl. N.; G. Prép. Compl. N. ou Compl. Adj.; G. Adj., etc.).

Exemple: Mon cousin pratique le ski de fond.

1. _____
2. _____
3. _____
4. _____
5. _____
6. _____
7. _____
8. _____
9. _____
10. _____

LA DÉRIVATION (1)

La **dérivation** est un procédé qui consiste à adjoindre à un **radical** (partie fixe d'un mot) ou à un **mot** déjà **existant** (ou mot de base) un petit groupe de lettres appelé **préfixe** (placé **avant** la partie fixe) ou **suffixe** (placé **après** la partie fixe).

Voici, avec leurs variantes et leur signification, un tableau des préfixes les plus couramment utilisés pour former des verbes.

PRÉFIXES	VARIANTES	SIGNIFICATION	EXEMPLES
a/ad	ac/af/ag/an/ ap/ar/as/at	à/vers pour/sur Valeur augmentative: rendre	a/mener (mener vers) ap/porter (porter vers) ap/poser (poser sur) af/finer (rendre fin) ag/graver (rendre grave)
co/con	com/col/cor	avec	co/hériter (hériter avec) com/pâtir (pâtir avec)
circon		autour	circon/venir (venir autour)
contre		le contraire contrairement à	contre/dire (dire le contraire)

PRÉFIXES	VARIANTES	SIGNIFICATION	EXEMPLES
dé	dés	contraire de	dé/faire (contraire de faire) dés/unir (contraire d'unir)
dis		séparer	dis/joindre (séparer ce qui était joint)
é/ex		hors de	ex/patrier (envoyer hors de sa patrie)
en	em	dans à l'intérieur de	en/cadrer (mettre dans un cadre) em/mener (mener dans)
in	il/im/ir	dans	in/corporer (mettre dans un corps) im/porter (porter dans)
inter		entre	inter/venir (venir entre) inter/poser (poser entre)
juxta		à côté de	juxta/poser (poser à côté de)
mé	més mau	ne ... pas mal (sens péjoratif)	(se) mé/fier (ne pas se fier) mé/dire (dire du mal) mau/dire (dire des mots pour attirer le mal)
ob	oc/of/op	devant/contre/en face de	op/poser (poser en face de)
par	per	à travers	par/courir (courir à travers) per/forer (forer à travers)
post		après	post/dater (écrire une date qui vient après la date réelle)
pré		avant, d'avance	pré/voir (voir d'avance) pré/dire (dire d'avance) pré/juger (juger d'avance)
pro		en avant	pro/jeter (jeter en avant)
re	ré/r	de nouveau	re/faire (faire de nouveau) se r/habiller (s'habiller de nouveau)

PRÉFIXES	VARIANTES	SIGNIFICATION	EXEMPLES
sou/sous/ sub	suc/suf / sug/sup	sous	sou/mettre (mettre sous) sub/juguer (mettre sous le joug)
sur/super		au-dessus par-dessus	sur/monter (monter sur) super/poser (poser par-dessus)
trans	tré	au-delà	trans/porter (porter au-delà) tré/passer (passer au-delà)

EXERCICES

A En vous référant au tableau des pages 20 et 21, donnez la signification des verbes suivants.

1. compatir   _____
2. circonscrire   _____
3. émettre   _____
4. amollir   _____
5. défavoriser   _____
6. affermir   _____
7. rebattre   _____
8. exporter   _____
9. cogérer   _____
10. déchausser   _____
11. affoler   _____
12. attendrir   _____

B Maintenant, faites entrer dans une phrase de base chacun des verbes définis ci-dessus. Recourez au dictionnaire, au besoin.

1. _____
2. _____
3. _____
4. _____
5. _____
6. _____
7. _____
8. _____

9. _____

10. _____

11. _____

12. _____

C   En tenant compte du préfixe, essayez de donner la signification des verbes soulignés dans les phrases suivantes, sans avoir recours au dictionnaire.

1. La décision de l'arbitre <u>a mécontenté</u> tout le monde.

_____

2. Je sais que de moi tu <u>médis</u> l'an passé.

_____

3. Elle <u>s'est mésalliée</u> en épousant cet homme.

_____

4. Le juge <u>s'est objecté</u> à son argument.

_____

5. Elle <u>avait prédisposé</u> ses parents à cette nouvelle.

_____

6. Chacun doit agir selon des règles <u>préétablies</u>.

_____

7. Les conditions qui <u>préexistaient</u> laissaient prévoir cet échec.

_____

8. Il <u>avait préjugé</u> de ses forces.

_____

9. Ces voyous <u>avaient prémédité</u> le coup.

_____

10. Les médiévales visent à <u>recréer</u> l'atmosphère du Moyen Âge.

_____

11. Le plat était si exquis que chacun en <u>redemanda</u>.

_____

12. Ce manuel <u>a été réédité</u> l'an dernier.

_____

13. Ce député <u>sera</u> certainement <u>réélu</u>.

_____

14. Quand les lilas <u>refleuriront</u>...

_____

15. Il faudra bien que tu <u>te réhabitues</u> au travail.

_____

LA NOMINALISATION: DU VERBE À L'INFINITIF AU GROUPE NOMINAL

La **nominalisation** consiste à **transformer** un **verbe** en un **groupe nominal**, le **nom** étant un **dérivé** du verbe.

EXERCICE

Transformez chacune des phrases suivantes par la nominalisation du verbe souligné.

Exemple: Paule a admis avoir erré.   son erreur _____

1. Ces ouvriers s'affairent à démolir ce vieil immeuble. _____
2. Cette architecte a contribué à concevoir ce plan. _____
3. Ces gens luttent pour conquérir leur liberté. _____
4. Le professeur recommande de lire cet ouvrage. _____
5. Ces nouveaux élèves se sont mis à apprendre le français. _____
6. Ces entrepreneurs projettent de construire un gratte-ciel. _____
7. Elle s'est attelée à rédiger un nouveau roman. _____
8. Ces bénévoles ont entrepris de distribuer les paniers de Noël. _____
9. Bientôt elle terminera de rédiger ce texte. _____
10. Ma camarade regrette d'avoir perdu son sac d'école. _____
11. Ces jeunes s'appliquent à étudier l'informatique. _____
12. Lire est un merveilleux passe-temps. _____
13. Qui voudrait rétablir la peine de mort? _____
14. Son objectif est de réussir cet examen. _____
15. Veille à appliquer la loi. _____
16. Elle a choisi de vivre. _____
17. Elle consacre tous ses loisirs à peindre. _____
18. La responsable a recommandé de rejeter cette offre. _____
19. Mon père a entrepris de rénover notre chalet. _____
20. Commence par décrire les lieux. _____
21. Ces parents se préoccupent d'éduquer leurs enfants. _____
22. Il m'a conseillé de patienter. _____
23. Mes collègues ont été chargées d'organiser l'événement. _____
24. Le médecin lui a prescrit de se reposer. _____
25. Cette productrice travaille à réaliser un nouveau projet. _____

LEXIQUE

En tenant compte du contexte *Le Petit Fût* (p. 2), donnez le sens des mots et groupes de mots suivants.
Recourez au dictionnaire, au besoin.

1. passait pour (paragr. 1, ligne 3)

   _____

2. attenant (paragr. 2, ligne 2)

   _____

3. convoitait (paragr. 2, ligne 2)

   _____

4. obstination (paragr. 2, ligne 3)

   _____

5. flairait (paragr. 11, ligne 2)

   _____

6. au bas mot (paragr. 12, ligne 3)

   _____

7. sursaut (paragr. 14, ligne 4)

   _____

8. désappointement (paragr. 14, ligne 4)

   _____

9. pot-de-vin (paragr. 15, ligne 6)

   _____

10. floué (paragr. 16, ligne 3)

    _____

11. sournoise (paragr. 16, ligne 9)

    _____

12. radieux (paragr. 19, ligne 1)

    _____

13. grise (paragr. 21, ligne 11)

    _____

14. histoire de (paragr. 22, ligne 10)

    _____

15. trinquèrent (paragr. 22, ligne 12)

    _____

16. inerte (paragr. 23, ligne 3)

    _____

LE TEXTE NARRATIF   **25**

PRODUCTION ÉCRITE: LE PORTRAIT

Le **portrait** est la **description physique** (corps, gestes, physionomie, allure) ou **morale** (idées, sentiments, goûts, habitudes, qualités, défauts) d'une personne.

Un portrait peut être à la fois **physique** et **moral**, c'est-à-dire, décrire et l'aspect physique et le caractère d'un personnage.

PLAN SUGGÉRÉ

I. Introduction

1) Placer le personnage dans une situation qui lui permettra de manifester son caractère.
2) Indiquer le lieu, le moment, le nom du personnage, son âge, son trait de caractère dominant.
3) Terminer par l'impression générale qu'inspire le personnage.

II. Développement

Les traits physiques

Ceux-ci sont apparents:
a) allure générale (silhouette, démarche, gestes, mouvements);
b) visage et autres parties du corps (formes, couleur);
c) physionomie (regard);
d) habillement.

Les traits moraux

Citer:
a) les qualités et les défauts;
b) les habitudes, les manies, les manières (façons de faire);
c) les particularités et caractéristiques de l'esprit.

N.B. Il ne faut pas se contenter de citer les traits de caractère.
Il convient de les mettre en évidence en rapportant des gestes et en citant des paroles du personnage.

III. Conclusion

Terminer par une **réflexion personnelle** ou une idée portant un **jugement général** sur le personnage et destinée à mieux le faire comprendre.

1. Gaston, le distrait

2. Une visiteuse inattendue

3. Une grand-mère (ou un grand-père) bien-aimée

4. Un (ou une) camarade de classe que vous admirez beaucoup

5. Votre meilleure amie

6. Le héros de votre enfance

7. Un personnage de roman qui vous a marqué

8. Une animatrice (ou un animateur) de télévision qui vous semble remarquable

9. Votre héros favori de bande dessinée

10. Votre autoportrait

LES DÉTERMINANTS DU NOM: LES RÉFÉRENTS

Le **déterminant, constituant obligatoire** du groupe nominal – il en est presque toujours le premier élément – est un mot (déterminant simple) ou un petit groupe de mots (déterminant complexe) qui se place devant le nom dont il indique le **genre** et le **nombre**.
Le **déterminant** du nom ne peut être ni **supprimé** ni **déplacé**.
On distingue deux catégories de déterminants:
– **les référents (ou identifiants)**;
– **les quantifiants.**

– Les référents

Les **déterminants référents** s'emploient devant les **noms** désignant des _____ ou _____ et clairement _____. Dans cette catégorie, on classe les déterminants **définis, indéfinis, démonstratifs, possessifs, interrogatifs** et **exclamatifs**. Tous ces déterminants s'accordent_____ et _____.

Exemples: _____
_____
_____

Les déterminants référents sont résumés dans le tableau suivant.

LES RÉFÉRENTS		
DÉTERMINANTS DÉFINIS	**DÉTERMINANTS INDÉFINIS**	**DÉTERMINANTS DÉMONSTRATIFS**
le, la, l', les au, aux du, des	un, une, des	ce, cet, cette, ces
DÉTERMINANTS POSSESSIFS	**DÉTERMINANTS INTERROGATIFS**	**DÉTERMINANTS EXCLAMATIFS**
mon, ton, son (masc. sing.) ma, ta, sa (fém. sing.) mes, tes, ses (masc. et fém. plur.) notre, votre, leur (masc. et fém. sing.) nos, vos, leurs (masc. et fém. plur.)	quel, quelle quels, quelles	quel, quelle quels, quelles

N.B. Dans un groupe nominal, **deux référents** (**le**, **ce**, **mon**) ne **peuvent déterminer** un **même nom**.

I. Le déterminant défini

a) Le déterminant défini (**le**, **la**) se change en «**l'**» devant les **noms** commençant par une **voyelle** ou un **h muet**.

Exemples: _____ _____

b) Au **masculin singulier**, au **masculin** et au **féminin pluriel**, «**le**» et «**les**» précédés des prépositions **à** et **de** se contractent en «**au**», «**aux**», «**du**», «**des**».

Exemples: _____

_____

II. Le déterminant indéfini

a) Le déterminant indéfini **un** (**une**, **des**) est un référent quand il est placé devant un nom

désignant _____ ou _____ que l'on ne peut ou ne veut pas préciser.

Exemples: _____

_____

b) Dans les phrases de forme négative, le déterminant indéfini **des** est remplacé par **de** ou **d'**. Il en est de même lorsque le nom est précédé d'un adjectif.

Exemples: **Elle a des amis.** ⇒⇒⇒⇒ _____

Elle a fait des efforts. ⇒⇒⇒⇒ _____

Elle a fait des progrès. ⇒⇒⇒⇒ _____

III. Le déterminant démonstratif

a) Le **déterminant démonstratif** précède le **nom** tout en le **montrant**.

Exemple: _____

b) Au **masculin singulier**, **ce** est remplacé par _____ devant un **nom** commençant

_____ ou _____ et se prononce comme le féminin.

Exemples: _____

_____

c) Le déterminant **démonstratif** peut être renforcé par les adverbes **ci** pour marquer la

_____, ou **là** pour marquer l'_____. Ils sont alors placés après le

nom auquel ils sont reliés par un trait d'union.

Exemples: _____

_____

IV. Le déterminant possessif

a) Le déterminant **possessif** indique à la fois la **possession** et la **personne du possesseur** (1re, 2^e

et 3e). Il s'accorde _____, et _____ et

_____.

Exemples: _____

_____

b) Devant un nom **féminin** commençant par une **voyelle** ou un **h muet**, **ma**, **ta**, **sa** sont rempla-

cés par _____, _____, _____.

Exemples: _____

_____

c) On emploie les déterminants définis **le**, **la**, **les** au lieu du déterminant possessif devant les
noms qui désignent une partie du corps ou des vêtements du possesseur.

Exemples: _____

_____

d) Lorsque le possesseur est l'un des mots **on** ou **chacun**, un des déterminants possessifs **son**,
sa, **ses** doit être normalement utilisé.

Exemples: _____

_____

e) Quant au mot **chacun**, s'il est **précédé d'un nom pluriel**, le déterminant possessif peut être utilisé au **singulier** ou au **pluriel**.

Exemple: _____

Les déterminants interrogatifs **quel**, **quelle**, **quels**, **quelles** s'emploient pour interroger sur _____. Quant aux déterminants exclamatifs **quel**,

quelle, **quels**, **quelles**, ils s'emploient devant _____

_____.

Exemples: _____

_____

EXERCICES

A Soulignez chacun des déterminants référents contenus dans les exemples suivants. Écrivez, à droite, la catégorie de chacun d'eux.

Exemple: <u>Ce</u> livre traite d'<u>un</u> sujet qui m'intéresse particulièrement.   **dét. déf.** _____

                                                                       dét. indéf. _____

1. Manon a préféré lire un roman policier. _____

2. Le prix de la livre de beurre a bien augmenté. _____

_____

3. Ce conducteur imprudent a pris des risques. _____

_____

4. Les exploits du petit tailleur m'ont émerveillée. _____

_____

5. La manœuvre de cet automobiliste n'a pas permis

d'éviter l'accident. _____

_____

6. La somme des angles d'un triangle est égale à 180 degrés. _____

_____

_____

7. À cette occasion, on a revu de vieux amis. _____

_____

8. Le manche de ce marteau s'est brisé. _____

_____

9. Nous sommes allés au marché Jean-Talon. _____

10. Marie a présenté son mémoire de maîtrise. _____

11. Je prends l'autobus le matin. _____

_____

12. La tour d'observation de cet aéroport domine la ville. _____

_____

_____

13. Je possède d'excellentes amies. _____

14. Quelle heure est-il? _____

15. Cette publicité s'adresse aux jeunes de 12 à 14 ans. _____

_____

16. Quelle aventure merveilleuse! _____

17. Ton choix sera déterminant. _____

18. Le critique a fait une analyse approfondie de cette œuvre. _____

_____

_____

19. Cette athlète fait partie de mon équipe. _____

_____

20. L'incident est clos. Tournons la page. _____

_____

B Dans les phrases suivantes, utilisez le déterminant qui convient (déterminant défini, indéfini, démonstratif, possessif).

Exemple: En tombant, elle s'est fait mal <u>au</u> dos.

1. Elle se plaint qu'elle a mal _____ bras droit.

2. Voyez _____ oiseaux blancs qui traversent _____ ciel.

3. As-tu déjà pris livraison de _____ nouvelle voiture?

4. Marie se brosse _____ dents matin et soir.

5. _____ affiche-ci a attiré l'attention de tous _____ passants.

6. _____ acrobate a fait _____ chute: il a _____ genoux endoloris.

7. _____ visite de _____ amie m'a réconfortée.

8. Que savez-vous de _____ homme-là?

9. Rends-moi _____ livre que je t'ai prêté.

10. _____ soir-là, tu es venu et tu m'as délivré.

C Dans les phrases suivantes:
  a) soulignez le déterminant possessif;
  b) écrivez le groupe nominal qui désigne le possesseur.

Exemple: **Grand-mère dit que <u>ses</u> forces baissent de plus en plus.**   Grand-mère

1. Chicot, l'aubergiste d'Épreville, arrêta son tilbury. _____

2. L'aubergiste attacha son cheval au poteau de la barrière. _____

3. Il trouva la mère Magloire épluchant des pommes de terre
   devant sa porte. _____

4. Chicot regarda la vieille dame accomplir sa besogne. _____

5. La vieille cessa d'éplucher ses légumes et fixa l'aubergiste
   de ses yeux vifs. _____

6. Cette maison est inhabitée: ses occupants ont déménagé hier. _____

7. La vieille alla trouver le notaire et lui conta son cas. _____

8. Dieu a créé l'homme à son image. _____

9. Le visiteur remercia son hôte de sa bienveillante hospitalité. _____
   _____

10. Cette vedette a su, une fois de plus, séduire son public. _____

LA DÉRIVATION (2)

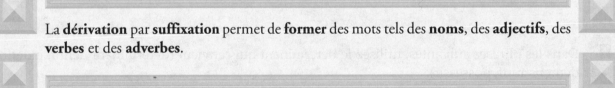

La **dérivation** par **suffixation** permet de **former** des mots tels des **noms**, des **adjectifs**, des **verbes** et des **adverbes**.

Le tableau suivant présente quelques suffixes courants, leur signification et quelques exemples.

SUFFIXES SERVANT À FORMER DES NOMS	SIGNIFICATION	EXEMPLES
ade	– action faite – réunion d'objets de même espèce – produit	glissade colonnade orangeade
age	– ensemble de – état	plumage surmenage
aie	– lieu planté de	orangeraie
ail	– instrument	gouvernail

SUFFIXES SERVANT À FORMER DES NOMS	SIGNIFICATION	EXEMPLES
aille (péjoratif)	– ensemble de – action	marmaille semailles
aine	– collection de	centaine
aire	– qui fait l'action de – qui exerce une profession	incendiaire libraire
ais / ois	– habitant d'un lieu – qui a pour origine	Montréalais Québécois
aison / ation / ition / tion	– action – résultat de l'action	combinaison donation finition invention
ance / ence	– action – résultat de l'action	croyance virulence
at	– action – résultat de l'action – fonction	assassinat crachat rectorat
ateur	– qui fait l'action exprimée par le radical	animateur
ée	– contenu – action ou résultat de l'action	pelletée traversée
ement / ment	– action ou objet qui résulte de l'action – état	jugement énervement
er / ier	– qui exerce le métier de – arbre qui tire son nom du fruit qu'il porte – qui contient une chose	verrier cerisier œufrier
erie	– action, résultat de l'action – lieu – qualité ou défaut	plaisanterie aluminerie étourderie
esse	– qualité ou défaut – état	délicatesse rudesse
elet / ette	– diminutifs (idée de petitesse)	agnelet tablette
ement / ment	– action ou objet qui résulte de l'action – état	encouragement énervement

SUFFIXES SERVANT À FORMER DES NOMS	SIGNIFICATION	EXEMPLES
eur	– qui fait l'action exprimée par le radical – qualité, caractère	meneur douceur
eté / ité / té	– qualité ou défaut – état	naïveté probité propreté
is	– résultat de l'action	gâchis
ise	– qualité ou défaut	franchise
isme	– doctrine, activité – état, attitude morale	journalisme nihilisme
iste	– personne qui a une doctrine, une activité, une attitude en rapport avec la notion évoquée par le radical – qui se rapporte à	capitaliste journaliste nihiliste réaliste
ite	– maladie inflammatoire de	uvéite
oir / oire	– lieu où l'on fait l'action – instrument de l'action	abattoir balançoire
itude / ude	– qualité – état	exactitude hébétude
ule / cule	– diminutif	globule animalcule
ature / ure / iture	– fonction – action, résultat de l'action – qualité, état, manière d'être – ensemble de	magistrature morsure droiture voilure
SUFFIXES SERVANT À FORMER DES ADJECTIFS	SIGNIFICATION	EXEMPLES
able / ible	– qui peut ou qui peut être	durable audible
al / el	– qui a rapport à, qui tient de – qui cause	phénoménal mortel
ard	– péjoratif	vantard
âtre	– péjoratif	douceâtre

SUFFIXES SERVANT À FORMER DES ADJECTIFS	SIGNIFICATION	EXEMPLES
eux / ueux	– qui est plein de, rempli de	terreux talentueux
if	– qui a la faculté de – qui est	inventif maladif
ique	– qui a rapport à	chimique comique
u	– qui a beaucoup de	ventru
SUFFIXES SERVANT À FORMER DES VERBES	**SIGNIFICATION**	**EXEMPLES**
ailler	– péjoratif	piailler
er / ir	– faire l'action de	aimer blêmir
ifier / iser	– rendre – faire devenir – transformer en	fortifier angliciser coloniser
oter	– péjoratif	ergoter
oyer	– faire l'action de	tournoyer
SUFFIXES SERVANT À FORMER DES ADVERBES	**SIGNIFICATION**	**EXEMPLES**
amment / emment / ment	– manière	abondamment prudemment franchement

EXERCICES

Sans recourir au dictionnaire, essayez de donner la signification des mots suivants.
Consultez le plus souvent possible les pages 20, 21, 22, 32, 33 et 34 de votre cahier.

A Noms

1. roseraie   _____

2. glapissement   _____

3. assiettée   _____

4. cuillerée   _____

5. collaboration _____

6. rugissement _____

7. changement _____

8. pression _____

9. bonté _____

10. narration _____

11. description _____

12. charretée _____

13. déduction _____

14. nichée _____

15. association _____

B Adjectifs

1. vital _____

2. mortel _____

3. assimilable _____

4. tragique _____

5. atmosphérique _____

6. atomique _____

7. discutable _____

8. magique _____

9. parental _____

10. moral _____

11. aimable _____

12. divisible _____

13. idéaliste _____

14. dramatique _____

15. historique _____

C Verbes

1. authentifier _____

2. bonifier _____

3. clarifier _____

4. carboniser _____

5. synchroniser _____

6. concrétiser _____

7. étatiser _____

8. nationaliser _____

9. miniaturiser _____

10. mortifier _____

11. fortifier _____

12. réaliser _____

13. amenuiser _____

14. certifier _____

15. dramatiser _____

D Adverbes

1. savamment _____

2. innocemment _____

3. délibérément _____

4. dramatiquement _____

5. merveilleusement _____

6. exagérément _____

7. candidement _____

8. solennellement _____

9. astucieusement _____

10. graduellement _____

11. amicalement _____

12. énormément _____

13. puissamment _____

14. discrètement _____

15. habilement _____

EXERCICE DE STYLE

Dans les phrases suivantes, le mot ou le groupe de mots en caractères gras est mal utilisé. Faites les corrections nécessaires.

Recourez au dictionnaire, au besoin.

1. Cinq **à** six personnes étaient présentes sur les lieux. _____

2. Le gardien de sécurité se promenait **alentour de** la maison. _____

3. Nous nous trouvions placés **entre deux** alternatives. _____

4. Tiens! la clé est **après** la porte. _____

5. Le garçonnet a disparu. Ses parents cherchent **après lui**. _____

6. Mon père est parti à la chasse. Il a **pogné** un beau lièvre. _____

7. Je préfère y aller **en** bicyclette. _____

8. Ces manteaux coûtent 100 $ **chaque**. _____

9. En **définitif**, une entente a été conclue entre les parties. _____

10. Cette adolescente a une belle **dentition**. _____

11. C'est d'elle **dont** il s'agit. _____

12. Ensuite **de ça**, il a parlé de ses vacances. _____

13. Cette musique est **excessivement** agréable. _____

14. **Moi et toi**, nous irons visiter le parc olympique. _____

15. Le rouge est la couleur que j'aime **davantage**. _____

16. Nous avons perdu la partie **grâce à** la pluie. _____

17. Mon grand-père **jouit** d'une mauvaise santé. _____

18. Rejoins-moi dans le vieux port. C'est là **où** je t'attendrai. _____

19. Ma petite sœur est **maline**. _____

20. Elle a payé 300 $ au **grand** maximum. _____

21. Dans le malheur, il faut s'entraider **mutuellement**. _____

22. J'aurais agi **pareil comme** toi. _____

23. Ces commerçants ont des problèmes **pécuniers**. _____

24. Les Expos sont **les premiers en tête** du classement. _____

_____

LEXIQUE

«Elle n'avait pas fini de parler que Chicot lui versa un second coup.» Quelle est la signification des locutions et expressions suivantes, toutes formées avec le mot «*coup*»?

1. En dépit de tous les obstacles, elle a réussi à tenir le coup.

_____

2. Elle était visiblement sous le coup de l'émotion.

_____

3. Il jeta un coup d'œil imperceptible à sa complice.

_____

4. Cet habile défenseur a marqué deux buts coup sur coup.

_____

5. Ce jeune homme se vante d'avoir fait les quatre cents coups.

_____

6. De l'avis de tous, cette équipe l'emportera à coup sûr.

_____

7. Toi, tu réagis toujours après coup.

_____

8. La découverte de sa maladie fut un coup dur pour son entourage.

_____

9. Dès qu'il la vit, mon cousin eut le coup de foudre pour cette charmante fille.

_____

10. Il a agi sur un coup de tête.

_____

11. Après cet échec, son orgueil en a pris un coup.

_____

12. Mes grands-parents sont passés en coup de vent à la maison.

_____

13. Il lui a lancé le coup de pied de l'âne.

_____

14. Je ne m'attendais pas à ce coup de Jarnac de sa part.

_____

15. Son retour inopiné a créé un véritable coup de théâtre.

_____

LES SEPT CORBEAUX

1   Un homme avait sept fils et pas de fille, à son grand désespoir. Sa femme enfin lui en donna une. Leur joie fut grande, mais l'enfant était fort petite et on résolut de l'ondoyer[1] à cause de sa faiblesse.

2   Le père envoya en hâte un de ses garçons chercher de l'eau à la source: les six autres coururent derrière lui, et comme ils se disputaient à qui remplirait la cruche, celle-ci tomba à l'eau. Tout interdits et n'osant pas rentrer, ils demeuraient là. Comme ils ne revenaient toujours pas, le père s'impatienta et dit: «Les coquins doivent jouer à un jeu quelconque qui les retient et leur fait oublier ma commission.» Il craignait de voir sa fille trépasser sans être ondoyée et s'écria dans sa colère: «Je voudrais qu'ils fussent tous les sept transformés en corbeaux»

3   À peine eut-il prononcé ces mots qu'il entendit un battement d'ailes au-dessus de sa tête et aperçut sept corbeaux tout noirs qui s'avançaient.

4   Il était trop tard pour revenir sur la malédiction prononcée. Les parents se consolèrent cependant de la perte de leurs fils en voyant leur chère petite fille prendre des forces et gagner en beauté de jour en jour. Elle ignora longtemps qu'elle avait eu des frères, car les parents se gardaient bien de le lui apprendre, jusqu'au jour où elle entendit des voisins dire qu'elle était vraiment jolie, mais qu'elle était cependant cause du malheur de ses sept frères. Elle fut désolée à cette nouvelle et elle demanda à ses parents si elle avait eu des frères et ce qu'ils étaient devenus. Ceux-ci ne purent donc garder leur secret plus longtemps. Mais ils lui dirent que c'était la volonté du ciel et que sa naissance était la cause involontaire de leur malheur.

5   Cependant, elle s'en accusait quand même et se dit qu'elle devait délivrer ses frères du charme qui pesait sur eux. Elle ne trouva de repos qu'après avoir décidé de parcourir l'univers entier à leur recherche et elle quitta furtivement la maison. Elle n'emporta avec elle qu'une petite bague en souvenir de ses parents, un pain, une cruche d'eau et une petite chaise.

6   Elle allait sans cesse et toujours, jusqu'à ce qu'elle fût parvenue au bout du monde. Elle arriva jusqu'au soleil, mais il était trop chaud et mangeait les petits enfants. Elle le quitta en hâte et courut vers la lune, mais elle était froide, maussade et méchante. Elle dit en voyant l'enfant: «Je sens, je sens de la chair humaine.» Elle s'en retourna en hâte et en parvint aux étoiles. Elles lui firent un accueil amical, et chacune avait son petit siège. L'étoile du matin se leva, lui donna un petit os et lui dit: «Sans ce petit os tu ne pourras pas ouvrir la montagne de verre, et c'est dans cette montagne que se trouvent tes frères.»

7   La petite prit l'os, l'enveloppa soigneusement dans son mouchoir et continua à marcher jusqu'à la montagne de verre. La porte en était fermée; elle tira son mouchoir pour y prendre l'os: il n'y était plus, elle avait perdu le présent des étoiles. Que faire? Elle voulait sauver ses frères et elle n'avait plus la clef de la montagne. La bonne petite sœur prit son couteau, coupa un de ses mignons petits doigts, le mit dans la serrure et parvint à l'ouvrir. Quand elle fut entrée, elle vit venir à sa rencontre un petit nain qui lui dit: «Mon enfant, que viens-tu chercher?

---

1. ondoyer: baptiser sans les cérémonies de l'église

– Je cherche mes frères, les sept corbeaux, répondit-elle.»

Le nain dit: «Messieurs les corbeaux ne sont pas à la maison pour le moment, mais si tu veux attendre leur retour, entre.»

8 Le nain servit le souper des corbeaux dans sept petites assiettes et sept petits gobelets, et la petite sœur prit une bouchée dans chaque assiette et but une gorgée dans chaque gobelet; dans le dernier elle laissa tomber la bague qu'elle avait apportée.

9 Elle entendit soudain dans l'air un battement d'ailes accompagné de croassements, et le nain dit: «Voilà messieurs les corbeaux qui rentrent.»

10 Ils revenaient en effet, et voulant manger et boire se mirent en quête chacun de son assiette et de son gobelet.

11 L'un après l'autre se mit à dire: «Qui a mangé dans mon assiette? Qui a bu dans mon gobelet? Des lèvres humaines y ont touché.»

12 Et quand le septième eut vidé son gobelet, il sentit la bague de ses parents et dit: «Plût à Dieu que notre petite sœur fût là, nous serions délivrés.»

13 À ces mots, la jeune fille qui se tenait derrière la porte parut, et aussitôt les corbeaux recouvrèrent la forme humaine. Ils s'embrassèrent et s'étreignirent longuement et rentrèrent joyeusement chez eux.

Jakob et Wilhelm GRIMM, *Contes choisis*
© Éditions Flammarion

A L'étude du texte

1. Qui est le principal personnage du récit?   /1

_____

2. Qu'avait-elle de particulier à sa naissance?   /1

_____

3. Comment les parents ont-ils réagi à la naissance de leur fille?   /2

_____

4. Que fit le père pour y parvenir?   /2

_____

5. Qu'est-il arrivé aux sept garçons près de la source?   /2

_____

6. Pourquoi le père, à un moment donné, s'est-il emporté?   /2

_____

7. En quoi consiste la part d'imagination dans le 3e paragraphe?   /3

_____

_____

8. Comment s'est opérée la métamorphose des sept frères? /3

_____

_____

9. Quel extrait du 4ᵉ paragraphe rappelle que la colère est mauvaise conseillère? /2

_____

10. Quel autre extrait de ce même paragraphe montre que les parents étaient
chagrins du sort de leurs fils? /1

_____

_____

11. Qui informa la petite fille du sort de ses sept frères? /1

_____

12. Une fois informée, quel sentiment éprouva la petite fille? /2

_____

13. Quelle explication ses parents lui ont-ils fournie à ce sujet? /1

_____

_____

14. Quelle décision prit-elle? /1

_____

_____

15. Quels sont les principaux obstacles qui se dressèrent sur son chemin? /2

_____

_____

16. Où reçut-elle un accueil chaleureux? /2

_____

_____

17. Quel événement malencontreux survint en chemin? /2

_____

18. Comment parvint-elle alors à ouvrir la porte de la montagne de verre? /1

_____

_____

19. Quel objet emporté de la maison par la petite fille permit à ses frères de la reconnaître? /2

_____

20. Quelle est la situation finale de ce récit? /2

_____

_____

21. Ce récit tout à fait invraisemblable est bâti sur le merveilleux. Dans les
paragraphes indiqués, relevez quelques éléments qui le confirment. /4

Paragr. 3: _____

Paragr. 6: _____

Paragr. 7: _____

Paragr. 13: _____

_____

B La grammaire de la phrase et du texte

1. Dans les phrases suivantes, représentez graphiquement, à gauche, chaque
groupe nominal sujet et à droite, chaque groupe verbal. /8

GROUPES NOMINAUX SUJETS	GROUPES VERBAUX

a) Un homme avait sept fils.

b) La fille devait délivrer ses frères.

c) La fille prit l'os.

d) Le nain servit le souper.

2. Relevez chacun des groupes nominaux contenus dans les exemples suivants
et donnez-en la fonction. /10

a) Sa femme lui en donna une.   _____ _____

b) À peine eut-il prononcé ces mots […] _____ _____

c) [...] sa naissance était la cause du malheur [...] _____ _____ _____

_____ _____ _____

d) Ceux-ci ne purent garder leur secret plus longtemps. _____ _____

3. Transformez chacune des phrases suivantes en phrase de base en effaçant les éléments facultatifs. Ensuite, représentez graphiquement chacune d'elles.   /14

a) Les coquins doivent jouer à un jeu quelconque qui les retient[...]

_____

b) Le soleil mangeait les petits enfants.

_____

c) La petite fille était vraiment jolie.

_____

d) [...] elle avait perdu le présent des étoiles.

_____

e) [...] elle laissa tomber la bague qu'elle avait apportée.

_____

f) Elle entendit soudain dans l'air un battement d'ailes.

_____

g) À ces mots, la jeune sœur qui était derrière la porte parut.

_____

4. Dans les 3ᵉ, 4ᵉ et 5ᵉ phrases du 4ᵉ paragraphe (Elle ignora [...] plus longtemps.), relevez chacun des déterminants référents et, dans chaque cas, indiquez s'il s'agit d'un déterminant défini, indéfini, démonstratif, possessif, interrogatif ou exclamatif.   /9

a) _____ _____   **b)** _____ _____

c) _____ _____   **d)** _____ _____

e) _____ _____   **f)** _____ _____

g) _____ _____   **h)** _____ _____

i) _____ _____   **j)** _____ _____

5. Dans chacun des groupes de mots suivants, soulignez le déterminant possessif et indiquez quel groupe nominal représente le possesseur.

N.B.   Lisez le 1ᵉʳ paragraphe en entier.

a) [...] à son grand désespoir.   _____

b) Sa femme enfin lui en donna une.   _____

c) Leur joie   _____

d) de sa faiblesse.   _____

LEXIQUE

À l'aide d'un trait vertical, séparez les affixes qui ont servi à former chacun des mots suivants du texte et donnez-en la signification (même approximative).   /10

1. désespoir (paragr. 1, ligne 1)

_____

2. faiblesse (paragr. 1, ligne 3)

_____

3. trépasser (paragr. 2, ligne 5)

   _____

4. involontaire (paragr. 4, ligne 8)

   _____

5. parcourir (paragr. 5, ligne 2)

   _____

6. furtivement (paragr. 5, ligne 3)

   _____

7. soigneusement (paragr. 7, ligne 1)

   _____

8. bouchée (paragr. 8, ligne 2)

   _____

9. gorgée (paragr. 8, ligne 2)

   _____

10. croassements (paragr. 9, ligne 1)

   _____

B En tenant compte du contexte, donnez la signification des mots suivants.   /10

1. résolut (paragr. 1, ligne 2)

   _____

2. interdits (paragr. 2, ligne 3)

   _____

3. s'impatienta (paragr. 2, ligne 4)

   _____

4. délivrer (paragr. 5, ligne 1)

   _____

5. maussade (paragr. 6, ligne 3)

   _____

6. présent (paragr. 7, ligne 3)

   _____

7. mignon (paragr. 7, ligne 5)

   _____

8. en quête de (paragr. 10, ligne 1)

   _____

9. parut (paragr. 13, ligne 1)

   _____

10. recouvrèrent (paragr. 13, ligne 2)

   _____

LE FANTÔME DE L'AVARE

Honoré Beaugrand est né à Lanoraie en 1848. Après ses études, il voyagea et vécut au Mexique, en France et aux États-Unis.

En 1878, il revient à Montréal et fonde le journal La Patrie. *Il se fait élire à la mairie de Montréal en 1885.*

Journaliste, romancier, conteur, il fut un écrivain talentueux, doublé d'un homme d'affaires. La chasse galerie *publiée pour la première fois dans* La Patrie *du 13 décembre 1891 lui fit connaître la célébrité.*

Il s'éteignit en 1906.

1   C'était la veille du jour de l'an de grâce 1858.

2   Il faisait un froid sec et mordant.

3   Sur l'ordre de mon père, j'étais parti de grand matin pour Montréal, afin d'aller y acheter divers objets pour la famille. [...] À trois heures de l'après-midi, j'avais fini mes achats et je me préparais à reprendre la route de Lanoraie. Mon «brelot» était assez bien rempli, et comme je voulais être de retour avant neuf heures, je fouettai vivement mon cheval qui partit au grand trot. À cinq heures et demie, j'étais à la traverse du bout de l'île, et j'avais jusqu'alors fait bonne route. Mais le ciel s'était couvert peu à peu et tout faisait présager une forte bordée de neige. Je m'engageai sur la traverse, et avant que j'eusse atteint Repentigny, il neigeait à plein temps. J'ai vu de fortes tempêtes de neige durant ma vie, mais je ne me rappelle aucune qui fût aussi terrible que celle-là. Je ne voyais ni ciel ni terre, et à peine pouvais-je suivre le «chemin du roi» devant moi. [...]

4   Je ne crus pouvoir faire mieux que d'attacher mon cheval à un pieu de la clôture du chemin, et de me diriger à l'aventure à la recherche d'une maison pour y demander l'hospitalité en attendant que la tempête fût apaisée. J'errai pendant quelques minutes et je désespérais de réussir, quand j'aperçus, sur la gauche de la grande route, une masure à demi ensevelie dans la neige et que je ne me rappelais pas avoir encore vue. Je me dirigeai en me frayant avec peine un passage dans les bancs de neige vers cette maison que je crus tout d'abord abandonnée. Je me trompais cependant; la porte en était fermée, mais je pus apercevoir par la fenêtre la lueur rougeâtre d'un bon feu de «bois franc» qui brûlait dans l'âtre. Je frappai et j'entendis aussitôt les pas d'une personne qui s'avançait pour m'ouvrir. [...]

5   «Soyez le bienvenu», me dit l'hôte de la masure en me tendant une main qui me parut brûlante. [...] Je lui expliquai en peu de mots la cause de ma visite, et après l'avoir remercié de son accueil bienveillant, et après avoir accepté un verre d'eau-de-vie qui me réconforta, je pris place sur une chaise boiteuse qu'il m'indiqua de la main au coin du foyer. Il sortit en me disant qu'il allait sur la route quérir mon cheval et ma voiture, pour les mettre sous une remise, à l'abri de la tempête.

6   Je ne pus m'empêcher de jeter un regard curieux sur l'ameublement original de la pièce où je me trouvais. Dans un coin, un misérable banc-lit sur lequel était étendue une peau de buffle, devait servir de couche au grand vieillard aux épaules voûtées qui m'avait ouvert la porte. Un ancien fusil, datant probablement de la domination française, était accroché aux soliveaux en bois brut qui soutenaient le toit en chaume de la maison. Plusieurs têtes de chevreuils, d'ours et d'orignaux étaient suspendues comme trophées de chasse aux murailles blanchies à la chaux. Près du foyer, une bûche de chêne solitaire semblait être le seul siège vacant que le maître de céans eût à offrir au voyageur qui, par hasard, frappait à sa porte pour lui demander l'hospitalité.

7   Je me demandais quel pouvait être l'individu qui vivait ainsi en sauvage en pleine paroisse de Saint-Sulpice, sans que j'en eusse jamais entendu parler. Je me torturai en vain la tête, moi qui connaissais tout le monde, depuis Lanoraie jusqu'à Montréal, mais je n'y voyais goutte. Sur ces entrefaites, mon hôte rentra et vint, sans dire mot, prendre place vis-à-vis de moi, à l'autre coin de l'âtre.

8   «Grand merci de vos bons soins, lui dis-je, mais voudriez-vous bien m'apprendre à qui je dois une hospitalité aussi franche?» [...] En disant ces mots, je le regardai en face, et j'observai pour la première fois les rayons étranges que produisaient les yeux de mon hôte: on aurait dit les yeux d'un chat sauvage. Je reculai instinctivement mon siège en arrière, sous le regard pénétrant du vieillard qui me regardait en face et qui ne me répondait pas.

9   Le silence devenait fatigant, et mon hôte me fixait toujours de ses yeux brillants comme les tisons du foyer. Je commençais à avoir peur.

10   Rassemblant tout mon courage, je lui demandai de nouveau son nom. Cette fois, ma question eut pour effet de lui faire quitter son siège. Il s'approcha de moi à pas lents, et posant sa main osseuse sur mon épaule tremblante, il me dit d'une voix triste comme le vent qui gémissait dans la cheminée:
«Jeune homme, tu n'as pas encore vingt ans et tu te demandes comment il se fait que tu ne connaisses pas Jean-Pierre Beaudry, jadis le richard du village. Je vais te le dire, car ta visite ce soir me sauve des flammes du purgatoire où je brûle depuis cinquante ans, sans avoir jamais pu jusqu'aujourd'hui remplir la pénitence que Dieu m'a imposée. Je suis celui qui, jadis, par un temps comme celui-ci, avait refusé d'ouvrir sa porte à un voyageur épuisé par le froid, la faim et la fatigue.»

11   Mes cheveux se hérissaient, mes genoux s'entrechoquaient, et je tremblais comme la feuille du peuplier pendant les fortes brises du nord. Mais le vieillard, sans faire attention à ma frayeur, continuait toujours d'une voix lente:

12   «Il y a de cela cinquante ans. [...] J'étais riche, bien riche, et je demeurais alors dans la maison où je te reçois, ici, ce soir. C'était la veille du jour de l'an, comme aujourd'hui et seul, près de mon foyer, je jouissais du bien-être d'un abri contre la tempête et d'un bon feu qui me protégeait contre le froid qui faisait craquer les pierres des murs de ma maison. On frappa à ma porte, mais j'hésitais à ouvrir. Je craignais que ce ne fût quelque voleur, qui sachant ma richesse, ne vînt pour me piller, et qui sait, peut-être m'assassiner.

13   Je fis la sourde oreille et après quelques instants, les coups cessèrent. Je m'endormis bientôt, pour ne me réveiller que le lendemain au grand jour, au bruit infernal que faisaient deux jeunes hommes du voisinage qui ébranlaient ma porte à grands coups de pied. Je me levai à la hâte pour aller les châtier de leur impudence, quand j'aperçus, en ouvrant la porte, le corps inanimé d'un jeune homme qui était mort de froid et de misère sur le seuil de ma maison. J'avais, par amour pour mon or, laissé mourir un homme qui frappait à ma porte, et j'étais presqu'un assassin. Je devins fou de douleur et de repentir.

14   Après avoir fait chanter un service solennel pour le repos de l'âme du malheureux, je divisai ma fortune entre les pauvres des environs, en priant Dieu d'accepter ce sacrifice en expiation du crime que j'avais commis. Deux ans plus tard, je fus brûlé vif dans ma maison et je dus aller rendre compte à mon créateur de ma conduite sur cette terre que j'avais quittée d'une manière si tragique. Je ne fus pas trouvé digne du bonheur des élus et je fus condamné à revenir à la veille de chaque nouveau jour de l'an, attendre ici qu'un voyageur vînt frapper à ma porte, afin que je puisse lui donner cette hospitalité que j'avais refusée de mon vivant à l'un de mes semblables. Pendant cinquante hivers, je suis venu, par l'ordre de Dieu, passer ici la nuit du dernier jour de chaque année, sans que jamais un voyageur dans la détresse ne vînt frapper à ma porte. Vous êtes enfin venu ce soir, et Dieu m'a pardonné. Soyez à jamais béni d'avoir été la cause de ma délivrance, et croyez que, quoi qu'il vous arrive ici-bas, je prierai Dieu pour vous là-haut.»

15   Le revenant, car c'en était un, parlait encore quand, succombant aux émotions terribles de frayeur et d'étonnement qui m'agitaient, je perdis connaissance...

16   Je me réveillai dans mon brelot, sur le chemin du roi, vis-à-vis de l'église de Lavaltrie. La tempête s'était apaisée et j'avais sans doute, sous la direction de mon hôte de l'autre monde, repris la route de Lanoraie. [...]

17   Quelques jours plus tard, en visitant Saint-Sulpice, j'eus l'occasion de raconter mon histoire au curé de cette paroisse. J'appris de lui que les registres de son église faisaient en effet mention d'un nommé Jean-Pierre Beaudry. [...]

Honoré BEAUGRAND, *La chasse galerie*
© Éditions FIDES

A   L'étude du texte

1. Indiquez le jour, le mois et l'année où se sont produits les événements rapportés dans ce conte.

   _____

2. Où se sont déroulées les principales actions?

   _____

3. Quels sont les principaux personnages?

   _____

4. Celui qui raconte a-t-il pris part aux événements?

   _____

5. Quel phénomène naturel explique que le voyageur n'a pu continuer sa route?

   _____

6. Dans le 6ᵉ paragraphe, le narrateur décrit brièvement la pièce où il attend son hôte. Où porte-t-il successivement son regard curieux?

   a) _____
   b) _____
   c) _____
   d) _____

7. Relevez, dans les 5e et 6e paragraphes, 5 courts extraits qui mettent en évidence la pauvreté des lieux.

a) _____

b) _____

c) _____

d) _____

e) _____

8. Relevez, dans les 5e, 6e, 8e et 10e paragraphes, les seules parties du corps du vieillard mentionnées par le conteur.

a) _____

b) _____

c) _____

d) _____

9. Ces quelques traits suffisent-ils, selon vous, à présenter le personnage? Expliquez.

_____

_____

10. Relevez, dans ces mêmes paragraphes, les mots ou groupes de mots utilisés par l'émetteur pour caractériser les parties du corps citées.

a) _____

b) _____

c) _____

d) _____

e) _____

f) _____

11. Ce bref portrait campé par le conteur laisse croire que son hôte n'est pas un personnage ordinaire. Quel sentiment lui inspira ce dernier?

_____

_____

12. Relevez, dans le 6e paragraphe, deux indications qui montrent que le vieillard était un amateur de chasse.

a) _____

_____

b) _____

13. En quoi la venue de ce visiteur est-elle importante pour le vieillard fantôme?

_____

_____

14. Relevez, dans le 11ᵉ paragraphe, trois manifestations de la terreur du visiteur d'un soir.

a) _____

b) _____

c) _____

15. Comment l'avare fantôme est-il mort?

_____

16. Pourquoi a-t-il été condamné à brûler au purgatoire?

_____

_____

17. Quelle pénitence lui a été imposée par Dieu? Trouvez la réponse dans le 14ᵉ paragraphe.

_____

_____

_____

18. Combien de temps a duré le supplice du fantôme et pourquoi?

_____

_____

19. Maintenant, comprenez-vous la bienveillance et l'amabilité particulières dont le fantôme a fait montre en ouvrant sa porte à ce visiteur impromptu?

_____

_____

20. Quelles sont les raisons alléguées par l'avare fantôme pour justifier son geste inhumain?

_____

21. Le vieillard se doutait-il un instant qu'il s'était rendu coupable de non-assistance à personne en danger?

_____

_____

_____

22. Quelle image de lui le corps inanimé du jeune homme mort sur le seuil de sa porte lui renvoya-t-il? Quels sentiments en éprouva-t-il?

_____

23. Comment ce fervent croyant crut-il pouvoir se racheter?

_____

_____

24. Qu'est-ce qui, selon vous, explique que l'interlocuteur du vieillard ait perdu connaissance?

_____

25. Cette histoire vous semble-t-elle vraisemblable? Expliquez.

_____

_____

26. Ce conte, bâti à partir d'une légende, contient tout de même une morale.
Essayez de la formuler en vos propres mots.

_____

_____

B La grammaire de la phrase et du texte

1. Relevez dans le texte trois groupes de mots qui montrent bien que ce conte est purement québécois.

a) _____

b) _____

c) _____

2. Le texte entier est écrit à la première personne. Qui raconte l'histoire?

_____

3. Dans le tableau ci-dessous, classez chacun des déterminants référents contenus dans l'extrait suivant, selon qu'il est défini, indéfini, démonstratif ou possessif.

«Grand merci de vos bons soins, lui dis-je, mais voudriez-vous bien m'apprendre à qui je dois une hospitalité aussi franche?» [...] En disant ces mots, je le regardai en face, et j'observai pour la première fois les rayons étranges que produisaient les yeux de mon hôte: on aurait dit les yeux d'un chat sauvage. Je reculai instinctivement mon siège en arrière, sous le regard pénétrant du vieillard qui me regardait en face et qui ne me répondait pas.»

DÉTERMINANTS			
DÉFINIS	INDÉFINIS	DÉMONSTRATIFS	POSSESSIFS

4. Réduisez les phrases suivantes extraites du texte en phrases de base.

   a) J'aperçus le corps inanimé d'un homme qui était mort de froid.

   _____

   b) J'avais laissé mourir un homme qui frappait à ma porte.

   _____

   c) Je devins fou de douleur.

   _____

   d) Je racontai mon histoire au curé de la paroisse.

   _____

5. Représentez graphiquement chacune des phrases de base du numéro précédent.

   a)

   b)

   c)

   d)

LES DÉTERMINANTS DU NOM: LES QUANTIFIANTS

Les **déterminants quantifiants** sont **simples** (*deux, trois*, etc.) ou **complexes** (*un kilo de, beaucoup de, tous les*, etc.).

Dans cette catégorie, on distingue:
– les **déterminants numéraux**;
– les **déterminants partitifs**;
– les **déterminants indéfinis**;
– les **déterminants négatifs**.

Les **déterminants quantifiants** s'emploient devant le nom _____ .

Exemples: _____

_____

_____

_____

Le tableau ci-dessous présente les différents déterminants quantifiants.

LES QUANTIFIANTS			
DÉTERMINANTS NUMÉRAUX	**DÉTERMINANTS PARTITIFS**	**DÉTERMINANTS INDÉFINIS**	**DÉTERMINANTS NÉGATIFS**
un, deux, trois...	du (de l'), de la, des	certains, certaines* plusieurs quelques* tout, toute, tous, toutes tel, telle...	aucun, aucune nul, nulle pas un, pas une

* Au singulier, «certain», «certaine», «quelque» au sens de «un certain», «une certaine» sont des indéfinis référents.

I. Les déterminants numéraux

Les **déterminants numéraux** (un, deux, trois, etc.) expriment _____ ou

_____ (_____, _____, _____, etc.). Cependant, ces

derniers sont considérés comme des **adjectifs classifiants** et_____ et

_____ .

Exemples: _____

_____

_____

Les **déterminants numéraux** sont **invariables** sauf:

a) **un** qui fait _____ au féminin

Exemple: _____

b) **vingt** et **cent** qui prennent un _____ lorsqu'ils _____

_____.

Exemples: _____

_____

Cependant, **vingt** et **cent** restent _____ s'ils sont pris comme _____

_____.

Exemple: _____

1) **Un** et **une** sont des _____ **seulement** s'ils servent à _____

_____. Sinon, ce sont des _____.

Exemples: _____

_____

2) Les **déterminants numéraux** peuvent être employés comme_____.

Exemple: _____

3) Les **déterminants numéraux** peuvent s'employer _____ ou être précédés _____

_____.

Exemples: _____

_____

_____

4) Les **nombres composés inférieurs à cent** sont reliés _____, sauf

_____.

Exemples: _____

_____

_____

Les **déterminants partitifs** indiquent _____.

Ils s'emploient devant les **noms non comptables**.

Exemples: _____

_____

N.B. Dans les phrases négatives, les déterminants partitifs **du** et **de la** sont remplacés par _____

ou _____.

Exemple: **As-tu du feu?** ⇒⇒ _____

Les **déterminants indéfinis (certains, certaines, plusieurs, quelques, tout, toute, tous, toutes,**

tel, telle...) s'emploient devant des noms qui désignent _____ ou_____

dont _____ ou _____.

Exemple: _____

Les **déterminants indéfinis** s'accordent _____ et_____

_____.

Exemple: _____

Cependant **chaque** (indéfini distributif) ne s'emploie qu'_____.

Exemple: _____

Remarques

1) Les **déterminants indéfinis, certain, divers, différents, autre, quelconque,** placés après le nom,

_____ et deviennent _____.

Exemples: _____

_____

2) Le **déterminant indéfini tel** est un **adjectif** quand il a le sens de _____,

_____, _____, _____.

Exemples: _____

_____

3) Le **déterminant indéfini même** change de sens selon qu'il est _____ ou

_____.

Exemples: _____

_____

4) Le déterminant indéfini **tout** change de sens s'il précède _____

_____.

Exemples: _____

_____

Tout est adjectif quand il a le sens de _____, _____, _____.

Exemple: _____

5) Les déterminants indéfinis **tout, quelque, même** peuvent être pris comme _____.

Ils sont alors _____.

a) **Tout** est **adverbe** (modificateur) et invariable, lorsqu'il signifie _____,

_____.

Exemple: _____

Cependant, **tout**, adverbe, varie _____ commençant par

_____ ou _____. Il s'accorde alors comme _____.

Exemples: _____

_____

b) **Quelque** est **adverbe** (modificateur) lorsqu'il signifie _____ ou _____.

Dans le sens de tellement (ou de si), il précède toujours _____ suivi de

_____.

Exemples: _____

_____

c) **Même** est **adverbe** (modificateur) lorsqu'il signifie _____ (devant un groupe nomi-

nal) ou _____ (devant un groupe adjectival).

Exemples: _____

_____

IV. Les déterminants négatifs

Les **déterminants négatifs (aucun, nul, pas un)** indiquent une _____ et

s'accompagnent _____. Ils s'accordent _____.

Exemples: _____

_____

Aucun et **nul** peuvent s'employer au pluriel devant les noms qui n'ont pas de singulier.

Exemple: _____

EXERCICES

A Écrivez en toutes lettres les déterminants numéraux contenus dans les phrases suivantes.

Exemple: **J'ai trouvé la réponse à la page 120.**   **cent vingt**

1. En un mot comme en 100, tu as mal agi. _____

2. Il a fait les 400 coups. _____

3. Il n'y va pas par 4 chemins. _____

4. Sous le choc, elle en a vu 36 chandelles. _____

5. Il ne faut pas chercher midi à 14 heures. _____

6. Vous pouvez parier, je vous le donne en 1000. _____

7. Il a réalisé ce dessin en 2 temps 3 mouvements. _____

8. À cette occasion, elle fêtait ses 31 ans. _____

9. J'ai lu ce roman jusqu'à la page 180. _____

10. Mon grand-père vient d'atteindre ses 90 ans. _____

B Indiquez le mot qui convient pour désigner le résultat obtenu

a) en divisant une quantité par:

– deux; _____

– trois; _____

– quatre; _____

– cinq; _____

– dix; _____

– cent. _____

b) en multipliant une quantité par:

– deux; _____

– trois; _____

– quatre; _____

– cinq; _____

– dix; _____

– cent. _____

C Distinguez, parmi les mots soulignés dans les exemples ci-dessous, les adjectifs des déterminants.

Exemple: Certains jours, ce petit garçon a le diable au corps.   dét. indéf. _____

1. Nous avons un <u>autre</u> problème à résoudre. _____
2. Ici, <u>tous</u> les gens se côtoient harmonieusement. _____
3. Une <u>telle</u> ardeur au travail me laisse admirative. _____
4. Il n'y a <u>nulle</u> ombre au tableau. _____
5. Nous avons reçu <u>différents</u> avis de nos conseillers. _____
6. La destruction de la couche d'ozone est un fait <u>certain</u>. _____
7. Nous avons obtenu des résultats <u>différents</u>. _____
8. Seuls les faits <u>divers</u> l'intéressent dans le journal. _____
9. La famine sévit en <u>divers</u> points de la planète. _____
10. Les deux équipes ont fait match <u>nul</u>. _____
11. Cet homme aux manières <u>quelconques</u> n'a pas d'amis. _____
12. <u>Certains</u> élèves se sont présentés en classe en retard. _____

D S'il y a lieu, faites accorder comme il convient les mots entre parenthèses.

1. (Tout) les fois que j'y pense, je deviens malheureux. _____
2. (Quelque) gamins traînaient encore au parc. _____
3. Apeurés, ils se sont dispersés de (tout) les côtés. _____
4. (Même) les adultes ont apprécié ce conte merveilleux. _____
5. (Nul) joie ne se lisait sur son visage émacié. _____
6. Le coureur a abandonné après (quelque) dix km. _____
7. Hier, nous avons travaillé (tout) la soirée. _____
8. Le fardier roulait (tout) feux éteints. _____
9. La famille ira passer (quelque) jours dans le Nord. _____
10. Il n'avait (nul) envie de participer à la manifestation. _____
11. La gagnante, (tout) émue, a remercié l'assistance. _____
12. L'avion a éprouvé (certain) difficultés à l'atterrissage. _____
13. Vous me voyez (tout) confuse. _____
14. (Quelque) habile que tu sois, tu peux rater la cible. _____
15. (Chaque) couleur a sa caractéristique propre. _____
16. Toi et moi partageons les (même) idées. _____
17. Quelles sont les (tout) dernières nouvelles? _____
18. Le fugitif a été aperçu à (maint) endroits. _____
19. Ce matin-là, le petit tailleur s'en alla, (tout) guilleret. _____
20. Cette affiche a été réalisée par les élèves eux-(même). _____

LA COMPOSITION DES MOTS
QUELQUES ÉLÉMENTS LATINS ET GRECS

La **composition** est un procédé qui consiste à former des mots nouveaux en **reliant** deux ou plusieurs **mots déjà existants**. Les éléments qui forment ces mots nouveaux peuvent être simplement placés l'un à côté de l'autre *(auteur compositeur interprète)*, soudés ensemble *(tournesol)*, réunis par un trait d'union *(pince-sans-rire)* ou par une préposition *(bateau à moteur, croc-en-jambe)*.

Les mots composés peuvent aussi être formés au moyen d'éléments d'origine latine ou grecque, par télescopage (réunion du début d'un mot et de la fin d'un autre: **héli**coptère/aéro**port** ⇒ **héliport**); d'autres, par réduction (ou troncation) de mots très longs *(**stylographe** ⇒ **stylo**)*; d'autres enfin, par la réunion des seules initiales d'un groupe de mots désignant un organisme, une invention. Lorsque chaque lettre se prononce séparément, le mot nouveau s'appelle un **sigle** *(ONF ⇒ **O**ffice **n**ational du **f**ilm)*; si le sigle se prononce comme un mot ordinaire, c'est un **acronyme**: *(OVNI ⇒ **O**bjets **v**olants **n**on **i**dentifiés)*.

Le tableau suivant présente la plupart des éléments d'origine latine et grecque couramment utilisés pour former des mots nouveaux, leur signification et quelques exemples.

QUELQUES ÉLÉMENTS LATINS SERVANT À FORMER DES MOTS NOUVEAUX		
ÉLÉMENTS	**SIGNIFICATION**	**EXEMPLES**
cide	action de tuer	homicide
cole	qui concerne la culture/qui vit dans	vinicole / arboricole
fère	qui porte/qui contient	calorifère
fuge	qui fait fuir	vermifuge
grade	marche	plantigrade
pare	qui donne naissance à	vivipare
pède	pied	bipède
vore	qui se nourrit de	frugivore

ÉLÉMENTS	SIGNIFICATION	EXEMPLES
algie	maladie/douleur	névralgie
bio	vie	biographie
cratie	pouvoir	démocratie
gène	qui engendre/qui produit	fumigène
géo	terre	géologie
graphie	description	géographie
hydro	eau	hydroélectricité
logie	science/étude	musicologie
mètre, métrie	qui mesure/mesure	métrique/altimétrie
pathie	maladie	cardiopathie
phage	qui mange	bactériophage
phile	qui aime	philanthrope/cinéphile
phobe	qui n'aime pas	hydrophobe
phone	son/voix/qui parle	phonométrie
thermo	chaleur	thermomètre

EXERCICES

A À l'aide des éléments latins définis ci-dessus, complétez les groupes de syllabes indiqués, en tenant compte de la définition proposée.

Exemple: qui se nourrit de fruits   frugi_____ **vore** _____

1. qui se nourrit de chair   carni_____
2. qui a tué son frère   fratri_____
3. qui fait fuir loin du centre   centri_____
4. qui pond des œufs   ovi_____
5. qui marche vers l'arrière   rétro_____
6. qui concerne la culture des jardins   horti_____
7. qui contient de l'or   auri_____
8. qui fait fuir le feu   igni_____
9. qui a quatre pattes   quadru_____
10. qui se nourrit de tout   omni_____

B Même question concernant les éléments grecs.

Exemple: qui n'aime pas l'eau   hydro___**phobe**___

1. étude de la vie (des êtres vivants)   bio_____
2. qui mesure le temps   chrono_____
3. qui produit de l'eau   hydro_____
4. qui aime les livres   biblio_____
5. qui parle français   franco_____
6. qui mesure la température   thermo_____
7. étude des animaux   zoo_____
8. qui aime les étrangers   xéno_____
9. qui n'aime pas les espaces clos   claustro_____
10. qui mesure la chaleur   calori_____

LEXIQUE

En tenant compte du contexte *Le Fantôme de l'avare* (p. 47), trouvez dans le dictionnaire le sens qui convient à chacun des mots et groupes de mots suivants.

1. mordant (paragr. 2, ligne 1) _____
2. présager (paragr. 3, ligne 6) _____
3. engageai (paragr. 3, ligne 6) _____
4. errai (paragr. 4, ligne 3) _____
5. masure (paragr. 4, ligne 4) _____
6. ensevelie (paragr. 4, ligne 4) _____
7. frayant un passage (paragr. 4, ligne 5) _____
8. âtre (paragr. 4, ligne 8) _____
9. quérir (paragr. 5, ligne 5) _____
10. original (paragr. 6, ligne 1) _____
11. soliveaux (paragr. 6, ligne 4) _____

12. vacant (paragr. 6, ligne 7) _____
13. Sur ces entrefaites (paragr. 7, ligne 3) _____
14. étranges (paragr. 8, ligne 3) _____
15. tisons (paragr. 9, ligne 2) _____
16. se hérissaient (paragr. 11, ligne 1) _____
17. châtier (paragr. 13, ligne 4) _____
18. impudence (paragr. 13, ligne 4) _____
19. solennel (paragr. 14, ligne 1) _____
20. en expiation (paragr. 14, ligne 2) _____
21. tragique (paragr. 14, ligne 5) _____

INITIATION À LA LITTÉRATURE: LA NOTICE BIOGRAPHIQUE

Écrire la **biographie** d'un personnage, c'est raconter l'histoire de sa **vie**, en suivant l'**ordre chronologique**.

Consultez un dictionnaire des auteurs québécois ou tout autre livre traitant de la littérature québécoise. Découvrez qui est Honoré Beaugrand et, en quelques lignes, rappelez l'essentiel de ce que vous aurez appris au sujet de cet auteur:
– son enfance
– son adolescence
– les influences qu'il a subies et qui l'ont marqué

Pour terminer, vous citerez ses principales œuvres.

Votre texte intitulé Notice biographique de… sera rédigé sur une feuille mobile en une vingtaine de lignes environ.

N.B. **Vous pouvez, à votre choix, et après consultation des ouvrages appropriés à la bibliothèque, rédiger la notice biographique d'un écrivain, d'un peintre, d'un poète ou d'un savant qui vous intéresse particulièrement.**

LE GENRE ET LE NOMBRE DES NOMS

Le **nom** est un mot qui sert à désigner un **être**, un **objet**, un **sentiment**, une **idée**. Outre les **noms propres** et les **noms communs**, il existe:

a) les **noms concrets** qui désignent tout ce qui peut être perçu par les sens *(mineur, chien, banc)*;

b) les **noms abstraits** qui désignent des **idées**, des **qualités** *(bonté, fermeté)*;

c) les **noms collectifs** qui désignent un ensemble de *(foule, meute, nuée)*;

d) les **noms animés** et les **noms inanimés** qui désignent, les premiers, les êtres vivants *(tigre, villageois)*; les seconds, les objets et les idées, donc des entités non vivantes *(image, disquette, table)*.

Enfin, les **noms comptables** désignent les êtres et les objets que l'on peut compter *(une mouche, deux mouches, sept mouches)* et les **noms non comptables**, des choses que l'on ne peut pas compter, car elles forment un tout qui ne peut être divisé en unités *(de la farine, un peu de farine, beaucoup de farine)*.

Les noms peuvent être du genre masculin ou du genre féminin. Généralement, sont **masculins** les noms:

a) d'arbres: _____ ;

b) de métaux: _____ ;

c) de langues: _____ .

Sont **féminins** les noms de sciences: _____

Exception: _____

N.B. 1) Certains noms masculins au singulier deviennent féminins lorsqu'ils sont employés au pluriel.

Ainsi, on dira un grand amour, mais _____ .

2) Le mot **gens** est normalement du masculin. Cependant, s'il est **précédé** immédiate-ment _____

(_____ / _____), celui-ci se met au _____ .

Exemple: _____

Mais, si l'**adjectif**_____ , il reste au _____ .

Exemple: _____

a) Le plus souvent, les noms prennent un _____ au _____ , mis à part quelques noms terminés par _____ qui font _____ ; quelques noms terminés par _____ , _____ , _____ , _____ qui se terminent par un **x** et les noms en _____ qui, sauf quelques-uns, font généralement _____ au pluriel.

Font exception à la règle les noms suivants terminés par:

ail;

_____ / _____ / _____ / _____ /

_____ / _____ / _____

ou;

_____ / _____ / _____ / _____ /

_____ / _____ / _____

au, eu;

_____ / _____ / _____ / _____ /

al.

_____ / _____ / _____ / _____ /

_____ / _____ / _____

b) Certains noms sont **invariables**:

1) les _____ et les _____ employés comme _____ ;

   Exemple: _____

2) les noms _____, _____ (sauf zéro), _____ ;

   Exemples: _____

   _____

3) les noms _____ (_____, _____, _____, _____);

   Exemples: _____

   _____

4) les noms _____ désignant _____ ;

   Exemple: _____

5) les noms _____.

   Exemple: _____

   N.B. Les acronymes devenus noms communs prennent la marque du pluriel.

   Exemples: **un cégep**   ⇒⇒ _____

   un ovni   ⇒⇒ _____

   un radar   ⇒⇒ _____

III. Le pluriel des noms composés

L'accord des noms composés se fait selon que ces derniers s'écrivent en un seul mot ou en plusieurs mots.

Les **noms composés** écrits **en un seul mot** se terminent par un ____ au pluriel, sauf gentilhomme, bonhomme, madame, mademoiselle et monsieur qui font

_____ / _____ / _____ /

_____ / _____ / _____

Cependant, s'ils sont formés:

a) de **deux noms** ou d'un **nom** et d'un **adjectif**, _____

   _____ ;

   Exemples: **un chou-fleur**   ⇒⇒ _____

   un coffre-fort   ⇒⇒ _____

b) de **deux noms** séparés par une **préposition**, seul _____ s'écrit _____ ;

   Exemples: **un arc-en-ciel**   ⇒⇒ _____

   un chef-d'œuvre   ⇒⇒ _____

c) d'une **préposition** et d'un **nom**, _____ ;

   Exemples: **un en-tête**   ⇒⇒ _____

   un avant-projet   ⇒⇒ _____

d) de **deux verbes** ou d'un **verbe** et d'un **nom**, _____.
   Le nom quelquefois peut varier.

   Exemples: **un va-et-vient**   ⇒⇒ _____

                 un presse-purée   ⇒⇒ _____

                 un couvre-lit   ⇒⇒ _____

EXERCICES

A **Observez** les phrases suivantes. Les noms soulignés sont-ils concrets, abstraits, collectifs, comptables, non comptables?

Exemple: Cet <u>homme</u> sans <u>scrupules</u> ne mérite aucun <u>respect</u>.
                   ↓   ↓   ↓
             nom concret   nom abstrait   nom abstrait

1. Elle s'est attiré la <u>sympathie</u> des <u>auditeurs</u>.

2. Une grande <u>joie</u> de vivre l'anime.

3. Je devins fou de <u>douleur</u> et de <u>repentir</u>.

4. Chacun de ces <u>bijoux</u> est précieux.

5. Une <u>nuée</u> d'<u>oiseaux</u> traversa le <u>ciel</u>.

6. Sa <u>chanson</u>, un véritable <u>hymne</u> à l'<u>amour</u>, a plu.

7. J'ai trouvé cette <u>femme</u> d'une grande <u>générosité</u>.

8. J'ai vendu ma <u>collection</u> de <u>timbres</u>.

9. Les <u>pauvres</u> méritent tout notre <u>dévouement</u>.

10. Une <u>foule</u> de <u>chercheurs</u> s'y intéressent.

B Composez 10 phrases où vous utiliserez au pluriel les noms suivants.

Riopelle

Exemple: Deux Riopelle ornent les murs de cette salle de conférence.

1. Pellan (peintre québécois renommé)

_____

2. pince-sans-rire

_____

3. après-midi

_____

4. porte-bonheur

_____

5. château fort

_____

6. chef-d'œuvre

_____

7. credo

_____

8. veto

_____

9. gratte-ciel

_____

10. laissez-passer

_____

LA POLYSÉMIE

La plupart des mots français (sauf ceux qui appartiennent à un lexique spécialisé) changent de sens selon le contexte où ils sont placés: ils sont **polysémiques**.

Comparez: *Il croit détenir (posséder) la vérité.*

Ce désespéré détient (garde) toute sa famille en otage.

EXERCICE

Les phrases regroupées ci-dessous mettent en évidence le caractère polysémique des mots soulignés. Trouvez, dans chaque cas, la signification convenable.
Recourez au dictionnaire, au besoin.

1. a) Il faisait un froid mordant.

   _____

   b) Elle répliqua d'un ton mordant.

   _____

2. a) Je me préparais à reprendre la route.

   _____

   b) Grâce à ce procès, il a pu reprendre son bien.

   _____

   c) Ses parents l'ont repris vertement.

   _____

3. a) Le ciel s'était couvert peu à peu.

   _____

   b) Le sol était couvert de détritus.

   _____

   c) Cet adolescent a le visage couvert de boutons.

   _____

4. a) [...] à peine pouvais-je suivre le «chemin du roi»...

   _____

   b) Ce policier suivait le suspect depuis plusieurs mois.

   _____

   c) Les jours se suivent et ne se ressemblent pas.

   _____

5. a) J'errai pendant quelques minutes...

   _____

   b) À cette étape de ton raisonnement, je crois que tu as erré.

   _____

   c) Un loup errait dans les parages.

   _____

6. a) [...] un bon feu de «bois franc» brûlait dans l'âtre.

   _____

   b) La fumée de la cigarette brûle les yeux.

   _____

   c) De son vivant, il avait souhaité que son cadavre soit brûlé.

   _____

7. a) [...] j'<u>entendis</u> aussitôt les pas d'une personne...

_____

b) Elle s'occupe comme elle l'<u>entend</u>.

_____

c) J'<u>entends</u> bien le sens de ta question.

_____

8. a) [...] sur l'ameublement <u>original</u> de la pièce...

_____

b) Ce jeune contestataire a des idées plutôt <u>originales</u>.

_____

9. a) [...] qui <u>ébranlaient</u> ma porte à grands coups de pied.

_____

b) Ce malheureux accident a fortement <u>ébranlé</u> sa santé.

_____

c) La nouvelle de son décès a <u>ébranlé</u> la population.

_____

10. a) [...] succombant aux émotions terribles qui m'<u>agitaient</u>...

_____

b) Les infirmières <u>s'agitaient</u> autour du malade.

_____

c) <u>Agitez</u> le contenu avant utilisation.

_____

d) Cette question a été longuement <u>agitée</u> lors de la dernière réunion.

_____

e) Il <u>s'agite</u> comme un diable dans un bénitier.

_____

LEXIQUE

«*Je fis la sourde oreille*», lit-on dans *Le Fantôme de l'avare* (p. 47).
Les locutions suivantes contiennent toutes le mot «oreille».

 A Trouvez dans le dictionnaire la signification de chacune d'elles.

1. N'écouter que d'une oreille

_____

2. Prêter l'oreille

_____

3. Ne pas en croire ses oreilles

_____

4. Rebattre les oreilles à quelqu'un de quelque chose

_____

5. Ce n'est pas tombé dans l'oreille d'un sourd.

_____

6. Être dur d'oreille

_____

7. Avoir l'oreille fine

_____

8. Cela lui rentre par une oreille et lui en sort par l'autre.

_____

9. Se faire tirer l'oreille

_____

10. Dormir sur ses deux oreilles

_____

11. Montrer le bout de l'oreille

_____

12. Mettre la puce à l'oreille

_____

13. Se faire tirer les oreilles

_____

14. Avoir l'oreille basse

_____

 B Utilisez, dans une phrase qui en explicite le sens, chacune des locutions du lexique ci-dessus.

1. _____

2. _____

3. _____

4. _____

5. _____

_____

6. _____

7. _____

8. _____

_____

9. _____

10. _____

11. _____

_____

12. _____

13. _____

14. _____

CAUCHEMAR

1   Soudain la porte s'ouvrit; une sombre figure entra et, glacé d'effroi, je me reconnus moi-même en costume de capucin[1], avec la barbe et la tonsure. Le personnage s'approcha de plus en plus près de mon lit; j'étais sans mouvement, les sons que j'essayais en vain de proférer étaient étouffés par l'état d'immobilité convulsive qui m'avait saisi. L'apparition s'assit sur mon lit et me regarda en ricanant.

2   – Maintenant, tu vas me suivre, dit-elle, nous allons monter sur le toit, sous la girouette qui chante une joyeuse chanson en l'honneur du hibou qui célèbre ses noces; là nous lutterons, et celui de nous deux qui jettera l'autre en bas sera roi et aura le droit de boire du sang.

3   Alors je sentis que le fantôme me saisissait et m'entraînait vers le haut. Le désespoir me rendit mes forces.

4   – Tu n'es pas moi, tu es le Diable, lui criai-je, et j'agrippai comme si j'avais des griffes le visage du spectre menaçant; il me sembla que mes doigts, croyant atteindre ses yeux, s'enfonçaient dans de profondes orbites; et il se remit à rire sur un ton strident.

5   Au même instant, je fus tiré du sommeil comme par une secousse soudaine. Mais j'entendais encore ce rire dans la chambre. Je me dressai d'un bond.

6   Les rayons lumineux de l'aurore pénétraient par la fenêtre; je vis devant la table, me tournant le dos, un personnage en habit de capucin […].

7   Je résolus d'attendre ce que ferait l'inconnu, et de n'intervenir que s'il se montrait dangereux. Mon stylet était près de moi; en comptant sur lui et sur ma force, en laquelle je pouvais avoir confiance, je pourrais maîtriser l'étranger sans avoir besoin d'aide. Il semblait jouer avec mes affaires comme aurait fait un enfant. Mon portefeuille rouge qu'il tournait et retournait devant la fenêtre en faisant des bonds bizarres, paraissait tout particulièrement lui plaire. Enfin il dénicha la bouteille clissée[2] contenant ce qui restait du vin mystérieux[3]; il l'ouvrit, la sentit, se mit à trembler de tous ses membres et poussa un cri sourd et terrible qui retentit dans la chambre. Quelque part dans la maison, une chose argentine[4] sonna trois heures; il se mit alors à hurler, comme saisi de souffrances affreuses, puis partit de nouveau de ce rire strident que j'avais entendu dans mon rêve. Il se livra à des bonds sauvages, but à même le flacon puis, le rejetant, se précipita au-dehors.

8   Je me levai rapidement et courus après lui; mais il était déjà hors de vue. Je l'entendis descendre bruyamment l'escalier éloigné, puis ce fut le retentissement sourd d'une porte fermée violemment.

---

1. costume porté par les religieux de l'ordre des franciscains
2. entourée d'une enveloppe d'osier tressé
3. Il s'agit de l'élixir du diable qui porte ceux qui le boivent à faire le mal
4. au son clair

9   Je verrouillai ma chambre pour me mettre à l'abri d'une seconde visite et me jetai de nouveau sur le lit. J'étais trop épuisé pour retrouver aussitôt le sommeil; mais quand je m'éveillai, frais et dispos, le soleil inondait déjà ma chambre.

E. T. A. HOFFMANN, *Les Élixirs du diable*
© Éditions Phébus

A L'étude du texte

1. Le narrateur a-t-il pris part aux événements racontés? À quoi le reconnaissez-vous? Citez deux exemples.   /2

   _____

   _____

2. De quel genre de récit s'agit-il?   /2

   _____

3. Où et à quel moment se déroule l'action? Citez le texte.   /4

   a) _____

   _____

   b) _____

   _____

4. Dans le 1er paragraphe, relevez les manifestations physiques de la peur chez le narrateur?   /2

   _____

5. En quoi le défi lancé par le «personnage», au 2e paragraphe, paraît-il diabolique?   /2

   _____

   _____

6. Que signifient ces propos du narrateur: «Le désespoir me rendit mes forces.»?   /2

   _____

7. Quel est le moment le plus angoissant du cauchemar du narrateur?   /2

   _____

   _____

   _____

8. Quel est le sens du ricanement et du rire strident du fantôme?   /2

   _____

   _____

9. Quel effet produisit le réveil du narrateur au moment de ses plus grandes angoisses?   /2

   _____

10. Que décida le narrateur au 7e paragraphe?   /2

   _____

11. Relevez, dans le 7e paragraphe, les deux seuls moyens sur lesquels comptait le narrateur pour se défendre? /2

_____

12. Quels sont, dans l'ordre, les actions précises posées par l'inconnu au 7e paragraphe? /12

a) _____

_____

b) _____

c) _____

d) _____

e) _____

f) _____

g) _____

h) _____

i) _____

j) _____

k) _____

l) _____

13. Quelle est la situation finale du récit? /4

_____

_____

B La grammaire de la phrase et du texte

1. Écrivez le féminin de chacun des groupes nominaux suivants. /4

a) un roi _____

b) cet inconnu _____

c) un étranger _____

d) un enfant _____

2. Écrivez au pluriel chacun des groupes nominaux suivants. /4

a) du hibou _____

b) le dos _____

c) ce corps _____

d) le roi _____

3. Dites si chacun des noms suivants est concret ou abstrait. /6

a) effroi _____

b) tonsure _____

c) sons _____

d) honneur _____

e) désespoir _____

f) orbites _____

4. Écrivez au pluriel les noms composés suivants.   /4

    a) une contre-attaque _____

    b) cette porte-fenêtre _____

    c) un porte-malheur _____

    d) un demi-sommeil _____

5. Dans le 8e paragraphe, relevez un nom non comptable.   /2

_____

6. Soulignez les déterminants possessifs dans les phrases suivantes.   /5
   Quel possesseur désigne chacun d'eux?

    a) Le personnage s'approcha de plus en plus près de mon lit. _____

    b) […] en l'honneur du hibou qui célèbre ses noces […] _____

    c) Le désespoir me rendit mes forces. _____

    d) […] le visage du spectre […] croyant atteindre ses yeux […] _____

    e) Mon stylet était près de moi; _____

7. Dans les exemples suivants, repérez le déterminant et écrivez-le dans la colonne   /12
   appropriée du tableau ci-dessous.

EXEMPLES	DÉTERMINANTS RÉFÉRENTS				DÉTERMINANTS QUANTIFIANTS			
	déf.	indéf.	dém.	poss.	num.	partit.	indéf.	nég.
la porte s'ouvrit								
une sombre figure entra								
près de mon lit								
par l'état d'immobilité								
du hibou qui célèbre								
celui de nous deux								
de boire du sang								
j'entendais encore ce rire								
se mit à trembler de tous								
ses membres								
sonna trois heures								
quelque part								

8. Dans chacun des exemples suivants, soulignez le GN. Indiquez sa fonction. /8

    a) […] une sombre figure entra et […] _____

    b) […] sous la girouette qui chante une joyeuse chanson […] _____

    c) […] celui de nous deux […] sera roi […] _____

    d) […] tu es le Diable […] _____

LEXIQUE

A Relevez dans le texte environ 9 groupes nominaux utilisés par le narrateur /9
pour désigner l'étrange visiteur?

_____

_____

B Quelle est la signification des mots et groupes de mots suivants extraits du texte? /6

1. Soudain (Paragr. 1, ligne 1)

    _____

2. effroi (Paragr. 1, ligne 1)

    _____

3. proférer (Paragr. 1, ligne 3)

    _____

4. strident (Paragr. 4, ligne 3)

    _____

5. aurore (Paragr. 6, ligne 1)

    _____

6. maîtriser (Paragr. 7, ligne 3)

    _____

LE VAILLANT PETIT TAILLEUR

Les frères Grimm, Jakob et Wilhelm, écrivains et philologues allemands, sont nés à Hanau, le premier, en 1785, le second, en 1786. Ils firent des études de droit pour ensuite se consacrer à des recherches sur la langue et la littérature allemandes.

Bibliothécaires, puis professeurs d'université, ils entrèrent à l'Académie de Berlin en 1841. En 1812, ils publièrent Contes d'enfants et du foyer, *suivis en 1816 de* Légendes allemandes. *Ces œuvres sont une collection des contes traditionnels germaniques où se côtoient le réel et le merveilleux.*

En 1838, ils commencent à rédiger un Dictionnaire de la langue allemande *qu'ils laisseront inachevé. Cette œuvre ne sera terminée qu'en 1961.*

Jakob et Wilhelm Grimm sont décédés en 1863 et 1859 respectivement, à Berlin.

1   Par un matin d'été, un petit tailleur assis sur sa table près de la fenêtre cousait de toutes ses forces et de la meilleure humeur. Une paysanne vint à passer dans la rue qui criait: «Bonne crème à vendre! Bonne crème à vendre!» Les oreilles du petit tailleur en furent agréablement chatouillées, et, passant sa petite tête par la fenêtre, il dit à la marchande: «Par ici, bonne femme, par ici, il y a acheteur.»

2   Elle monta les trois marches qui conduisaient chez le tailleur avec son lourd panier, et il fallut qu'elle étalât tous ses pots devant lui. Il les examina l'un après l'autre, les mania, les flaira et finit par dire: «Votre crème me paraît bonne, pesez-m'en deux onces.»

3   La marchande, qui avait compté sur un marché considérable, lui donna ce qu'il désirait et partit en grondant et en grommelant.

4   «Que Dieu bénisse cette crème, s'écria le petit tailleur, et qu'elle me donne force et vigueur!» Puis il alla prendre le pain dans l'armoire, s'en coupa une longue tartine et étendit la crème dessus. «Voilà qui n'aura pas mauvais goût, dit-il, mais je vais finir cette veste avant de l'entamer.»

5   Il posa la crème près de lui, continua de coudre et, dans sa joie, faisait des points de plus en plus grands. Mais l'odeur de la bonne crème se répandit jusqu'aux murs couverts de mouches qui vinrent en groupe assiéger le pain.

6   «Eh! qui vous a invitées? dit le petit homme. Et il chassa les hôtes importuns. Mais les mouches, qui n'entendaient pas sa langue, ne se laissèrent pas éconduire; elles revinrent même plus nombreuses. Cette fois la moutarde lui monta au nez, et, prenant un morceau de drap dans son tiroir: «Attendez, dit-il, je vais vous en donner.» Et il frappa dessus sans pitié. Après ce grand coup, il compta les morts. Il n'y en avait pas moins de sept qui gisaient, les pattes étendues. Il admira sa valeur et s'écria:

    «Quel gaillard je suis, il faut que toute la ville l'apprenne!»

7   Il se confectionna en hâte une ceinture et broda dessus en grosses lettres: *Sept d'un coup.* «Mais quoi, la ville seulement, reprit-il, il faut que le monde entier le sache!» Et son cœur s'agitait de joie dans sa poitrine, comme la queue d'un petit agneau.

8   Il mit donc sa ceinture, décidé à parcourir le monde, car son échoppe lui semblait désormais trop exiguë pour contenir sa valeur. Avant de partir, il chercha dans toute la maison ce qu'il pourrait bien emporter, mais il ne trouva qu'un vieux fromage qu'il mit dans sa poche. Devant sa porte, il vit un oiseau en cage; il le glissa également dans sa poche. Puis il se mit bravement en route et, comme il était léger et vif, il marcha sans se fatiguer.

9   Le chemin menait à une montagne au sommet de laquelle il vit, assis, un énorme géant qui regardait paisiblement devant lui. Le petit tailleur alla droit à lui, l'aborda et lui dit:
«Bonjour, camarade, hein! tu es assis et considères le vaste monde? Moi je viens justement de me mettre en route pour chercher des aventures. Veux-tu venir avec moi?»
Le géant toisa le tailleur et lui dit d'un air de mépris:
«Petit gueux, misérable avorton.
– Est-il possible? repartit le petit tailleur, en déboutonnant sa veste, et montrant sa ceinture au géant. Voilà cependant où tu peux lire quel homme je suis.» Le géant lut: *Sept d'un coup*.

10   Il s'imagina que c'était des hommes que le petit tailleur avait tués et il en conçut quelque respect pour le petit homme. Cependant il voulut le mettre à l'épreuve, et, prenant un caillou dans sa main, il le pressa si fort que l'eau en suinta.
«Fais-en autant, dit le géant, si tu es fort.
– N'est-ce que cela? dit le petit homme. C'est un jeu d'enfant pour les nôtres.»
Et, prenant son fromage mou dans sa poche, il le pressa si fort qu'il en fit sortir tout le jus.
«Eh bien! dit-il, voilà qui vaut un peu mieux, n'est-ce pas?»

11   Le géant ne sut que répondre et demeura interdit de voir un petit homme si fort. Alors il ramassa un autre caillou et le lança si haut qu'il fut hors de vue.
«Allons, petit homme, dit-il, fais comme moi.
– Bien lancé, dit le tailleur, mais le caillou est retombé, je vais en lancer un, moi, qui ne retombera pas.»
Et, prenant l'oiseau qui était dans sa poche, il le jeta en l'air. Heureux de se sentir libre, l'oiseau prit son vol à tire-d'aile et ne revint pas.
«Que dis-tu de ce coup-là, camarade? demanda le petit tailleur.
– Tu lances bien, répondit le géant, mais nous allons voir maintenant si tu es en état de porter quelque chose de lourd.»

12   Il conduisit le petit tailleur à un chêne gigantesque qui était abattu sur le sol.
«Si tu en as la force, aide-moi à emporter cet arbre hors de la forêt.
– Volontiers, répondit le petit homme, prends d'abord le tronc sur ton épaule, je ramasserai et porterai les branches et le feuillage, c'est le plus lourd.»

13   Le géant chargea le tronc sur son épaule, mais le petit tailleur s'assit sur une branche, de sorte que le géant qui ne pouvait regarder derrière lui portait l'arbre tout entier et le tailleur par-dessus le marché. Il s'y trouvait fort bien et sifflait gaiement: «Il était trois tailleurs qui s'en allaient de compagnie...», comme si c'eût été pour lui un jeu d'enfant que de porter un arbre. Le géant, après avoir porté cette lourde charge pendant un moment, n'en pouvant plus, s'écria: «Prends garde, je vais le laisser tomber.»

14   Le tailleur sauta lestement en bas, et serrant l'arbre de ses deux bras comme s'il l'eût porté, il dit au géant: «C'est bien la peine d'être un grand gaillard et de n'avoir même pas la force de porter un arbre.»

15   Ils continuèrent leur chemin et, comme ils passaient devant un cerisier, le géant saisit la tête de l'arbre qui présentait les fruits les plus mûrs, la courba jusqu'en bas et la mit dans la main du tailleur afin qu'il pût en manger. Mais le petit homme était trop faible pour la maintenir, et quand le géant l'eût lâchée, l'arbre se redressa, emportant le tailleur avec lui. Quand celui-ci fut retombé sans aucun mal, il lui dit:

« Comment, tu n'as donc pas la force de maintenir une pareille baguette?

– Ce n'est pas la force qui me manque, répondit le petit tailleur, crois-tu peut-être que ce soit une affaire pour un homme qui en abat sept d'un coup? J'ai sauté par-dessus l'arbre parce que j'ai aperçu des chasseurs qui tiraient dans les buissons; fais-en autant si tu peux.» Le géant essaya mais il ne put sauter par-dessus l'arbre, de sorte qu'il demeura suspendu par les branches. Ainsi ici encore le tailleur eut l'avantage.

16   «Puisque tu es un tel gaillard, dit le géant, il faut que tu viennes dans notre caverne et que tu passes la nuit chez nous. Le tailleur y consentit et le suivit. Quand ils furent arrivés, ils trouvèrent d'autres géants assis auprès du feu, qui tenaient à la main et mangeaient chacun un mouton rôti. Le tailleur trouva l'appartement plus vaste que sa boutique. Le géant lui montra son lit et lui dit de s'y accommoder pour un bon somme. Mais le lit était trop grand pour son petit corps et au lieu de s'y étendre, il se blottit dans un coin. Vers minuit, pensant que le tailleur devait être plongé dans un profond sommeil, le géant se leva, prit une barre de fer et en donna un grand coup au beau milieu du lit; il crut en avoir fini avec le petit homme. Au petit jour, les géants se levèrent et se rendirent dans le bois; ils avaient oublié le tailleur quand ils l'aperçurent qui venait à eux en sautillant et tout guilleret. Ils en furent effrayés et craignant qu'il ne les tuât tous, ils s'enfuirent en toute hâte.

(À suivre)
Jakob et Wilhelm GRIMM, *Contes*

A L'étude du texte

1. À quel moment et à quel endroit débutent les actions de ce conte?

   a) _____

   b) _____

2. Quel en est le personnage principal?

   _____

3. On peut facilement supposer que le petit tailleur est un nain. Relevez, dans les 1er, 6e, 8e, 9e et 16e paragraphes, six mots ou groupes de mots différents qui permettent de le croire.

   _____

   _____

4. Quels autres personnages participent aux événements?

   _____

   _____

5. Parmi les personnages cités, lesquels vous semblent tout à fait imaginaires?

   _____

6. Pourquoi la marchande de crème s'en alla-t-elle de si mauvaise humeur?

   _____

   _____

7. Quel événement est à l'origine de toutes les aventures que va vivre le petit tailleur?

_____

_____

_____

8. Quelle exclamation poussée par le petit tailleur donne à penser qu'il est quelque peu vantard?

_____

9. Le «Sept d'un coup » a une valeur magique tout au cours de l'histoire. Quelle en est l'importance:

a) pour le petit tailleur?

_____

b) pour les autres?

_____

_____

10. Résumez brièvement les 10e et 11e paragraphes en mettant bien en évidence les deux épreuves auxquelles le géant soumet le petit tailleur.

a) _____

_____

_____

b) _____

_____

_____

11. Quel trait de caractère découvrez-vous chez le géant qui se laisse si facilement berner?

_____

12. L'invraisemblance de ce trait de caractère vous surprend-elle? Expliquez.

_____

13. Quelle ruse le petit tailleur utilise-t-il pour éviter d'avoir à porter le chêne hors de la forêt?

_____

_____

_____

14. Quel extrait du 14e paragraphe montre que David (le petit tailleur) se moque bien de Goliath (le géant)?

_____

_____

15. À toutes les occasions, le petit tailleur a eu l'avantage sur le géant. Quels traits de sa personnalité lui ont permis, selon vous, d'avoir le dessus sur son adversaire? Citez-en trois.

_____

16. À quelles qualités le petit homme doit-il d'avoir encore une fois le dessus lors de l'épisode du cerisier? Expliquez.

_____

_____

_____

17. Que veut montrer le conteur en mettant en évidence les victoires successives du nain sur le géant?

_____

18. Comment le géant s'y prit-il pour se débarrasser une fois pour toutes du petit homme?

_____

_____

_____

19. Comment le petit tailleur, étrangement invincible, a-t-il pu échapper à cette mort certaine?

_____

20. À quel moment le géant et ses compagnons se rendirent-ils compte que le petit tailleur était toujours vivant?

_____

_____

21. Quelle fut leur réaction?

_____

_____

_____

B **La grammaire de la phrase et du texte**

1. Dans les phrases suivantes, soulignez les GN.

   Donnez-en également la fonction.

   Exemple: <u>**Le petit tailleur**</u> **cousait près de la fenêtre.**   Suj. V.
                                                                              _____

   a) Les oreilles du petit tailleur en furent agréablement chatouillées.   _____

   b) Elle monta les trois marches.   _____

   c) Le petit tailleur chassa les hôtes importuns.   _____

                                                                              _____

   d) Son échoppe lui semblait trop exiguë.   _____

   e) Le petit tailleur, homme intrépide, cherchait l'aventure.   _____

                                                                              _____

f) Le géant était un adversaire redoutable. _____

_____

g) «Que dis-tu de ce coup»? demanda le petit tailleur. _____

h) Le tailleur trouva l'appartement plus vaste que sa boutique. _____

_____

_____

i) Les géants virent le petit tailleur, tout guilleret, venir vers eux. _____

_____

2. Représentez graphiquement les groupes de mots soulignés.

Exemples: 1) **Le tailleur**   2) **déboutonna sa veste**

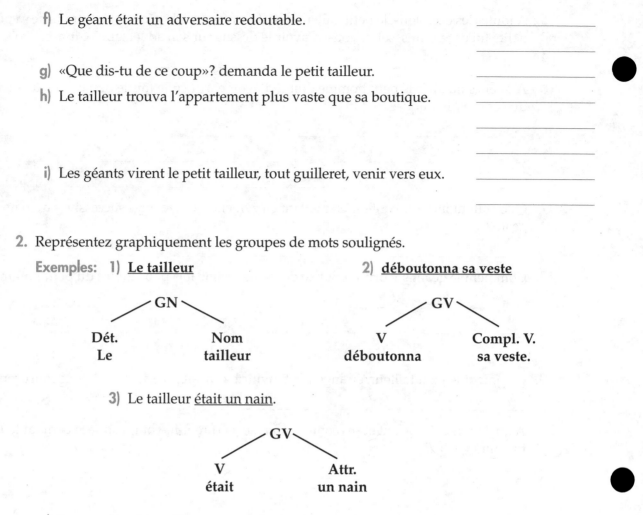

GN

Dét.   Nom
Le   tailleur

GV

V   Compl. V.
déboutonna   sa veste.

3) Le tailleur <u>était un nain</u>.

GV

V   Attr.
était   un nain

a) <u>La marchande</u> partit en grommelant.

b) Elle monta <u>les trois marches</u>.

c) Et il <u>chassa les hôtes importuns</u>.

d) <u>Son échoppe</u> lui semblait trop exiguë.

e) Le petit tailleur <u>parlait de ce coup</u> avec fierté.

3. D'après le modèle ci-dessous, représentez graphiquement chacune des phrases suivantes.

Exemple: **Le petit homme cherchait l'aventure.**

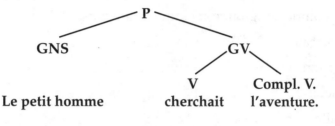

a) L'odeur attira les mouches.

b) Le petit tailleur compta les morts.

c) Le petit homme admira sa valeur.

d) Le géant toisa le tailleur.

e) L'oiseau prit son vol.

4. Écrivez au pluriel les groupes nominaux suivants.

a) un morceau _____

b) un agneau _____

c) un gueux _____

d) un caillou _____

e) l'eau _____

f) un jeu _____

g) le jus _____

h) un mal _____

i) un feu _____

L'ADJECTIF / LE GROUPE ADJECTIVAL / LES DEGRÉS DE L'ADJECTIF

L'**adjectif** est un mot qui s'ajoute au **nom** pour le **qualifier** (**adjectif qualifiant**) ou pour le **classer** (**adjectif classifiant**). Il peut être placé à côté du nom, en être séparé par une virgule ou relié au nom par un verbe attributif.

On distingue donc deux catégories d'adjectifs:
– les **adjectifs qualifiants**;
– les **adjectifs classifiants**.

L'**adjectif** est le **noyau** du **groupe adjectival**. Il peut être employé **seul**, accompagné d'un **modificateur** ou d'un **complément**.

Voici la représentation graphique du groupe adjectival:

G. Adj.

Modif.	Adj.	Compl. Adj.
plutôt	indigne	du bonheur des élus

I. Les adjectifs qualifiants

Les **adjectifs qualifiants** expriment_____ ou_____

ou_____.

Exemple: _____

On reconnaît les adjectifs qualifiants aux propriétés suivantes:

a) ils peuvent être accompagnés _____ ;

Exemple: _____

b) ils peuvent être employés_____ ;

Exemple: _____

c) ils peuvent avoir _____.

Exemple: _____

– L'accord de l'adjectif qualifiant

L'**adjectif qualifiant** s'accorde_____ et_____.

Si les noms sont_____, l'adjectif s'écrit au_____.

Exemple: _____

N.B. Selon qu'il précède ou suit le nom, l'adjectif qualifiant peut parfois changer de sens.

Exemples: _____

_____

Remarques

1) Les adjectifs **demi** et **nu** restent_____ s'ils sont placés_____

auquel ils sont reliés_____.

Exemples: _____

_____

_____

Cependant, placé **après** le **nom**, l'adjectif **demi** s'accorde _____.

Exemple: _____

Exception: L'expression **nue-propriété** s'écrit au pluriel _____.

2) Les **adjectifs** employés comme **adverbes** sont toujours _____

Exemples: _____

_____

– L'accord de l'adjectif composé
Si l'adjectif composé est formé:

a) de **deux adjectifs**, _____ ;

   Exemple: **Un garçon sourd-muet** ⇒ _____

b) d'un **adjectif** et d'un **adverbe** ou d'une **préposition**, _____ ;

   Exemple: _____

c) d'un **adjectif** et d'un **élément** terminé par **i** ou par **o**, ce dernier reste _____.

   Exemples: _____

   _____

– L'accord des adjectifs de couleur
Les **adjectifs de couleur** s'accordent _____ et _____.

Exemple: _____

Si les **adjectifs de couleur** sont composés de **deux adjectifs** ou d'un **adjectif** et d'un **nom**, ils restent _____.

Exemples: _____

_____

N.B. Les **noms** employés comme **adjectifs de couleur** sont aussi _____.

   Exemple: _____

   Cependant, **rose**, **pourpre**, **mauve** et **fauve** _____.

   Exemples: _____

   _____

– Les fonctions de l'adjectif qualifiant

a) Qu'il soit placé à côté du nom ou séparé du nom par une virgule, l'adjectif qualifiant est toujours _____.

   Exemples: _____

   _____

   _____

b) Relié au **GNS** par l'intermédiaire d'un **verbe attributif** (**paraître, sembler, rester demeurer, devenir, avoir l'air, passer pour, être considéré comme**, etc.), l'adjectif qualifiant est_____.

Exemple: _____

c) Relié au **GN Compl. D.** par un verbe comme **croire, penser, estimer, tenir pour, juger, considérer comme, nommer, rendre, trouver**, etc., il est_____.

Exemples: _____

_____

– Les degrés de l'adjectif
Il existe **trois degrés** de l'adjectif: le **positif**, le **comparatif** et le **superlatif**.

a) Le **positif** est l'**adjectif** pris **tel quel**.

Exemple: _____

b) Le **comparatif** indique une_____, _____, ou_____ par comparaison soit avec la même qualité retrouvée chez un autre être ou objet, soit avec une autre qualité. Ainsi, il existe un comparatif d'_____, un comparatif d'_____ et un comparatif de_____.

1) Le **comparatif d'égalité** est introduit par la locution_____;

Exemples: _____

_____

2) le **comparatif d'infériorité**, par_____;

Exemple: _____

3) le **comparatif de supériorité**, par_____.

Exemple: _____

1) L'adjectif au comparatif est toujours suivi d'un_____.

Le 2e terme de la comparaison est _____.

2) L'adjectif **bon** a un comparatif de supériorité particulier:_____; les adjectifs **mauvais** et **petit** ont deux comparatifs différents:

mauvais ⇒⇒⇒ _____, _____;

petit ⇒⇒⇒ _____, _____.

3) Le **superlatif** exprime la qualité au degré le plus élevé ou le plus bas. Il peut être _____

ou _____.

   a) Le **superlatif relatif** (de supériorité ou d'infériorité) est formé _____

   _____. Il sert à comparer l'être ou l'objet dont il s'agit

   avec un ou plusieurs autres du même genre.

   Exemples: _____

   _____

   L'adjectif au **superlatif relatif** est généralement suivi d'un _____.

   Exemple: _____

   b) L'adjectif **bon** a aussi un superlatif de supériorité particulier: _____; **mauvais**,
   petit ont aussi deux superlatifs relatifs particuliers:

   mauvais ⇒⇒⇒ _____, _____;

   petit ⇒⇒⇒ _____, _____.

   c) Dans les expressions **le plus**, **le moins**, **le mieux**, le déterminant varie si l'on compare un ou
   plusieurs êtres ou objets à tous ceux qui ont la même qualité.

   Exemples: _____

   _____

   Cependant, même devant un adjectif au féminin ou au pluriel, le déterminant peut rester

   _____ si l'on compare entre eux les différents degrés d'une même qualité chez un

   ou plusieurs êtres ou objets.

   Exemples: _____

   _____

4) Le **superlatif absolu** exprime _____ sans aucune idée de

comparaison. On le forme en faisant précéder l'adjectif de l'un des adverbes _____,

_____, _____, _____, _____, _____, etc.

Exemple: _____

   N.B. 1) Le **superlatif absolu** peut aussi se former à l'aide de certains préfixes:

   _____, _____, _____, _____, _____, _____, etc.

   Exemples: _____

   _____

   2) ou _____.

   Exemple: _____

Les **adjectifs classifiants** servent à _____ et _____

_____. Parmi eux, on classe:

a) tous les _____ (_____,

_____, _____, _____...).

Exemple: _____

b) tous les _____, étant eux-mêmes soit des

_____, soit des _____: (_____, _____, _____,

_____, _____, _____, _____, _____, etc.

Exemple: _____

EXERCICES

A Représentez graphiquement chacun des groupes adjectivaux soulignés dans les phrases suivantes.

Exemple: **La lauréate paraissait <u>fière de ses succès</u>.**

```
                    G. Adj.
        ┌──────────────┼──────────────┐
   Modificateur      Adj.        Compl. Adj.
       Ø             fière       de ses succès
```

1. Voilà une situation <u>fort délicate</u>.

```
                    G. Adj.
        ┌──────────────┼──────────────┐
   Modificateur      Adj.        Compl. Adj.
      fort          délicate          Ø
```

2. L'or est <u>le plus précieux des métaux</u>.

3. Mon amie était <u>folle de joie</u>.

4. Ce garçon est <u>très avide de connaissances</u>.

5. Cette rue est <u>la moins bruyante du quartier</u>.

6. Cet exploit est <u>digne de mention</u>.

B Dans les exemples suivants, faites accorder, s'il y a lieu, les adjectifs entre parenthèses.

Exemple: Ces meubles (acajou foncé) conviennent parfaitement.   <u>acajou foncé</u>

1. Elle s'est adressée à une (tiers) personne. _____

2. Ce marchand vendait des tissus (bleu clair). _____

3. Les gens du comté ont assisté à une assemblée (partisan). _____

4. Elle fut saisie d'une joie (soudain). _____

5. Marie admire ces blouses (marron) étalées dans la vitrine. _____

6. Ce fromage à pâte (mou) est délicieux. _____

7. Ces tenues (rouge vif) ne manquent pas d'attirer l'attention. _____

8. Cette faute est tout à fait (bénin). _____

9. Des flammes (rougeâtre) avaient envahi tout l'édifice. _____

10. Le médecin dit que sa tumeur est (malin). _____

11. La beauté de cette statue (grec) émerveille les touristes. _____

12. Mon père a trouvé ma réponse très (original). _____

13. Des rubans (orange) ornent les cheveux de ces filles. _____

14. L'enfant se promenait (nu)-jambes. _____

15. Les relations (sino-soviétique) sont très cordiales. _____

16. Il me reste à lire les (avant-dernière) pages de ce roman. _____

17. Dans trois heures et (demi) nous aurons atterri. _____

18. Le Mexique a adhéré aux accords (canado-américain) sur le libre-échange. _____

19. Ces (bon) gens nous ont été d'un grand secours. _____

20. Les gens du voisinage sont (poli). _____

C Soulignez les adjectifs qualifiants contenus dans les exemples ci-dessous. Indiquez la fonction de chacun d'eux. Mettez entre crochets les adjectifs classifiants.

1. Ce meuble ancien convient bien à ce décor. _____

2. Le médecin a recommandé un repas maigre. _____

3. Ce garçon, maigre et filiforme, manque de forces. _____

4. Tous les voyageurs avaient l'air las. _____

5. Très habile, l'acrobate a réussi cet exploit. _____

6. Le virage que tu prends semble très dangereux. _____

7. Mon frère aîné a quitté la maison. _____

8. Chacun jugeait Paul indigne de son amitié. _____

9. Semblable à un roseau, je plie et ne romps pas. _____

10. Mieux vaut ne pas recourir aux moyens extrêmes. _____

11. Cette émission sur les bélugas m'a paru fascinante. _____

12. La jeune fille, nerveuse, avançait en tremblant. _____

13. Elle n'a obtenu que la cinquième place. _____

14. Cette enfant au visage radieux est ma sœur. _____

15. Cette fille attentionnée rend heureux son entourage. _____

16. Ce clochard passe pour un pauvre hère. _____

17. Une infime partie de la population partage ces idées. _____

18. La crise devient de plus en plus aiguë. _____

19. Ton attitude est plutôt puérile. _____

20. La fillette, joyeuse, courait ici et là. _____

21. Le médecin légiste a jugé le coup mortel. _____

22. Ma démarche lui parut toute simple. _____

23. Le pouvoir suprême n'appartient qu'à Dieu. _____

24. Honteux, les vaincus se retirent rapidement. _____

25. Ses paroles mielleuses ont conquis l'auditoire. _____

D Dans les phrases suivantes, indiquez si les adjectifs entre parenthèses sont au comparatif d'égalité, de supériorité ou d'infériorité.

Exemple: **Cet élève est moins (turbulent) que toi.**   compar. d'infér.

1. Le vent semble moins (violent) qu'hier.   _____

2. La température s'adoucit: elle est plus (confortable).   _____

3. Ton attitude demeure aussi (digne) que la sienne.   _____

4. Ses réparties sont moins (drôles) que les nôtres.   _____

5. Marie est plus (spirituelle) que sa sœur.   _____

6. Manon est aussi (nerveuse) que son frère est calme.   _____

7. Mon amie est aussi (franche) que moi.   _____

8. Marc est moins (gourmand) que son cousin.   _____

9. Mes notes sont (meilleures) que celles de mon amie.   _____

10. Le malade était devenu aussi (blanc) qu'un drap.   _____

11. Son score a été (meilleur) que celui de son coéquipier.   _____

12. Martine est moins (jeune) que Annick.   _____

13. Cet ouvrier est aussi (adroit) que son compagnon.   _____

14. Son sort est moins (enviable) que le tien.   _____

15. Lire est aussi (utile) qu'agréable.   _____

E Distinguez, parmi les G. Adj. soulignés, ceux qui sont au superlatif absolu et ceux qui sont au superlatif relatif.

Exemple: **De deux maux, il faut choisir le moindre.**   super. rel.

1. Voilà une situation fort délicate.   _____

2. Ce mime est le meilleur de tous.   _____

3. Ce chocolat extrafin vient de la Belgique.   _____

4. Il devait s'abstenir du moindre geste.   _____

5. Ce chercheur a pu mettre la main sur un document rarissime.   _____

6. Les personnages de ce conte sont des êtres surnaturels.   _____

7. De toutes ces adolescentes, Marie est la plus enjouée.   _____

8. La patiente doit prendre la dose la moins forte.   _____

9. Cet enfant hypersensible a toujours les larmes aux yeux.   _____

10. Vous avez à votre disposition une machine ultramoderne.   _____

11. L'or est le plus précieux des métaux.   _____

12. Cette rue est la moins bruyante du quartier.   _____

13. Ce Montréalais est le coureur le plus rapide au monde.   _____

14. Ils filent le parfait amour.   _____

15. Le plus affable du groupe est Jean-Marc.   _____

F Complétez les phrases suivantes en employant l'adjectif entre parenthèses, soit au comparatif, soit au superlatif.

Exemple: Cette comédie fort (divertissante) à conquis le public.

1. Malgré ses manières bourrues, il est _____ (affectueux).

2. Elle était si faible que le (petit) _____ effort lui était un fardeau.

3. Les deux concurrents ont autant de chances de l'emporter: ils sont _____ (déterminés) l'un que l'autre.

4. La partie a été (difficile) _____ qu'on ne le pensait.

5. Cette participante a été (bonne) _____ de toutes.

6. Marie est une fille _____ (gentille).

7. La tempête se calme. Les vents sont _____ (forts).

8. La circulation étant difficile, le retour a été _____ (rapide) que prévu.

9. J'ai utilisé ce mot parce qu'il me semblait _____ (expressif).

10. Ému, il avait la figure _____ (rouge) qu'une pivoine.

11. Paul s'est beaucoup assagi: il est bien _____ (turbulent) qu'autrefois.

12. Le dernier examen a été _____ (difficile) de tous.

13. L'orchidée est, à mon avis, _____ (délicate) des fleurs.

14. En raison de son expérience, il est _____ (apte) de tous les candidats.

15. Seules les candidatures _____ (sérieuses) seront considérées.

16. Cette chirurgienne a réussi une opération _____ (délicates).

17. Cette fillette très émotive est _____ (sensible) du groupe.

18. Jérôme et sa sœur sont _____ (raisonnables) l'un que l'autre.

19. En dépit de sa force, il est _____ (résistant) qu'on le pense.

20. Marie est _____ (sage) que son frère est agité.

LEXIQUE

> Trouvez dans le dictionnaire le sens qui convient à l'expression et aux mots suivants extraits du texte *Le vaillant petit tailleur* (p. 66).

1. entamer (paragr. 4, ligne 3)

_____

2. assiéger (paragr. 5, ligne 3)

_____

3. importuns (paragr. 6, ligne 1)

_____

4. éconduire (paragr. 6, ligne 2)

_____

5. la moutarde lui monta au nez (paragr. 6, ligne 3)

_____

6. échoppe (paragr. 8, ligne 1)

_____

7. toisa (paragr. 9, ligne 5)

_____

8. gueux (paragr. 9, ligne 6)

_____

9. avorton (paragr. 9, ligne 6)

_____

10. suinta (paragr. 10, ligne 3)

_____

11. interdit (paragr. 11, ligne 1)

_____

12. à tire-d'aile (paragr. 11, ligne 7)

_____

13. lestement (paragr. 14, ligne 1)

_____

14. sautillant (paragr. 16, ligne 10)

_____

15. guilleret (paragr. 16, ligne 10)

_____

PRODUCTION ÉCRITE:
LE CONTE

Le **conte**, roman en miniature, est une œuvre narrative limitée à une scène ou à une situation et qui a pour sujet des aventures plutôt **invraisemblables** ou des **faits réels** transformés par l'**imagination du conteur**. Les aventures souvent **extraordinaires**, **surnaturelles** ou **fantastiques** qui le composent seront donc agencées comme dans le récit.

PLAN SUGGÉRÉ

A **Situation initiale**
  – Lieu
  – Temps
  – Personnages (géants, nains, ogres, lutins, fées, monstres, fantômes, etc.)
  – Élément déclencheur (situation initiale qui entraînera les aventures à venir)

B **Développement**
   – 1re péripétie
   – 2e péripétie
   – 3e péripétie

C **Situation finale**
   La situation finale dénouera l'histoire, grâce à l'intervention de forces surnaturelles ou d'êtres doués de pouvoirs surnaturels.

CHOIX DE SUJETS

1. Vous campez dans la forêt. Au beau milieu de la nuit, vous vous réveillez et décidez de sortir de la tente. Vous voilà brusquement entouré de petits êtres mystérieux.
   Racontez.

2. Vous séjournez chez un ami. Un masque asiatique orne le mur de la chambre où vous dormez. Une nuit, vous vous mettez à le fixer. Soudain, ses yeux s'écarquillent, sa bouche se pince, son visage durcit et se rapproche…
   Racontez la scène.

3. Au cours d'une promenade en pleine forêt, vous voyez soudain passer une ombre fugitive. Vous la poursuivez. Elle détale, puis, brusquement s'arrête et se met à gronder. Vous faites face à un monstre inconnu.
   Racontez cette aventure extraordinaire.

4. Une nuit, vous vous rendez au sous-sol pour y chercher un objet oublié (précisez-le). Tout à coup, vous voilà face à face avec ce que vous croyez être un fantôme.
   Racontez.

LE GROUPE PRÉPOSITIONNEL

Qu'elle soit **simple** (*à, de, pour, sans, par, en…*) ou **complexe** (*au-dessus de, à l'aide de, etc.*), la **préposition** est un mot **invariable** dont le rôle est d'introduire dans la phrase un mot ou un groupe de mots qui a toujours la fonction de complément.

La **préposition** forme avec le groupe de mots qu'elle introduit un **groupe prépositionnel** (**G. Prép.**) dont elle est le noyau.

Le **groupe prépositionnel** dont la préposition est toujours le premier mot peut être formé:

a) _____ ;

   Exemple: _____

b) _____ ;

   Exemple: _____

c) _____ ;

Exemple: _____

d) _____ .

Exemple: _____

Les prépositions et locutions prépositives servent à marquer des rapports divers:

a) _____ (à, dans, en, chez, vers, sur, devant, derrière, près de, au-dessus de, au-dessous de, à l'intérieur de...);

b) _____ (à, avant, après, dès, depuis, pendant, durant, jusqu'à...);

c) _____ (sans, selon, avec, à, de, par, à la manière de...);

d) _____ (pour, à, en vue de, afin de...);

e) _____ (contre, malgré, en dépit de...);

f) _____ (à cause de, en raison de, vu, étant donné...);

g) _____ (de façon à, de manière à...);

h) _____ (à condition de, à moins de, moyennant...).

Remarques

1) Les prépositions **à** et **de** se contractent avec les déterminants définis **le** et **les**; la préposition **de** s'élide devant une voyelle ou un **h** muet.

   Exemples: _____

   _____

   _____

2) En général, les prépositions **à**, **de** et **en** sont répétées devant chaque complément. Cependant, ils sont omis lorsque les compléments qu'ils introduisent désignent la même réalité.

   Exemples: _____

   _____

   _____

3) Le **G. Prép. Compl. N.** est souvent l'équivalent d'un **G. Adj.**

   Exemples: **un amour de fils**   ⇒⇒ _____

   un regard d'ange   ⇒⇒ _____

Les fonctions du groupe prépositionnel

Le groupe prépositionnel peut avoir diverses fonctions que présente le tableau suivant.

LES FONCTIONS DU GROUPE PRÉPOSITIONNEL	
FONCTIONS	**EXEMPLES**
a) Attr. Suj.	
b) Compl. N.	
c) Compl. Pron.	
d) Compl. Adj.	
e) Compl. I. V.	
f) Compl. Ag. V.	
g) Compl. Adv.	
h) Modif. V.	
i) Compl. P.	

EXERCICES

A D'après les modèles suivants, représentez graphiquement chacun des groupes prépositionnels contenus dans les exemples du tableau ci-dessus.

Exemples: a) **Ce chandelier est en métal.**

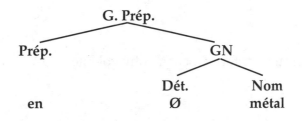

b) **L'odeur de la crème se répandit...**

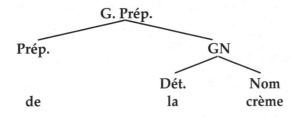

1. Cette voiture est celle de la voisine.

2. Sûr de triompher, le petit homme fonça.

3. [...] il dit à la marchande...

4. Le pain fut assiégé par les mouches.

5. Tout s'est déroulé conformément à votre volonté.

6. Elle parlait entre ses dents.

7. Les responsables se réunissent dès ce soir.

B Dans les phrases suivantes, soulignez les groupes prépositionnels et indiquez la fonction de chacun.

Exemple: Ce lieu saint est propice <u>à la méditation</u>.　　　　**Compl. Adj.**

1. Le visage de la gamine resplendissait.

2. Grand-mère évoque souvent ses souvenirs de jeunesse.

3. Nous n'avons rien appris de lui.

4. Nous sommes heureux de rentrer.

5. J'ai averti mes compagnes du danger.

6. Le bébé offrit à sa mère un large sourire.

7. Les gens de son entourage trouvent Marie charmante.

8. Ces bénévoles sont fort utiles à leur communauté.

9. Les filles du quartier se réunissent le samedi.

10. Tout le monde doute de sa culpabilité.

11. Cette athlète est toute fière de sa performance.

12. Mon cousin a reçu de son père un puissant ordinateur.

13. Personne ne s'attendait à cette proposition.

14. Le pauvre garçon errait comme une âme en peine.

15. Je te confie le soin de vérifier cette hypothèse.

16. Le rire est le propre de l'homme.

17. Notre amitié vieille de dix ans est encore vive.

18. La jeune pianiste, sûre d'elle, a exécuté cette partition brillamment.

19. Ton histoire est un conte à dormir debout.

20. Aujourd'hui, la vraie concurrence est celle des cerveaux.

21. Tu n'avais aucune raison de fuir.

22. Paul, heureux d'avoir gagné, se mit à danser.

23. Toutes les pièces de la maison avaient été repeintes.

24. Qui ne se souvient de cette apparition?

25. Les rayons de la lune éclairent faiblement la terre.

C Dans les phrases suivantes, soulignez les G. Prép. Mettez entre parenthèses le groupe de mots que complète chacun et, à droite, identifiez le groupe de mots complété (GN, G. Adj., GV, etc.).

Exemple: **La patronne a compris (le sens) <u>de ma démarche</u>.**   **GN**

1. Manon s'est acheté un beau foulard de soie. _____

2. Ce jeune homme porte un blouson de cuir. _____

3. Sylvie a été très loyale envers ses amies. _____

4. Il lui a raconté la légende de Faust. _____

5. Cette élève est très forte en sciences. _____

6. Il ne pense qu'à elle. _____

7. Cette pelle à neige m'est très utile. _____

8. Cet homme sans coeur a été condamné. _____

9. L'absence est le plus grand des maux. _____

10. Pierre est le moins audacieux de tous. _____

11. Ce vase en argent, Marie l'a reçu de sa mère. _____

12. Cette avocate de renom défendra l'accusé. _____

13. Ce vieil homme a encore la soif de vivre. _____

14. Il faut cultiver l'amour de soi. _____

15. Elle a exposé ses idées à l'assemblée. _____

16. Sa bienveillance envers les autres est connue. _____

17. Cette table en métal a l'air solide. _____

18. Ajoutez-en une cuillerée à thé. _____

19. Utilise une pince à épiler. _____

20. Elle manifeste un grand désir de réussir. _____

EXERCICE DE STYLE: DU GROUPE PRÉPOSITIONNEL À L'ADJECTIF

Dans chacun des exemples suivants, remplacez le G. Prép. souligné par un G. Adj. équivalent, de même origine que le nom.

Exemple: **L'ouvrier a utilisé des joints <u>en métal</u>.**   **métalliques**

1. Cet adolescent a un appétit <u>de Gargantua</u>. _____

2. L'économie du pays a connu des réformes <u>de structure</u>. _____

3. Il est désagréable de vivre dans un milieu <u>de conflits</u>. _____

4. Les oiseaux <u>de nuit</u> sont rares dans cette région. _____

5. Ces mesures <u>de prévention</u> sont judicieuses. _____

6. Son attitude <u>de clown</u> amuse son entourage.

7. Ces régions <u>de glace</u> sont incultivables.

8. Les dispositions <u>du testament</u> sont conformes à sa volonté.

9. Ce froid <u>de Sibérie</u> est à peine supportable.

10. Les règles <u>de la fiscalité</u> sont rigides.

11. Théâtre et roman sont deux grands genres <u>de la littérature</u>.

12. Il poussa un cri <u>de rage</u>.

13. Le médecin a diagnostiqué une maladie <u>des reins</u>.

14. Une intervention <u>d'urgence</u> a eu lieu dans son cas.

15. Ce médicament <u>contre l'allergie</u> est très efficace.

16. Ce vieillard souffre d'anesthésie <u>de la vue</u>.

17. Une intervention <u>du diable</u> a clos ce conte.

18. Le problème de la pollution <u>de l'atmosphère</u> doit être résolu.

19. Papa a réagi par une attitude <u>de fermeté</u>.

20. Son esprit <u>de contradiction</u> rend sa conversation pénible.

21. L'artiste a voulu créer des effets <u>de contraste</u>.

22. La cortisone est un médicament <u>contre les inflammations</u>.

23. Les senteurs <u>du printemps</u> ont envahi le jardin.

24. La production <u>de pétrole</u> a diminué de beaucoup.

25. Cet orateur s'adresse à l'auditoire sur un ton <u>de professeur</u>.

26. Mon manteau est fait d'une étoffe <u>sans envers</u>.

27. Vos gestes <u>de provocation</u> ne me font ni chaud ni froid.

28. Le responsable exige une analyse <u>de la qualité</u> de l'eau.

29. Une campagne <u>de publicité</u> sera bientôt entreprise.

30. Le Canada est un pays <u>à deux cultures</u>.

LEXIQUE

Dans le 6ᵉ paragraphe du texte *Le vaillant petit tailleur*, p. 77, on peut lire:
«Cette fois la moutarde lui monta au nez».
Les locutions qui suivent contiennent toutes le mot «*nez*». Trouvez leur signification dans le dictionnaire.

1. Sa femme le mène par le bout du nez.

2. Cet homme manque de jugement: il ne voit pas plus loin que le bout de son nez.

3. À vue de nez, on a estimé la foule à 40 000 personnes.

_____

4. C'est ce qui lui pend au nez.

_____

5. Elle est si discrète qu'il faut lui tirer les vers du nez.

_____

6. Ne discute pas. Cela se voit comme le nez au milieu du visage.

_____

7. Il s'est retrouvé nez à nez avec son adversaire.

_____

8. Épuisé, il a piqué du nez.

_____

9. N'ayant pas annoncé ma visite, je me suis cassé le nez à sa porte.

_____

10. À la fin de la soirée, la mère Magloire avait un verre dans le nez.

_____

11. Accablé de reproches, il baissa le nez.

_____

12. Il faut éviter de se mettre le nez dans les affaires des autres.

_____

13. Pour avoir flairé le piège, tu as le nez fin.

_____

14. Cet emploi m'a passé sous le nez.

_____

15. Cet enfant espiègle fourre son nez partout.

PRODUCTION ORALE:
LA PRÉSENTATION D'UN ROMAN

Dans la liste proposée à la fin de votre cahier (p. 421), choisissez un roman que vous exposerez à la classe en suivant le plan suggéré ci-dessous.

– Introduction
   1. Identifier le roman (le **titre**, l'**auteur**, la **date** de sa **parution**) et dire, s'il y a lieu, l'**impact** de l'œuvre au moment de paraître.

2. Brosser le portrait du personnage principal en évoquant le contexte dans lequel il se situe au tout début.

3. Indiquer l'élément déclencheur.

– Nœud
1. Raconter, dans l'ordre, les péripéties vécues par le héros:
   – Première péripétie
   – Deuxième péripétie
   – Troisième péripétie

2. Indiquer si la situation s'est rééquilibrée, améliorée ou détériorée au dénouement.

– Conclusion
Mentionner ce qui arrive après le dénouement, si cela est indiqué dans l'histoire. Sinon, dire ce que vous-même entrevoyez.

Seule une **bonne préparation** peut donner à l'émetteur l'assurance nécessaire pour réussir son exposé.
- Avant la présentation, il est recommandé soit d'enregistrer son exposé et de l'écouter, soit de le présenter à d'autres personnes qui pourraient éventuellement repérer les erreurs et aider à les corriger.
- Le jour de la présentation, il faudra, avant tout , capter l'attention des récepteurs:

   a) en s'adressant **directement** à eux, c'est-à-dire **sans lire** ses **notes**;

   b) en utilisant un **vocabulaire précis** et **varié** ainsi que des **comparaisons** pour rendre la communication attrayante et vivante;

   c) en mettant **en relief** les **mots** les plus **importants**;

   d) en prononçant **clairement**;

   e) en ne parlant **ni trop vite ni trop lentement** et **assez fort** pour être entendu;

   f) en soignant son langage et en évitant les tics: «Euh!… Euh!…», «Ben…», «Pi euh!…», «Tsé…», «Fait que…», etc.

LA PONCTUATION

La **ponctuation**, ensemble de signes utilisés dans la langue écrite, a pour rôle d'assurer la **clarté** et la **cohérence** d'un texte. Elle comprend, outre les **signes de ponctuation** proprement dits, les **signes typographiques**.

Voici un tableau des différents signes de ponctuation et signes typographiques couramment utilisés ainsi que quelques exemples.

LES SIGNES DE PONCTUATION PROPREMENT DITS	
L'EMPLOI DES SIGNES DE PONCTUATION	**EXEMPLES**
– la **virgule** sert à détacher: a) les termes d'une **énumération** non reliés par **et**, **ni**, **ou**; b) certains groupes adjectivaux du nom qu'ils complètent; c) du reste de la phrase un **GN** mis en **apostrophe**; d) du reste de la phrase un **GN Compl. N.**; e) du reste de la phrase la **phrase incise**; f) du reste de la phrase un **Compl. P.**	Ce film s'adresse à tous: enfants, adolescents, adultes. Le petit homme, heureux, partit à l'aventure. Par ici, bonne femme, par ici... Une paysanne, marchande de crème, passa. Bien lancé, dit le tailleur, mais le caillou... Au petit jour, les géants se levèrent.
La **virgule** peut remplacer un **verbe sous-entendu**: L'un mange du poisson; l'autre, du jambon.	
– Le **point-virgule** sert à séparer deux aspects d'une même idée.	Ma mère, qui somnolait, s'éveilla en sursaut; elle avait entendu crier.
Le **point-virgule**, quand il annonce la **conséquence** ou la **cause**, est un **marqueur de relation**: Elle lui apprit ses lettres; bientôt il sut lire. Il sut lire rapidement; elle lui avait appris ses lettres.	
– Les **deux-points** annoncent: a) une **énumération**; b) une **explication**; c) les **paroles exactes** de quelqu'un; d) une **conséquence**; e) un **résumé** de ce qui précède.	Cette session, j'ai choisi trois cours: la physique, la chimie, les mathématiques. Je participerai à ce concours: j'ai été choisie [...] qui criait: «Bonne crème à vendre!» Le temps est à la pluie: nous sommes rentrés. Femmes, moine, vieillards: tout était descendu.
Les **deux-points**, quand ils annoncent la **cause**, la **conséquence**, sont des **marqueurs de relation**: Il se prit pour un héros: il avait tué sept d'un coup. / Il avait tué sept d'un coup: il se prit pour un héros.	
– Le **point** marque la fin: a) d'une **phrase déclarative**; b) d'une **phrase non verbale**.	Et, il chassa les hôtes importuns. Entrée gratuite.
– Le **point d'interrogation** s'utilise à la fin d'une **phrase interrogative** directe.	Veux-tu venir avec moi?
– Le **point d'exclamation** se place: a) à la fin d'une **phrase exclamative**; b) après une **interjection**.	Quel gaillard, je suis! Eh! qui vous a invitées?

– Les **points de suspension** indiquent: a) que l'**idée** est laissée **inachevée**; b) qu'un **passage** d'un texte a été **omis**. Dans ce cas, les points de suspension sont placés entre crochets.	Si elle avait voulu**...** Mais le lit était trop grand **[...]**, il se blottit dans un coin.

LES SIGNES TYPOGRAPHIQUES	
– Les **parenthèses** servent à encadrer une réflexion ou une information supplémentaire.	Notre équipe **(**chacun était déçu**)** a été blanchie.
– Les tirets s'emploient, dans un dialogue, pour indiquer le changement d'interlocuteur.	«Que dis-tu de ce coup-là? demanda le petit tailleur. – Tu lances bien, répondit le géant[...]»

Les **tirets** peuvent jouer le même rôle que les **parenthèses**:
La poésie **–** un des genres littéraires **–** s'adresse à l'imagination.

– Les **guillemets** encadrent: a) les paroles rapportées au **discours direct**; b) une **citation**; c) un **emprunt** à une langue étrangère.	Le géant s'écria: **«**Prends garde, je vais le laisser tomber.**»** **«**Et le combat cessa faute de combattants.**»** (Corneille) Mon chien est un **«**setter**»** irlandais.

– l'**alinéa** est le **retrait** au début de la première ligne d'un texte. Il indique le **début** d'un **paragraphe**.
– L'**astérisque** est un signe en forme d'**étoile** qui, inséré dans le texte et répété au bas de la page renvoie à une explication ou à une information supplémentaire.
– La **barre oblique** s'emploie dans certaines abréviations de termes **techniques** ou **scientifiques**. (m/s)

EXERCICE

En vous référant aux tableaux des pages 104 et 105, essayez de ponctuer correctement le texte suivant.

LE PERROQUET DE FÉLICITÉ

Il s'appelait Loulou Son corps était vert le bout de ses ailes rose son front bleu et sa gorge dorée

Mais il avait la fatigante manie de mordre son bâton s'arrachait les plumes éparpillait ses ordures répandait l'eau de sa baignoire Madame Aubain qu'il ennuyait le donna pour toujours à Félicité

Elle entreprit de l'instruire bientôt il répéta Charmant garçon Serviteur Monsieur Je vous salue Marie Il était placé auprès de la porte et plusieurs s'étonnaient qu'il ne répondit pas au nom de Jacquot puisque tous les perroquets s'appellent Jacquot On le comparait à une dinde à une bûche autant de coups de poignards pour Félicité

LE TEXTE NARRATIF

Néanmoins il recherchait la compagnie car le dimanche pendant que les invités faisaient leur partie de cartes il cognait les vitres avec ses ailes se démenait si furieusement qu'il était impossible de s'entendre

La figure de Bourais sans doute lui paraissait très drôle Dès qu'il l'apercevait il commençait à rire à rire de toutes ses forces Les éclats de sa voix bondissaient dans la cour l'écho les répétait les voisins se mettaient à leurs fenêtres riaient aussi Pour ne pas être vu du perroquet Monsieur Bourais se coulait le long du mur en dissimulant son profil avec son chapeau atteignait la rivière puis entrait par la porte du jardin Les regards qu'il envoyait à l'oiseau manquaient de tendresse

Gustave FLAUBERT, *Un cœur simple*

LE COMPLÉMENT DE PHRASE

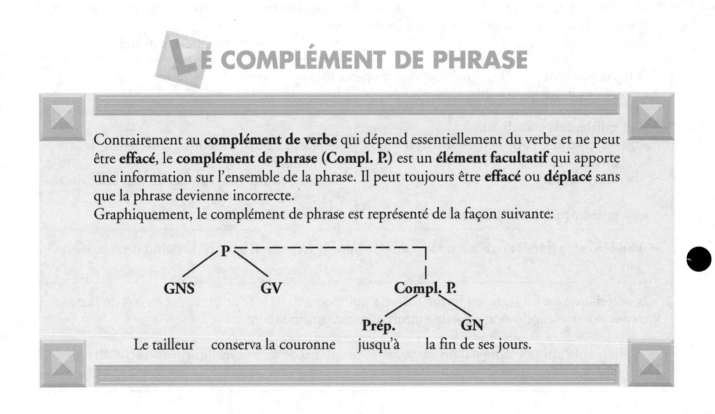

Contrairement au **complément de verbe** qui dépend essentiellement du verbe et ne peut être **effacé**, le **complément de phrase (Compl. P.)** est un **élément facultatif** qui apporte une information sur l'ensemble de la phrase. Il peut toujours être **effacé** ou **déplacé** sans que la phrase devienne incorrecte.

Graphiquement, le complément de phrase est représenté de la façon suivante:

P
GNS   GV   Compl. P.
Prép.   GN
Le tailleur   conserva la couronne   jusqu'à   la fin de ses jours.

Le complément de phrase peut être, entre autres:

a) _____;

Exemple: _____

b) _____;

Exemple: _____

c) _____;

Exemple: _____

d) _____ (en + participe présent).

Exemple: _____

1) Le complément de phrase ne peut être remplacé par un **pronom**, sauf s'il désigne _____
_____ ou s'il indique _____.

Exemples: _____
_____
_____
_____

2) Le moyen le plus sûr de distinguer le complément de verbe du complément de phrase est de procéder par **effacement** ou par **déplacement**.
Comparez: *Ces gens habitent **en banlieue**. (Compl. V.)*
*Ces gens ont acheté une maison **en banlieue**. (Compl. P.)*

3) Sont généralement suivis d'un **Compl. V.** les verbes dont la construction exige une préposition ou un apport d'information portant sur:

a) _____ (**aller, habiter, résider, venir, mener, parvenir, partir**...)
Exemple: _____

b) _____ (**durer, continuer, se dérouler, se poursuivre, se terminer**...)
Exemple: _____

c) _____, _____, _____, _____ (**valoir, peser, mesurer**...)
Exemples: _____
_____
_____

4) Un même groupe nominal (ou prépositionnel) peut, selon le contexte, être **complément de verbe** ou **complément de phrase**.

Exemples: _____
_____

EXERCICES

A **Observez** les phrases ci-dessous. Soulignez les groupes compléments.
Dans chaque cas, en procédant par **effacement**, indiquez s'il s'agit d'un complément de verbe ou d'un complément de phrase.

Exemple: **Mes grands-parents ont séjourné <u>un mois</u> <u>en Floride</u>.** Compl. P.
Compl. V.

1. J'étais allé à Montréal. _____

2. Elle voulait se rendre à la maison avant neuf heures... _____
_____

3. Le petit cousait une veste près de la fenêtre.

_____

4. Il alla à l'aventure pendant plusieurs semaines.

_____

5. Le petit homme alla au palais du roi.

_____

6. Je pus apercevoir mes amis par la fenêtre.

_____

7. Un bon feu brûlait dans l'âtre.

_____

8. Le vieillard continua son récit en ignorant ma frayeur.

_____

9. Vous êtes enfin venu ce soir.

_____

10. Nous avons séjourné en Gaspésie pendant un mois.

_____

11. Tout à coup, une trappe s'ouvrit sous nos pieds.

_____

12. Mon frère est parti pour Québec.

_____

13. Le policier a arrêté cet automobiliste pour excès de vitesse.

_____

14. La tempête a duré toute la nuit.

_____

15. Je revois mon amie tous les jours.

_____

B En suivant le modèle ci-dessous, représentez graphiquement chacune des phrases suivantes.

Exemple: Elle chercha un calepin noir dans son sac à main.

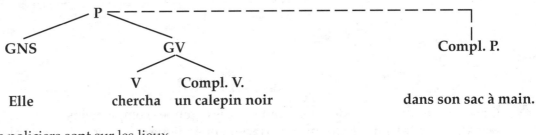

1. Les policiers sont sur les lieux.

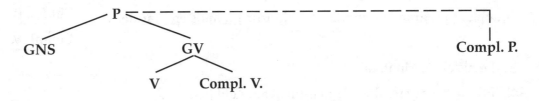

2. Mon jeune frère est parti en excursion ce matin.

3. Le malheureux est alité depuis deux mois.

4. Le spectacle s'est déroulé en deux heures.

5. Le jeune vainqueur exulta toute la soirée.

6. Ce savant visait le Prix Nobel dès le début.

7. Cet élève méticuleux a tracé toutes les lignes à la règle.

8. Cette famille mène un train de vie modeste.

9. Mes grands-parents résident en banlieue.

10. Deux individus faisaient le guet devant la maison.

EXERCICE DE STYLE: LE VERBE AVOIR

Dans les exemples suivants, remplacez le verbe **avoir** par un verbe plus précis choisi dans le tableau suivant.

> *comporte / a remporté / conquérir / mène / se procurer / vise / suit / parle / éprouve / exhale / recevrez / entretiens / caresses / présente / détient / sent / exerce / jouit d' / reçoit / mesure / recruter / connaît / joue / obtenir / reproduit / supportent / produit / nourrit / entraînera / porte*

1. Pour travailler, elle a une méthode rigoureuse. _____

2. Ce petit enfant a un langage clair. _____

3. Elle a un très beau nom. _____

4. Chacun a un but dans la vie. _____

5. Cet adolescent a une bonne réputation. _____

6. Mon amie a essayé d'avoir ce livre. _____

7. Depuis ce matin, elle a de vives douleurs. _____

8. Son ami a une grande influence sur lui. _____

9. Ce médicament a un effet salutaire. _____

10. Cet élève a des difficultés en physique. _____

11. Pour moi, ta proposition a des avantages. _____

12. Il a une vie de pacha, c'est le cas de le dire. _____

13. Ma comédienne favorite a un grand rôle dans cette pièce. _____

14. La rose a un parfum délicat. _____

15. Elle a de grands projets d'avenir. _____

16. Vous aurez une réponse bientôt. _____

17. Ton geste aura des conséquences dramatiques. _____

18. Ce pays rêve d'avoir un jour son indépendance. _____

19. On ne peut avoir grand-chose de ce radin. _____

20. Les contribuables ont des charges énormes. _____

21. Aux derniers jeux, cette athlète a eu plusieurs médailles. _____

22. Voilà plusieurs années que ce parti a le pouvoir. _____

23. Cette journaliste a des invités de marque. _____

24. J'ai avec mes cousines des rapports très étroits. _____

25. Cette petite fille a les traits de sa grand-mère. _____

26. Cette comédie a un succès extraordinaire. _____

27. Toute règle a des exceptions. _____

28. Notre association veut avoir de nouveaux membres. _____

29. Tu as des rêves impossibles. _____

30. Ce mur a deux mètres de haut. _____

LES SYNONYMES

On entend par **synonymes** deux mots de signification **à peu près** équivalente.
Très souvent, il existe entre eux une différence de sens certaine. Comparez:

Je suis content de vous voir. (content = heureux)

Je suis content de vous. (content = satisfait)

De plus, les synonymes ne sont pas toujours interchangeables. Seul le **contexte** dicte le choix du **mot juste**. Par exemple, les mots *chef, patron, dirigeant, responsable* sont des **synonymes**. Mais on dira: *le chef d'un parti / le patron d'une usine / un dirigeant d'entreprise / un responsable des finances.*

Trouvez dans le texte (*Le vaillant petit tailleur*, p. 77) les mots ou groupes de mots ayant à peu près la même signification que ceux qui sont inscrits dans la colonne de gauche.
Recourez au dictionnaire, au besoin.

1. avec entrain _____

2. pesant _____

3. inspecta _____

4. huma _____

5. important _____

6. bougonnant _____

7. étala _____

8. arôme _____

9. couvrir _____

10. indésirables _____

11. chasser _____

12. férocement _____

13. dénombra _____

14. étaient étendues _____

15. allongées _____

16. costaud _____

17. fabriqua _____

18. battait _____

19. boutique _____

20. étroite _____

21. aussi _____

22. hardiment _____

23. vif _____

24. s'épuiser _____

25. cime _____

26. calmement _____

27. observes _____

28. dédain _____

29. vagabond _____

30. éprouva _____

31. dégoutta _____

32. ébahi _____

33. énorme _____

34. plaça _____

35. agilement _____

36. faible _____

37. telle _____

38. eut le dessus _____

39. acquiesça _____

40. allègre _____

JEU DANGEREUX

1 De tous les plaisirs nouveaux que le bohémien, dès ce matin-là, introduisit chez nous, je ne me rappelle que le plus sanglant: c'était une espèce de tournoi où les chevaux étaient les grands élèves chargés des plus jeunes grimpés sur leurs épaules.

2 Partagés en deux groupes qui partaient des deux bouts de la cour, ils fondaient les uns sur les autres, cherchant à terrasser l'adversaire par la violence du choc, et les cavaliers, usant de cache-nez comme de lassos, ou de leurs bras tendus comme de lances, s'efforçaient de désarçonner leurs rivaux. Il y en eut dont on esquivait le choc et qui, perdant l'équilibre, allaient s'étaler dans la boue, le cavalier roulant sous sa monture. Il y eut des écoliers à moitié désarçonnés que le cheval rattrapait par les jambes et qui, de nouveau acharnés à la lutte, regrimpaient sur ses épaules. Monté sur le grand Delage qui avait des membres démesurés, le poil roux et les oreilles décollées, le mince cavalier à la tête bandée excitait les deux troupes rivales et dirigeait malignement sa monture en riant aux éclats.

3 Augustin, debout sur le seuil de la classe, regardait d'abord avec mauvaise humeur s'organiser ces jeux. Et j'étais auprès de lui, indécis. […]

4 Il resta là un long moment, sa tête rase au vent, à maugréer contre tous ces gars dont il avait été peu de temps auparavant le capitaine. Et, enfant paisible que j'étais, je ne manquais pas de l'approuver.

5 Partout, dans tous les coins, en l'absence du maître se poursuivait la lutte: les plus petits avaient fini par grimper les uns sur les autres; ils couraient et culbutaient avant même d'avoir reçu le choc de l'adversaire… Bientôt il ne resta plus debout, au milieu de la cour, qu'un groupe acharné et tourbillonnant d'où surgissait par moments le bandeau blanc du nouveau chef.

6 Alors le grand Meaulnes ne sut plus résister. Il baissa la tête, mit ses mains sur ses cuisses et me cria:
«Allons-y, François!»

7 Surpris par cette décision soudaine, je sautai pourtant sans hésiter sur ses épaules et en une seconde nous étions au fort de la mêlée, tandis que la plupart des combattants, éperdus, fuyaient en criant:
«Voilà Meaulnes! Voilà le grand Meaulnes!»

8 Au milieu de ceux qui restaient, il se mit à tourner sur lui-même en me disant:
«Étends les bras: empoigne-les comme j'ai fait cette nuit.»

9 Et moi, grisé par la bataille, certain du triomphe, j'agrippais au passage les gamins qui se débattaient, oscillaient un instant sur les épaules des grands et tombaient dans la boue. En moins de rien, il ne resta debout que le nouveau venu monté sur Delage; mais celui-ci, peu désireux d'engager la lutte avec Augustin, d'un violent coup de rein en arrière se redressa et fit descendre le cavalier blanc.

10 La main à l'épaule de sa monture, comme un capitaine tient le mors de son cheval, le jeune garçon debout par terre regarda le grand Meaulnes avec un peu de saisissement et une immense admiration: «À la bonne heure!» dit-il.

11 Mais aussitôt la cloche sonna, dispersant les élèves qui s'étaient rassemblés autour de nous dans l'attente d'une scène curieuse. Et Meaulnes, dépité de n'avoir pu jeter à terre son ennemi, tourna le dos en disant, avec mauvaise humeur:
«Ce sera pour une autre fois!»

Alain FOURNIER, *Le grand Meaulnes*
© Librairie Fayard

A L'étude du texte

1. Quels sont les personnages principaux du récit?   /2
   _____

2. Quels indices permettent d'affirmer que le narrateur a participé à l'action?   /2
   _____
   _____

3. Où et à quel moment se déroule ce jeu dangereux?   /4
   _____

4. Citez des extraits des 2e, 3e et 4e paragraphes qui permettent de situer avec   /6
   précision le lieu et le moment de l'action.
   a) _____
   b) _____
   c) _____

5. Pourquoi ce jeu a-t-il été particulièrement marquant pour le narrateur?   /3
   _____

6. Quels paragraphes contiennent en substance la description du jeu?   /2

7. Dites en vos propres mots en quoi consistait ce jeu.   /6
   _____
   _____
   _____
   _____

8. Quel passage du 3e paragraphe laisse entrevoir que François n'éprouvait pas les   /3
   mêmes sentiments qu'Augustin à l'égard de ce jeu?
   _____

9. Qui mit un terme aux hésitations du narrateur?   /3
   _____

10. Qu'a provoqué l'arrivée de Meaulnes et de François dans la mêlée? /3

_____

11. Quels passages indiquent que le grand Meaulnes jouissait à l'école d'un respect /4
quasi religieux?

a) _____

b) _____

B | La grammaire de la phrase et du texte

1. Dans les exemples suivants, faites accorder comme il convient l'adjectif entre /5
parenthèses.

a) une parole et un geste (violent) _____

b) un jeu et un plaisir (nouveau) _____

c) une monture (rétif) _____

d) une chevelure (roux) _____

e) des situations (tragi-comique) _____

2. Dans les 3e et 4e paragraphes, relevez un à un les groupes adjectivaux /5
et indiquez-en la fonction.

a) _____ _____

b) _____ _____

c) _____ _____

d) _____ _____

e) _____ _____

3. Quel est le comparatif de l'adjectif «mauvaise»? Son superlatif? /4

_____

4. Représentez graphiquement chaque groupe adjectival contenu dans les exemples /6
suivants.

a) Le cavalier excitait les deux troupes rivales.

b) Certain du triomphe, j'agrippais au passage les gamins.

c) Celui-ci, peu désireux d'engager la lutte [...].

5. Représentez graphiquement chaque G. Prép. contenu dans les exemples suivants.   /8

   a) De tous les plaisirs [...] que le bohémien [...]introduisit [...]

   b) [...] allaient s'étaler dans la boue.

   c) [...] mit ses mains sur ses cuisses [...]

   d) Surpris par cette décision [...]

6. Dans les phrases suivantes, relevez chaque G. Prép. et indiquez sa fonction.   /6

   a) [...] c'était une espèce de tournoi où les grands élèves [...]

   _____   _____

   b) [...] et les cavaliers usant de cache-nez [...]

   _____   _____

   c) [...] le mince cavalier à la tête bandée excitait les deux troupes rivales.

   _____   _____

   d) [...] maugréer contre ces gars [...]

   _____   _____

e) […] La lutte se poursuivait dans tous les coins.

_____ _____

f) […] le jeune garçon […] regarda le grand Meaulnes avec une immense admiration.

_____ _____

7. Indiquez la valeur des signes de ponctuation en caractères gras dans les exemples /8
qui suivent.

a) De tous les plaisirs nouveaux […] je ne me rappelle que le plus sanglant**:** c'était une
espèce de tournoi où les chevaux étaient les grands élèves […]

_____

b) Et j'étais auprès de lui, indécis**. […]**

_____

_____

c) […] les plus petits avaient fini par grimper les uns sur les autres**;** ils couraient et culbutaient avant même d'avoir reçu […]

_____

_____

d) Il baissa la tête, mit ses mains sur ses cuisses et me cria**:**
«Allons-y, François!**»**

_____

_____

e) […] tandis que la plupart des combattants**,** éperdus**,** fuyaient en criant:
«Voilà Meaulnes**!** Voilà le grand Meaulnes**!**»

_____

_____

_____

LEXIQUE

Les mots soulignés ci-dessous sont extraits du texte et par la suite placés dans /12
un contexte différent. Donnez à chacun d'eux le sens qui lui convient.

1. a) […] ils <u>fondaient</u> les uns sur les autres (Paragr. 2)

_____

b) Le pauvre homme avait fondu durant sa maladie.

_____

c) Ce chocolat superfin fondait dans la bouche.

_____

2. a) [...] sa tête <u>rase</u> au vent [...] (Paragr. 4)

_____

b) Ajoutez au mélange une cuillerée à table rase de sel.

_____

c) À cet endroit, la végétation est rase.

_____

3. a) <u>Étends</u> les bras [...] (Paragr. 8)

_____

b) Elle était en train d'étendre la nappe sur la table.

_____

c) Les grandes compagnies ne visent qu'à étendre leur puissance à travers le monde.

_____

4. a) Celui-ci peu désireux d'<u>engager</u> la lutte avec Augustin [...] (Paragr. 9)

_____

b) Cette promesse n'engage que lui.

_____

c) Cette organisation vient d'engager plusieurs techniciens.

_____

B En tenant compte du contexte, donnez un synonyme convenant à chacun des mots suivants.   /8

1) nouveaux   _____

2) grimpés   _____

3) esquivait   _____

4) lutte   _____

5) malignement   _____

6) indécis   _____

7) paisible   _____

8) résister   _____

17   Le petit tailleur continua son chemin toujours le nez au vent. Après avoir longtemps marché, il arriva dans le jardin d'un palais, et comme il se sentait un peu fatigué, il se coucha sur le gazon et s'endormit. Les gens qui passaient par là se mirent à le considérer de tous les côtés et lurent sur sa ceinture: *Sept d'un coup.* «Ah! se dirent-ils, qu'est-ce que ce foudre de guerre vient faire parmi nous? Ça doit être quelque puissant personnage.» Ils se dirent que ce devait être un précieux auxiliaire en cas de guerre, que l'on ne devait le laisser partir à aucun prix et ils allèrent annoncer sa présence au roi.

18   Sur le conseil de ses courtisans, celui-ci envoya l'un d'eux au petit tailleur pour lui offrir du service aussitôt qu'il serait réveillé. L'envoyé se rendit auprès du dormeur, attendit son réveil et qu'il eût tiré ses membres. Il lui fit alors part de la proposition du roi. «J'étais venu pour cela, précisément, répondit-il, je suis prêt à entrer au service du roi.» Il fut reçu à la cour avec toutes sortes d'honneurs et on lui assigna un logement. Mais les autres guerriers furent jaloux de lui et ils auraient voulu le voir à mille lieues de là. «Qu'arrivera-t-il, se dirent-ils entre eux, si, nous prenant de querelle avec lui, il se jette sur nous? Il en tombera sept à chaque coup. Pas un de nous ne survivra ici.» Ils se concertèrent donc et se rendirent au-près du roi, auquel ils demandèrent leur congé. «Nous ne pouvons pas, lui dirent-ils, rester auprès d'un homme qui en abat sept d'un coup.» Le roi fut peiné de voir ainsi tous ses fidèles serviteurs l'abandonner pour un seul homme; il souhaita que ses yeux ne l'eussent jamais vu et il aurait bien voulu s'en débarrasser. Il n'osa pas le congédier cependant, de crainte qu'il ne le tuât ainsi que son peuple et ne s'emparât du trône. Il demeura donc longtemps rêveur et trouva enfin un expédient. Il envoya faire dire au tailleur que puisqu'il était un grand homme de guerre, il allait lui faire une proposition. Il y avait dans une forêt du pays deux géants qui commettaient toutes sortes de meurtres, de rapines et d'incendies; personne ne pouvait les approcher sans danger de mort. Le roi lui donnerait sa fille unique en mariage et pour dot la moitié du royaume s'il arrivait à vaincre et à tuer ces deux malfaiteurs. Cent cavaliers l'accompagneraient et lui prêteraient au besoin main forte. Voilà qui ferait bien ton affaire, pensa le petit tailleur, épouser une belle princesse avec la moitié d'un royaume en dot, cela ne se trouve pas tous les jours. Il répondit donc qu'il viendrait bien à bout des deux géants et qu'il n'avait pas besoin de l'aide des cavaliers; qu'un homme qui en avait abattu sept d'un coup n'avait rien à craindre de deux adversaires à la fois. Le petit tailleur partit donc en expédition suivi des cent cavaliers. Arrivé à la lisière de la forêt, il dit aux cavaliers:

«Attendez-moi ici, je saurai bien tout seul abattre les géants.»

19   Puis il entra dans la forêt et regarda avec précaution autour de lui. Au bout d'un instant, il aperçut les deux géants endormis sous un arbre et qui ronflaient si fort que les branches en étaient agitées. Sans perdre de temps, le petit tailleur remplit ses deux poches de cailloux et grimpa sur un arbre. Il se glissa sur une branche de manière à se trouver juste au-dessus des dormeurs et fit tomber ses cailloux l'un après l'autre sur la poitrine de l'un d'eux. Celui-ci fut longtemps sans rien sentir, mais il finit par s'éveiller et poussant son compagnon du coude, il lui dit:

«Pourquoi me frappes-tu?

– Tu rêves, dit l'autre, je ne t'ai point touché.»

Il se recoucha et le tailleur fit alors tomber un caillou sur le second géant.

«Qu'est-ce que cela, dit celui-ci, pourquoi me frappes-tu?

– Moi, je ne te touche pas, fit l'autre en grommelant.»

20 Ils se chamaillèrent un moment, mais comme ils étaient fatigués, ils ne tardèrent pas à se rendormir. Cependant le petit tailleur recommença son manège, et choisissant le plus gros caillou, il le jeta de toutes ses forces sur la poitrine du premier géant. «C'en est trop, s'écria celui-ci»; et se jetant comme un forcené sur son compagnon, il le poussa contre un arbre avec une telle violence qu'il en trembla. L'autre le paya de la même monnaie et ils y mirent tant d'acharnement, qu'ils arrachèrent les arbres dans leur colère pour s'en porter des coups tant et si fort qu'ils finirent par tomber l'un et l'autre morts sur le sol.

21 Alors le petit tailleur descendit de son poste. «Quel bonheur, dit-il, qu'ils n'aient pas arraché l'arbre sur lequel j'étais assis, sinon il m'aurait fallu, tel un écureuil, sauter d'un arbre à l'autre; mais on est leste dans notre métier.» Il tira son épée, en porta quelques bons coups dans la poitrine de chacun des géants et retourna vers les cavaliers. «C'est fini, leur dit-il, je leur ai porté le coup de grâce à chacun; mais l'affaire fut chaude; voulant résister, ils avaient déraciné des arbres pour se défendre, mais à quoi ça peut-il servir contre un homme comme moi qui en abats sept d'un coup?
– N'êtes-vous pas blessé? demandèrent les cavaliers.
– Pas le moins du monde. Ils n'ont pas dérangé un seul cheveu de ma tête.»

22 Les cavaliers n'en voulurent rien croire et ils entrèrent dans la forêt. Ils y trouvèrent les géants qui nageaient dans leur sang et tout autour d'eux gisaient des arbres arrachés.

23 Le petit tailleur demanda au roi la récompense promise, mais celui-ci, se repentant d'avoir engagé sa parole, chercha de nouveau un moyen de se débarrasser du petit homme.
«Il faut bien que tu accomplisses encore un autre exploit pour que je te donne ma fille en mariage et la moitié de mon royaume en dot. Il faut que tu t'empares d'une licorne qui fait de grands ravages dans mes forêts.
– Une licorne me fait encore moins peur que deux géants, répondit-il; *Sept d'un coup*, telle est ma devise.»

24 Il prit une corde et une hache et entra dans le bois en recommandant toujours de rester dehors à ceux qui étaient chargés de l'accompagner. Il n'eut pas à attendre longtemps et la licorne s'élança bientôt sur lui comme pour le percer. «Doucement, doucement, dit-il, n'allons pas si vite» et, il attendit, dans l'immobilité, que la bête fût près de lui, puis il sauta lestement derrière le tronc d'un arbre. La licorne, étant lancée de toutes ses forces contre l'arbre, y enfonça sa corne si profondément qu'elle n'eut pas la force de l'en arracher. Elle se trouva donc prise.
«Voilà mon oiseau en cage», dit le tailleur, et sortant de sa cachette, il s'approcha de la bête et lui passa une corde au cou, dégagea à coups de hache sa corne enfoncée dans le tronc, puis quand il eut fini, amena la bête devant le roi.

25 Mais le roi ne voulut pas encore se décider à tenir sa promesse et il y mit une troisième condition. Il fallut que le tailleur capturât avant la noce un sanglier qui saccageait et dévastait tout dans la forêt; les chasseurs du roi l'y aideraient.
«Volontiers, dit le tailleur, c'est un jeu d'enfant.»

26 Il n'emmena pas les chasseurs dans le bois. Ceux-ci ne s'en formalisèrent pas. Le sanglier les avait maintes fois reçus de manière à leur ôter le goût de revenir.

27 Dès que l'animal eût aperçu le tailleur, il s'élança sur lui en écumant et en montrant ses défenses menaçantes; mais le léger héros se réfugia dans une chapelle qui se trouvait tout près de là et en ressortit aussitôt en sautant par la fenêtre. La bête l'y avait suivi, mais en deux bonds le tailleur s'élança vers la porte et la referma derrière lui; trop lourde et massive pour prendre la même voie que le tailleur, la bête sauvage se trouva ainsi prise.

28   Le tailleur, cet exploit accompli, appela les chasseurs afin qu'ils vissent le prisonnier de leurs propres yeux, et il se rendit chez le roi qui fut bien obligé cette fois, quoi qu'il en eût, d'exécuter sa promesse. Il lui donna donc sa fille en mariage et la moitié de son royaume en dot.

29   S'il avait su se trouver en présence non d'un vaillant guerrier, mais d'un infime manieur d'aiguille, il aurait eu bien de la peine à se décider. Les noces furent donc célébrées avec beaucoup de magnificence et peu de joie, et d'un tailleur on fit un roi.

30   Au bout d'un certain temps, la jeune reine entendit la nuit son époux qui disait en rêvant: «Allons, garçon, finis-moi cette veste et ravaude cette culotte ou sinon je te donne de l'aune (arbre à bois léger) sur les oreilles.» Elle comprit ainsi quelle espèce d'homme elle avait épousé et fit le lendemain part de sa douleur à son père, le suppliant de la délivrer d'un mari qui n'était autre qu'un piètre tailleur. Le roi la consola en disant: «Laisse ta chambre à coucher ouverte la nuit prochaine; mes serviteurs se tiendront à la porte et ils entreront quand il sera endormi. Ils le lieront avec des chaînes et le porteront sur un navire qui l'emmènera très loin.»

31   Le projet plut à la jeune femme; mais l'écuyer du roi qui avait tout entendu et qui était attaché à son nouveau maître alla lui découvrir le complot. «Ils ne me tiennent pas encore, dit le tailleur.»

32   Ce soir-là, il se coucha comme à l'ordinaire, et quand sa femme le crut endormi, elle se leva, alla ouvrir la porte puis se recoucha à ses côtés. Alors le tailleur qui faisait semblant de dormir se mit à crier à haute voix: «Allons, garçon, finis cette veste et ravaude cette culotte ou sinon je te donne de l'aune sur les oreilles. J'en ai abattu sept d'un coup, j'ai tué deux géants, chassé une licorne et pris un sanglier et j'aurais ainsi peur des gens qui sont là, cachés derrière ma porte?» En entendant ces derniers mots, tous furent pris d'une grande terreur et s'enfuirent à toutes jambes comme s'ils avaient le diable à leurs trousses. Nul n'osa plus se risquer contre lui. Le tailleur conserva dans ces conditions la couronne jusqu'à la fin de ses jours.

Jakob et Wilhelm GRIMM, *Contes*
© Éditions Gallimard

A L'étude du texte

1. En quête de nouvelles aventures, le petit tailleur s'installe sur le gazon d'un palais royal et s'endort. Et à nouveau, le «Sept d'un coup» fait merveille.
   Quelle fut la réaction des gens du palais?

   _____

   _____

2. Par quelle expression l'ont-ils désigné au 17e paragraphe? Expliquez-en le sens.

   _____

   _____

3. Quels extraits du 18e paragraphe montrent que l'envoyé du roi hésitait à troubler le sommeil du petit tailleur?

   a) _____

   b) _____

4. Quelle phrase du 18e paragraphe laisse entendre que le roi avait décidé de prendre le petit tailleur à son service?

_____

5. Quelle fut alors la réaction des autres guerriers?

_____

6. Quels sentiments les a poussés à agir ainsi?

_____

_____

7. Le «Sept d'un coup» fait aussi merveille sur le roi qui, malgré le désir de ses serviteurs les plus fidèles de l'abandonner, décide de ne pas congédier le petit tailleur. Quelles raisons motivent sa décision?

_____

_____

8. Dès lors, les événements se succèdent. Combien de missions difficiles et apparemment impossibles le roi confiera-t-il au petit homme?

_____

9. Quelle devait-être sa récompense en cas de succès?

_____

_____

10. En quoi consistait la première mission?

_____

_____

11. Comment le héros s'y est-il pris pour l'emporter? Dites-le en vos propres mots.

_____

_____

_____

_____

12. Cette première victoire ne satisfit pas le roi qui fit au petit homme une nouvelle proposition. Laquelle?

_____

_____

13. Comment l'astucieux petit homme parvint-il à vaincre cet animal fabuleux au corps de cheval, avec une corne au milieu du front?

_____

_____

_____

_____

14. Le roi, malgré ces deux victoires, ne se décide pas à tenir sa promesse.

Quelle fut la troisième mission dont il chargea le petit homme?

_____

_____

15. Une fois de plus, le petit tailleur, grâce à son intelligence, triomphera. Comment?

_____

_____

_____

16. Maintenant, citez, dans l'ordre, les adversaires auxquels le héros eut à faire face à la demande du roi.

a) _____

b) _____

c) _____

17. En tenant compte de la 1re partie du texte (p. 77), classez dans le tableau suivant les personnages qui sont réels ou qui auraient pu l'être et ceux qui sont tout à fait imaginaires.

Personnages réels ou pouvant l'être	Personnages tout à fait imaginaires

18. Peut-on dire que le conte lui-même est purement imaginaire? Expliquez.

_____

_____

19. Comment la jeune reine découvrit-elle que son mari n'était qu'un simple tailleur?

_____

_____

20. Elle en fit part à son père qui lui promit de la débarrasser de cet époux gênant.
Quel plan échafauda le roi pour y parvenir?

_____

_____

_____

_____

21. Une fois de plus, le héros triomphera. À quoi doit-il d'avoir pu échapper à ce traquenard?

_____

_____

22. Comment s'y est-il pris?

_____

_____

_____

23. En quoi peut-on dire que ce conte est rassurant?

_____

_____

B La grammaire de la phrase et du texte

1. Réduisez à la phrase de base chacune des phrases suivantes extraites du texte.

a) Le petit tailleur continua son chemin toujours le nez au vent.

_____

b) Les gens qui passaient par là lurent sur sa ceinture: _Sept d'un coup._

_____

c) Le petit tailleur demanda au roi la récompense promise.

_____

d) Le rusé petit homme dégagea à coups de hache la corne de la licorne enfoncée dans le tronc.

_____

2. Relisez attentivement les six premières lignes du 18ᵉ paragraphe. Relevez, **dans l'ordre**:

a) un G. Prép. Compl. N. _____

b) un G. Prép. Compl. I. V. _____

c) un GN Suj. V. _____

d) un GN Compl. D. V. _____

e) un G. Adj. Attr. Suj. _____

3. Observez la phrase suivante:

«[...] et choisissant le plus gros caillou, il le jeta de toutes ses forces sur la poitrine du premier géant.»
Relevez le groupe adjectival et indiquez le degré de l'adjectif.

_____

4. Dans le 21ᵉ paragraphe, relevez une phrase non verbale.

_____

5. Dans les phrases suivantes, justifiez l'emploi des signes de ponctuation en gras.

a) [...] deux géants qui commettaient toutes sortes de meurtres**,** de rapines**,** d'incendies.

_____

b) Il lui fit part de la proposition du roi**.**

_____

c) **«**Qu'est-ce que cela**,** dit celui-ci**,** pourquoi me frappes-tu**?»**

_____

_____

_____

d) **[...]** la jeune reine entendit son époux qui disait en rêvant**:** «Allons, garçon, finis-moi cette veste.»

_____

_____

_____

LA PHRASE DE TYPE DÉCLARATIF / LA FORME NÉGATIVE

La **phrase déclarative** énonce des faits ou des idées. En réalité, elle correspond à la phrase de base, car elle contient nécessairement un **GNS** et un **GV** auxquels peuvent s'ajouter des constituants facultatifs.

La phrase **déclarative**, généralement **affirmative**, **active** et **neutre**, peut prendre la forme négative, passive ou emphatique.

La **phrase déclarative** _____.

Exemples: _____

_____

_____

Elle peut, en outre, exprimer:

a) _____ (verbe au conditionnel présent ou passé);

Exemple: _____

b) _____ (verbe à l'indicatif présent ou futur);

Exemples: _____

_____

c) _____, _____ ou _____ (adverbes d'opinion et auxiliaires de mode).

Exemples: _____

_____

_____

La forme négative

La phrase de forme négative s'obtient en ajoutant à une phrase déjà existante (quel qu'en soit le type) un mot ou une locution de négation (**ne, ne... pas, ne... plus, ne... point, ne... jamais, ne... guère**, etc.). Ainsi, la phrase déclarative, par addition d'un mot ou d'une locution de négation, devient une _____. Elle indique que _____ _____, _____ ou _____.

Comparez: Ils ont dérangé un seul cheveu de ma tête. (phrase déclarative)

Ils n'ont pas dérangé un seul cheveu de ma tête. (phrase négative)

Remarques

1) La **locution de négation** doit encadrer le verbe employé aux temps simples des modes personnels (indicatif, impératif, conditionnel, subjonctif) et l'auxiliaire dans les verbes employés aux temps composés.

Exemples: _____

_____

2) La **locution ne... que** signifie _____ et **n'a pas le sens négatif**. Elle sert à marquer la restriction.

Exemple: _____

3) La **négation** peut porter **sur un mot** ou **un groupe de mots seulement**. Dans ce cas, on utilise les adverbes de négation _____, _____, _____.

Exemples: _____

_____

_____

N.B. La construction **pour ne pas que** est **incorrecte** et doit être remplacée par _____

_____.

Exemple: _____

_____

EXERCICES

A Inventez une dizaine de phrases de base de type déclaratif.

Exemple: **Ce professeur se soucie de ses élèves.**

1. _____
2. _____
3. _____
4. _____
5. _____
6. _____
7. _____
8. _____
9. _____
10. _____

B **Transformez** les phrases ci-dessus en phrases de forme négative.

Exemple: **Ce professeur ne se soucie pas de ses élèves.**

1. _____
2. _____
3. _____
4. _____
5. _____
6. _____
7. _____
8. _____
9. _____
10. _____

C Dans les exemples suivants, dites si la négation porte:
   a) sur la phrase entière;
   b) sur un mot ou un groupe de mots.

Exemple: **Sa réponse non équivoque a mis un terme au débat.** _____b_____

1. Ces marchandises non dédouanées seront vendues à l'encan. _____

2. Nul ne le saura jamais. _____

3. Les résultats de l'autopsie ne seront jamais divulgués. _____

4. Les objets non réclamés ont été remis à l'Armée du salut. _____

5. Je me suis procuré un billet pas cher. _____

6. Ce bois non peint garde sa beauté naturelle. _____

7. Les archéologues fouillent cette région jamais explorée. _____

8. Ton attitude n'a pas plu à tes camarades. _____

9. Cet attentat n'a pas été revendiqué. _____

10. Ce retard non motivé lui a causé bien des ennuis. _____

EXERCICE DE STYLE: LES VERBES ÊTRE ET SE TROUVER

Dans les phrases suivantes, remplacez chacun des verbes **être** et **trouver** par un autre, plus expressif, choisi dans le tableau ci-dessous.

> *est stationnée / orne / couve / s'est faufilé / se dresse / grimpe / gît / précède / figure / s'agite / militent / séjournent / jaillit / se tient / désapprouve / se lit / chancelle / veille / croupissent / décorent*

1. Sur ce mur se trouve un lierre. _____

2. À cet endroit précis, se trouve une source. _____

3. Votre nom est sur la liste des candidats. _____

4. Une sentinelle se trouve à l'entrée de cet édifice. _____

5. Ma voiture se trouve de l'autre côté de la rue. _____

6. De nombreux touristes se trouvent dans la ville. _____

7. Ce congrès est à Montréal. _____

8. Un magnifique bouquet se trouve sur la table. _____

9. De beaux tableaux sont sur le mur du salon. _____

10. Normalement, le sujet est avant le verbe. _____

11. Sa santé est chancelante. _____

12. Ma mère est contre ce projet. _____

13. Le feu est sous la cendre. _____

14. Sur le sol gelé se trouve un oiseau mort. _____

15. Sur la place se trouve une foule immense. _____

16. Dans la salle se trouve un intrus. _____

17. Ces populations se trouvent dans la misère noire. _____

18. Une grande joie se trouve dans son regard. _____

19. Sur la montagne se trouve une tour d'observation. _____

20. Ces arguments sont en ta faveur. _____

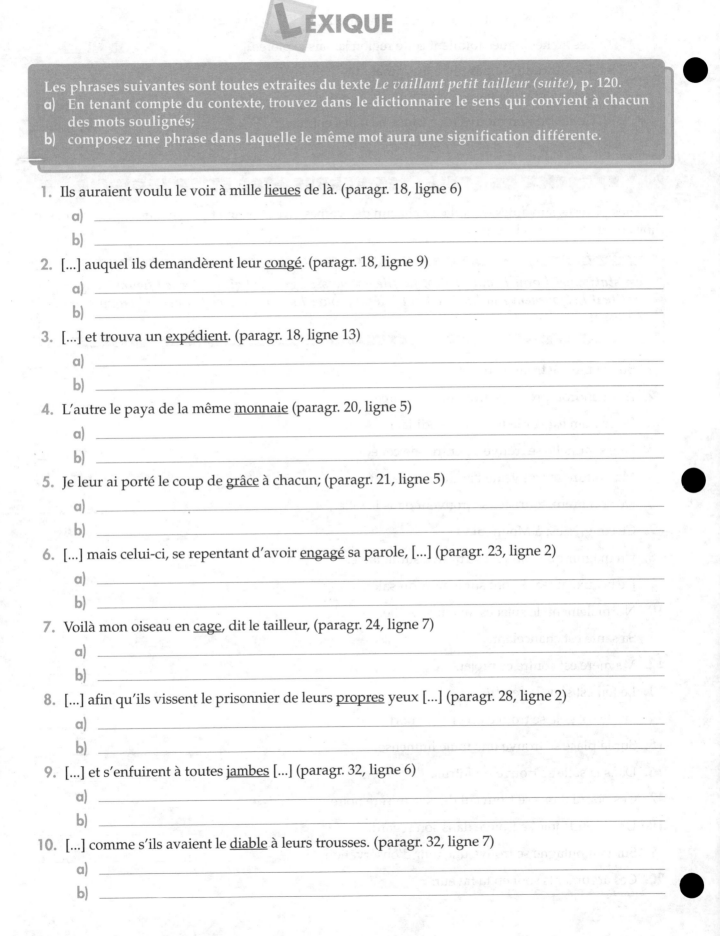

LEXIQUE

Les phrases suivantes sont toutes extraites du texte *Le vaillant petit tailleur (suite)*, p. 120.
a) En tenant compte du contexte, trouvez dans le dictionnaire le sens qui convient à chacun des mots soulignés;
b) composez une phrase dans laquelle le même mot aura une signification différente.

1. Ils auraient voulu le voir à mille <u>lieues</u> de là. (paragr. 18, ligne 6)

   a) _____

   b) _____

2. [...] auquel ils demandèrent leur <u>congé</u>. (paragr. 18, ligne 9)

   a) _____

   b) _____

3. [...] et trouva un <u>expédient</u>. (paragr. 18, ligne 13)

   a) _____

   b) _____

4. L'autre le paya de la même <u>monnaie</u> (paragr. 20, ligne 5)

   a) _____

   b) _____

5. Je leur ai porté le coup de <u>grâce</u> à chacun; (paragr. 21, ligne 5)

   a) _____

   b) _____

6. [...] mais celui-ci, se repentant d'avoir <u>engagé</u> sa parole, [...] (paragr. 23, ligne 2)

   a) _____

   b) _____

7. Voilà mon oiseau en <u>cage</u>, dit le tailleur, (paragr. 24, ligne 7)

   a) _____

   b) _____

8. [...] afin qu'ils vissent le prisonnier de leurs <u>propres</u> yeux [...] (paragr. 28, ligne 2)

   a) _____

   b) _____

9. [...] et s'enfuirent à toutes <u>jambes</u> [...] (paragr. 32, ligne 6)

   a) _____

   b) _____

10. [...] comme s'ils avaient le <u>diable</u> à leurs trousses. (paragr. 32, ligne 7)

    a) _____

    b) _____

La **phrase** de **type interrogatif** (ou phrase interrogative) sert à poser une question, donc à demander une information, une explication, une précision. L'interrogation peut être **totale** (elle porte sur la **phrase entière**) ou **partielle** (elle ne porte que sur un élément de la phrase).

Graphiquement, la phrase interrogative est représentée de la façon suivante:

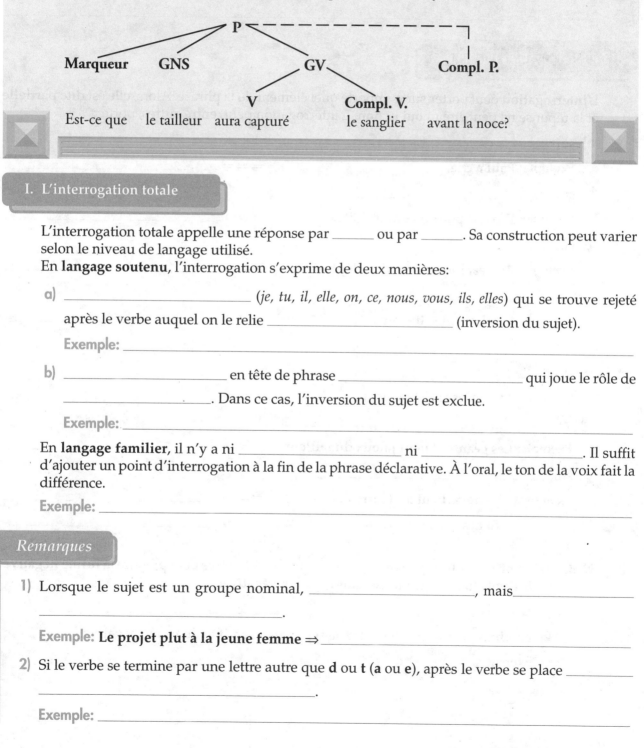

I. L'interrogation totale

L'interrogation totale appelle une réponse par _____ ou par _____. Sa construction peut varier selon le niveau de langage utilisé.

En **langage soutenu**, l'interrogation s'exprime de deux manières:

a) _____ (*je, tu, il, elle, on, ce, nous, vous, ils, elles*) qui se trouve rejeté après le verbe auquel on le relie _____ (inversion du sujet).

Exemple: _____

b) _____ en tête de phrase _____ qui joue le rôle de _____. Dans ce cas, l'inversion du sujet est exclue.

Exemple: _____

En **langage familier**, il n'y a ni _____ ni _____. Il suffit d'ajouter un point d'interrogation à la fin de la phrase déclarative. À l'oral, le ton de la voix fait la différence.

Exemple: _____

Remarques

1) Lorsque le sujet est un groupe nominal, _____, mais_____ _____.

Exemple: **Le projet plut à la jeune femme** ⇒ _____

2) Si le verbe se termine par une lettre autre que **d** ou **t** (**a** ou **e**), après le verbe se place _____ _____.

Exemple: _____

3) Il en est de même si le **sujet** est **il, ils, elle, elles, on, ce**.

Exemple: _____

N.B. Lorsque la question est posée par l'intermédiaire _____ (**savoir, ignorer, dire,**

demander, etc.), _____.

La phrase se termine par un point, sauf si le verbe principal de la phrase matrice exprime une interrogation.

Exemples: _____

_____

II. L'interrogation partielle

L'**interrogation** peut porter sur n'importe quel élément de la phrase. Alors, elle est dite **partielle** et la réponse ne peut être ni **oui** ni **non**. L'interrogation peut, entre autres, porter:

a) sur _____;

Exemple: **Paul a crié.** ⇒⇒⇒ _____

b) sur _____;

Exemple: **Il passe pour un enfant gâté.** ⇒⇒⇒ _____

c) sur _____;

Exemple: **Bell est l'inventeur du téléphone.** ⇒⇒⇒ _____

d) sur _____;

Exemple: **Je faisais mes travaux.** ⇒⇒⇒ _____

_____

e) sur _____;

Exemple: **Tu t'adresses à ta voisine.** ⇒⇒⇒ _____

f) sur _____;

Exemple: **Les géants étaient jaloux du tailleur.** ⇒⇒⇒ _____

g) sur _____.

Exemples: **Ils travaillent à Montréal.** ⇒⇒⇒ _____

Tu l'as revue ce matin. ⇒⇒⇒ _____

N.B. 1) La **phrase interrogative**, comme la phrase déclarative peut prendre la **forme négative**. Il s'agit alors d'une phrase **interrogative négative**.

Exemple: _____

2) La **phrase infinitive** peut être de **type interrogatif** et de **forme négative**.

Exemples: _____ _____

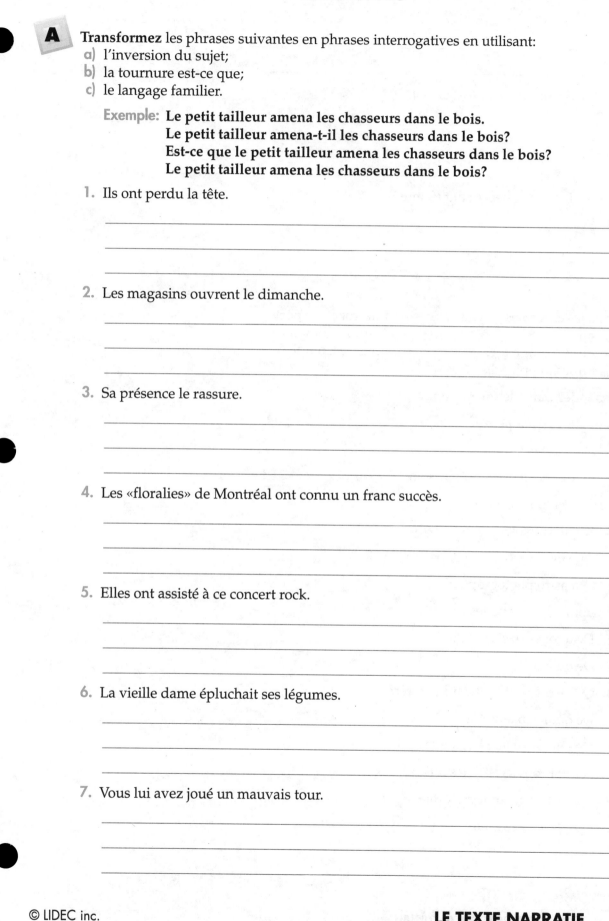

A **Transformez** les phrases suivantes en phrases interrogatives en utilisant:
  a) l'inversion du sujet;
  b) la tournure est-ce que;
  c) le langage familier.

Exemple: **Le petit tailleur amena les chasseurs dans le bois.**
Le petit tailleur amena-t-il les chasseurs dans le bois?
Est-ce que le petit tailleur amena les chasseurs dans le bois?
Le petit tailleur amena les chasseurs dans le bois?

1. Ils ont perdu la tête.

2. Les magasins ouvrent le dimanche.

3. Sa présence le rassure.

4. Les «floralies» de Montréal ont connu un franc succès.

5. Elles ont assisté à ce concert rock.

6. La vieille dame épluchait ses légumes.

7. Vous lui avez joué un mauvais tour.

8. Maître Chicot a hérité de la ferme.

_____

_____

9. Il reconnut un souffle d'alcool.

_____

_____

10. Les Jeux du Québec sont terminés.

_____

_____

_____

B Dans les exemples suivants, dites si l'interrogation porte:

a) sur le Suj. V.;   b) sur le Compl. D.;

c) sur le Compl. I. V.;   d) sur le Compl. N.;

e) sur le Compl. Adj.

Répondez par la lettre appropriée.

Exemple: À quoi pensez-vous?   c

1. Qui a dit cela?   _____

2. De qui la mère prend-elle soin?   _____

3. Qui as-tu rencontré?   _____

4. À qui as-tu expédié cette lettre?   _____

5. Que faisiez-vous au temps chaud?   _____

6. Qui as-tu photographié?   _____

7. Pour qui te dévoues-tu tant?   _____

8. De quoi es-tu si contente?   _____

9. De qui parles-tu?   _____

10. Qui saccageait tout dans la forêt?   _____

11. De quoi te plains-tu?   _____

12. De qui est-ce maintenant le tour?   _____

13. À quoi consacres-tu tes loisirs?   _____

14. Qu'as-tu retenu de ses propos?   _____

15. Qui t'a joué ce mauvais tour?   _____

EXERCICE DE STYLE: LE VERBE DIRE

Dans chacune des phrases suivantes, remplacez le verbe **dire** (ou son participe passé) par un équivalent choisi dans le tableau ci-dessous.

> *fixes / raconte / murmuré / avoué / annoncé / articulé / révèle / exposé / conseillé / débite / exprimer / soutient / prétend / proférer / affirment / déclamé / recommandé / communiqué / divulguer / dévoiler*

1. Lui a-t-on dit la nouvelle? _____

2. Il ne faut pas dire les secrets qu'on nous a confiés. _____

3. En peu de mots, la responsable nous a dit la situation. _____

4. Il a pourtant dit qu'il a commis une erreur. _____

5. Cet homme trop sûr de lui dit qu'il ne se trompe jamais. _____

6. Il souffre tant qu'il ne peut dire ce qu'il ressent. _____

7. Cet acteur a très bien dit ces vers. _____

8. Je veux que tu me dises d'abord le prix de ce vase. _____

9. Ce mauvais perdant n'a cessé de dire des injures. _____

10. Son exposé était clair: il a bien dit les mots. _____

11. Paul a dit ses projets à sa patronne. _____

12. Cet insensé dit toujours les mêmes sottises. _____

13. Souvent un livre dit la personnalité de l'écrivain. _____

14. Il n'a pas voulu dire ses intentions. _____

15. Chaque soir, cette mère dit une histoire à son enfant. _____

16. Les experts disent que la température se réchauffe. _____

17. La bibliothécaire m'a dit de lire ce roman. _____

18. L'agent d'immeubles m'a dit de vendre. _____

19. Il dit avec force qu'il ne s'est pas trompé. _____

20. De sa voix éteinte, il a dit quelques mots. _____

Trouvez dans le texte *Le vaillant petit tailleur (suite)*, p. 102, le mot ou le groupe de mots ayant à peu près la même signification que chacun de ceux de la colonne de gauche.
Recourez le moins possible au dictionnaire.

1. poursuivit _____

2. las _____

3. observer _____

4. aide _____

5. donna _____

6. renvoyer _____

7. pillages _____

8. redouter _____

9. ennemis _____

10. limite, bord _____

11. ardeur _____

12. agile _____

13. regrettant _____

14. donné _____

15. ravageait _____

16. chemin _____

17. courageux _____

18. minable _____

19. éclat _____

20. feignait _____

BRAVOURE

1   Il était dix heures du soir lorsque j'arrivai à l'usine en compagnie de nos amis. Un vaste bâtiment, percé de larges baies, brûlait dans les trois quarts de sa longueur. Le feu sortait par presque toutes les fenêtres; une épaisse fumée traversait la toiture de tuiles, et parfois une flamme se faisait jour au milieu des tourbillons noirs. Sur cinq pompes, dont trois appartenaient à la ville et deux à la fabrique, une seule était là, dirigée sur le coin de la maison qui ne flambait pas encore. Une foule d'environ deux mille personnes, où l'on reconnaissait, au premier rang, le groupe des autorités, sous-préfet, sergents de ville et gendarmes, regardait avec anxiété cet angle du premier étage que la flamme avait respecté.

2   Tout à coup, un grand cri s'éleva sur la place, et je ne vis plus rien que mon père penché vers nous et portant une forme humaine entre les bras. Dix hommes de bonne volonté coururent à une échelle que je n'avais pas aperçue et qu'il touchait pourtant du pied. Le corps fut descendu de mains en mains et porté à travers la foule dans la direction de l'hôpital, tandis que mon père faisait un signe à ses camarades, recevait un énorme jet d'eau sur tout le corps et se replongeait tranquillement dans la fumée.

3   Il reparut au bout d'une minute, et cette fois, apportant une femme qui criait. Un immense applaudissement salua son retour, et j'entendis: «Vive Dumont!» pour la première fois de ma vie. Il faisait horriblement chaud; le rayonnement de cet énorme foyer allumait de tous côtés une multitude de petits incendies que les pompes éteignaient à mesure. À la place où je me tenais, tous les visages ruisselaient de sueur et tous les yeux se sentaient brûlés; mais personne ne se fût éloigné pour un empire, tant l'intérêt du drame était poignant.

4   Mon père se montra de nouveau à la fenêtre ouverte: il tenait cette fois deux enfants évanouis. C'était la fin; on savait dans la fabrique et dans la ville que le chef d'atelier était le seul habitant de cette maison et que sa petite famille ne comptait pas plus de quatre personnes. Il y eut donc une protestation générale lorsqu'on vit que le sauveteur allait rentrer dans la fournaise. De tous côtés, on lui criait:

«Assez! Descendez! Dumont!»

5   Moi-même, entraîné par l'exemple, je l'appelai de toutes mes forces: «Papa!» Il entendit, me reconnut, et dessina du bout des doigts un geste que je sentis comme une caresse. À ce moment, le capitaine, M. Mathey, qui dirigeait la manœuvre des pompes, s'avança jusqu'au bas de l'échelle et dit de sa voix de commandement:

«Sapeur Dumont, je vous ordonne de descendre.»

Il répondit:

«Capitaine, le devoir m'ordonne de rester.

– Il n'y a plus personne là-haut.

– Il y a un homme par terre, au fond du couloir.

– C'est impossible.

– Je l'ai vu de mes yeux.

– Encore une fois, descendez! Le feu gagne.

– Raison de plus pour me hâter!»

6   À peine avait-il dit ces mots, à peine le son de sa voix s'était-il éteint dans mon oreille, que le feu jaillit par toutes les ouvertures de la maison, la toiture s'effondra avec un bruit épouvantable, et tout l'espace compris entre les quatre murs du bâtiment ne fut plus qu'une colonne de flammes.

7   La foule ne poussa pas un cri devant cette maison qui était devenue une tombe.

Edmond ABOUT, *Le Roman d'un brave homme*
© Hachette

A   L'étude du texte

1. Quelle est l'idée dominante du texte?   /3

   _____

2. Qui en est le personnage principal?   /2

   _____

3. Quels éléments mentionnés au 1er paragraphe en font une introduction classique?   /4

   _____

   _____

4. Quels passages indiquent: /2

   a) le temps de l'action?

   _____

   b) le lieu de l'action?

5. Qu'est-ce qui caractérisait les autorités accourues sur les lieux?   /2

   _____

6. Dans les 1er, 2e et 3e paragraphes, relevez les actes de bravoure du sapeur Dumont.   /6

   a) _____

   b) _____

   c) _____

7. Que signifie cet extrait: «Mais personne ne se fût éloigné pour un empire,   /3
   tant l'intérêt du drame était poignant.»

   _____

8. À la fin, quelle fut l'attitude de la foule envers le sapeur Dumont? Expliquez.   /4

   _____

   _____

   _____

9. Le sapeur est-il demeuré indifférent à l'appel de son fils? /2

10. Dumont avait-il le droit de désobéir au capitaine Mathey? /2

11. Qu'est-ce que l'auteur a voulu faire ressortir dans le dialogue entre le capitaine /4
    et Dumont?

12. Quelle est la situation finale du récit? /4

13. Ce récit vous semble-t-il vraisemblable? /4

B   La grammaire de la phrase et du texte

1. En effaçant les éléments facultatifs, transformez en phrase de base chacune /4
   des phrases suivantes du texte.

   a) «Un vaste bâtiment, percé de larges baies, brûlait dans les trois quarts de sa longueur.»

   b) «Une foule d'environ deux mille personnes, où l'on reconnaissait, au premier rang, le
      groupe des autorités, sous-préfet, sergents de ville et gendarmes, regardait avec anxiété
      cet angle du premier étage que la flamme avait épargné.»

2. Représentez graphiquement chacune des phrases suivantes. /4

   a) Mon père portait une forme humaine entre les bras.

   b) Le sapeur Dumont dessina un geste du bout des doigts.

3. Identifiez le type de chacune des phrases suivantes. /8

   a) La flamme avait respecté cet angle du premier étage. _____

   b) Je ne vis plus que mon père penché vers nous. _____

   c) Je n'avais pas aperçu l'échelle. _____

   d) La foule ne poussa pas un cri. _____

4. Parmi les phrases identifiées plus haut, lesquelles sont de forme négative? /4

_____

5. Soit la phrase suivante: Le feu sortait par presque toutes les fenêtres. /2
   Transformez-la en phrase de type interrogatif.

_____

6. La phrase interrogative que vous venez de former est-elle une interrogation totale /3
   ou une interrogation partielle? Expliquez votre réponse.

_____

7. Maintenant écrivez à la forme négative la phrase que vous avez transformée /3
   au numéro 5.

8. Dans le passage dialogué du 5e paragraphe, relevez, à votre tour: /4

   a) une phrase déclarative de forme affirmative;

   _____

   b) une phrase déclarative de forme négative;

   _____

9. Soit la phrase suivante: Mon père fit un signe à ses camarades. /6
   Écrivez-la de façon à faire porter l'interrogation:

   a) sur le GNS;

   _____

   b) sur le GN Compl. D. V.;

   _____

   c) sur le G. Prép. Compl. I. V.

   _____

LEXIQUE

A En tenant compte du contexte, donnez la signification des mots suivants. /10

1. baies (Paragr. 1, ligne 2)

_____

2. flambait (Paragr. 1, ligne 5)

_____

3. épaisse (Paragr. 1, ligne 3)

4. avait respecté (Paragr. 1, ligne 8)

5. multitude (Paragr. 3, ligne 4)

6. ruisselaient (Paragr. 3, ligne 5)

7. poignant (Paragr. 3, ligne 6)

8. évanouis (Paragr. 4, ligne 2)

9. gagne (Paragr. 5, ligne 12)

10. tombe (Paragr. 7, ligne 1)

B En tenant compte des préfixes et des suffixes, donnez la signification des mots suivants.   /10

1. anxiété

2. replongeait

3. tranquillement

4. reparut

5. horriblement

6. rayonnement

7. protestation

8. sauveteur

9. impossible

10. épouvantable

LA PHRASE DE TYPE IMPÉRATIF ET DE TYPE EXCLAMATIF

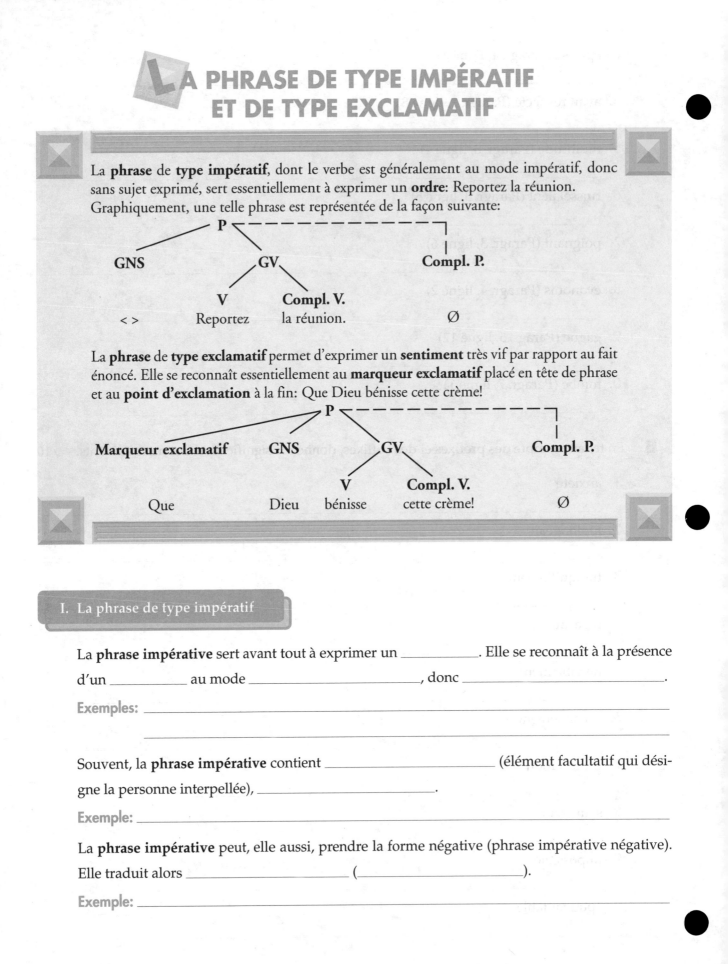

La **phrase** de **type impératif**, dont le verbe est généralement au mode impératif, donc sans sujet exprimé, sert essentiellement à exprimer un **ordre**: Reportez la réunion. Graphiquement, une telle phrase est représentée de la façon suivante:

P

GNS   GV   Compl. P.

V   Compl. V.

< >   Reportez   la réunion.   Ø

La **phrase** de **type exclamatif** permet d'exprimer un **sentiment** très vif par rapport au fait énoncé. Elle se reconnaît essentiellement au **marqueur exclamatif** placé en tête de phrase et au **point d'exclamation** à la fin: Que Dieu bénisse cette crème!

P

Marqueur exclamatif   GNS   GV   Compl. P.

V   Compl. V.

Que   Dieu   bénisse   cette crème!   Ø

I. La phrase de type impératif

La **phrase impérative** sert avant tout à exprimer un _____. Elle se reconnaît à la présence d'un _____ au mode _____, donc _____.

Exemples: _____

_____

Souvent, la **phrase impérative** contient _____ (élément facultatif qui désigne la personne interpellée), _____.

Exemple: _____

La **phrase impérative** peut, elle aussi, prendre la forme négative (phrase impérative négative). Elle traduit alors _____ (_____).

Exemple: _____

Cependant, l'**ordre** ou l'**interdiction** peuvent être exprimés au moyen:

a) _____ ;

Exemple: _____

b) _____ (l'ordre est alors donné à la 3e personne);

Exemple: _____

c) _____ .

Exemple: _____

N.B. Parfois un mot (une **interjection**) ou une **phrase sans verbe** suffisent.

Exemples: _____

_____

Remarque

La **phrase impérative** peut aussi exprimer un _____ ou une _____ .

Exemples: _____

_____

II. La phrase de type exclamatif

La **phrase exclamative** sert à exprimer _____ (joie, admiration, surprise, colère, douleur, indignation, impatience, etc.)

Elle se forme par **addition** à la phrase déclarative:

a) soit _____ (**que**, **comme**, **quel**, **combien**, **que de**, **combien de**, etc.)

_____ ;

Exemple: **Votre crème me paraît bonne.** ⇒ _____

b) soit _____ ;

Exemple: **Votre crème me paraît bonne.** ⇒ _____

c) soit _____ (**ah! eh! oh! hélas! ouf! bravo!**, etc.).

Exemple: _____

N.B. Lorsque l'interjection est placée au début ou au milieu de la phrase, le mot qui suit commence par une lettre minuscule et la phrase se termine par un point.

La **phrase exclamative**, comme la phrase déclarative, peut prendre la forme négative, par **addition** d'un mot ou d'une locution de négation. Dans ce cas, elle est **exclamative négative**.

Exemples: _____

_____

EXERCICES

A D'après les modèles suivants, représentez graphiquement chacune des phrases ci-dessous.

Exemples: **1) Que son attitude paraît intransigeante!**

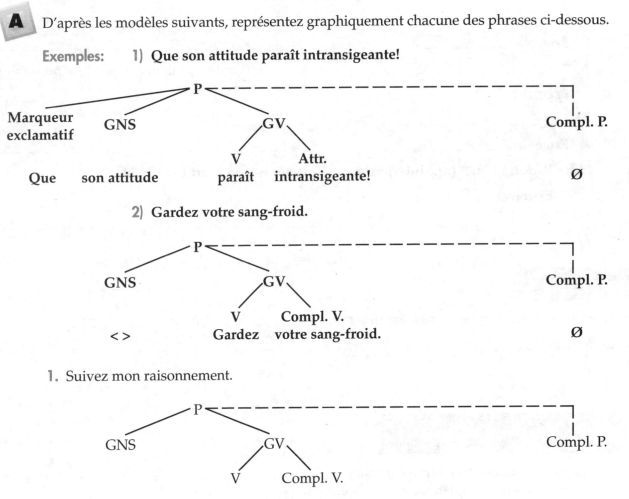

2) Gardez votre sang-froid.

1. Suivez mon raisonnement.

2. Rendez cet objet à son propriétaire.

3. Que cette nourriture est délicieuse!

4. Remettez ces documents à votre patronne.

5. Que le ciel est sombre!

6. Reprenez vos esprits.

7. Que la mode a changé!

8. Comprenez le sens de ma question.

9. Que cette mère affectionne son enfant!

10. Congédiez ces serviteurs infidèles dès ce soir.

B Composez une dizaine de phrases de type exclamatif.

Exemple: **Quelle joie de te revoir!**

1. _____
2. _____
3. _____
4. _____
5. _____
6. _____
7. _____
8. _____
9. _____
10. _____

C Quel sentiment traduit chacune des phrases exclamatives suivantes?

Exemple: **Quelle artiste merveilleuse!**   admiration

1. «Tu ne crèveras donc point, carcasse!» _____
2. Comme cette fille présente bien! _____
3. Quel plaisir de revoir ses amis! _____
4. C'est vrai que cette nourriture est infecte! _____
5. Quelle performance ces athlètes ont accomplie! _____
6. Que les temps sont changés! _____
7. Je veux crier, je ne peux pas! _____
8. Que je me sens seul! _____
9. Je tremble encore quand j'y songe! _____
10. Mais, tu es fou! Tu veux nous ruiner! _____
11. Quel site enchanteur! _____
12. Je n'attendrai pas jusqu'à demain! _____
13. Elle ne savait plus où donner de la tête! _____
14. Quel triste sire! _____
15. «Je n'en peux plus!», répétait-elle, en pleurant. _____

D Composez une dizaine de phrases de type interrogatif et de forme négative. Variez le mode des verbes (indicatif, subjonctif, infinitif).

Exemple: Ne songez-vous pas à l'instant présent?

1. _____
2. _____
3. _____
4. _____
5. _____
6. _____
7. _____
8. _____
9. _____
10. _____
11. _____
12. _____
13. _____
14. _____
15. _____

EXERCICE DE STYLE: LE VERBE FAIRE

Dans chacune des phrases suivantes, remplacez le verbe **faire** (ou son participe passé) par un équivalent plus précis choisi dans le tableau ci-dessous.

> *peint / gagné / dresser / conclu / commis / creusé / plier / contracter / conçu / exerce / présenté / effectue / causé / élaboré / prêté / amassé / fourni / intenté / adressé / rédiger*

1. Ma tante fait le métier de journaliste. _____
2. Le professeur m'a demandé de faire la liste des absents. _____
3. Le gouvernement a déjà fait le projet de loi. _____
4. Ce pauvre chômeur a dû faire beaucoup de dettes. _____
5. Les États-Unis et le Canada ont fait un traité sur le libre-échange. _____
6. Fais le calcul et dis-moi le total. _____
7. Cette artiste a fait un tableau magnifique. _____
8. Travailleur infatigable, il a fait une immense fortune. _____
9. C'est Martin qui a été chargé de faire le rapport de laboratoire. _____
10. Mes parents lui ont fait un procès pour bris de contrat. _____

11. L'explosion a fait un trou dans le sol. _____

12. Elles ont fait un effort immense pour en arriver là. _____

13. Ce non-conformiste ne peut se faire à la discipline imposée. _____

14. Les derniers ouragans ont fait beaucoup de dégâts. _____

15. Le coupable a fait des excuses publiques. _____

16. Nul ne peut croire qu'il a fait cette grave erreur. _____

17. Ces nouveaux Canadiens ont fait serment devant la reine. _____

18. Elle lui a fait des reproches amicaux. _____

19. En travaillant dans le Grand Nord, il a fait beaucoup d'argent. _____

20. C'est nous qui avons fait ce projet. _____

LES ANTONYMES

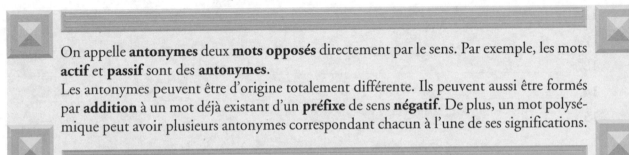

On appelle **antonymes** deux **mots opposés** directement par le sens. Par exemple, les mots **actif** et **passif** sont des **antonymes**.

Les antonymes peuvent être d'origine totalement différente. Ils peuvent aussi être formés par **addition** à un mot déjà existant d'un **préfixe** de sens **négatif**. De plus, un mot polysémique peut avoir plusieurs antonymes correspondant chacun à l'une de ses significations.

Les préfixes les plus couramment utilisés pour former des antonymes sont:

a) **in (im, il, ir)**;

Exemples: actif   ≠ _____   puissant   ≠ _____

légitime   ≠ _____   réfléchi   ≠ _____

b) la négation «**non**» ajoutée à un nom ou à un adjectif, auquel elle est généralement reliée par un trait d'union;

Exemples: conformité ≠ _____   retour   ≠ _____

directif   ≠ _____   viable   ≠ _____

c) **mé, més, mal**;

Exemples: connaissance ≠ _____   alliance   ≠ _____

dire   ≠ _____   content   ≠ _____

d) **dé, dés, dis**.

Exemples: faire   ≠ _____   honorer   ≠ _____

convenir   ≠ _____   mobilisation ≠ _____

N.B. Il est possible de former des antonymes en ajoutant à un même radical l'un ou l'autre de deux préfixes opposés par le sens: **macro** (gros) ≠ **micro** (petit); **mono** (un seul) ≠ **poly** (plusieurs); **intra** (**intro**) ≠ **extra**.

Exemples: intra-utérin ≠ _____   introverti ≠ _____

A Par **addition** du préfixe négatif convenable, par **effacement** ou par **remplacement** du préfixe existant, donnez l'antonyme de chacun des mots suivants.

Exemples:　　 **sensible**　　 ≠　　 **insensible**
　　　　　　　　 microcosme　 ≠　　 **macrocosme**

1. fatigable　　　＿＿＿＿＿＿＿＿＿＿＿＿＿＿＿＿＿＿＿

2. invariable　　　＿＿＿＿＿＿＿＿＿＿＿＿＿＿＿＿＿＿＿

3. inestimable　　＿＿＿＿＿＿＿＿＿＿＿＿＿＿＿＿＿＿＿

4. contracter　　　＿＿＿＿＿＿＿＿＿＿＿＿＿＿＿＿＿＿＿

5. impardonnable　＿＿＿＿＿＿＿＿＿＿＿＿＿＿＿＿＿＿＿

6. désactiver　　　＿＿＿＿＿＿＿＿＿＿＿＿＿＿＿＿＿＿＿

7. servir　　　　＿＿＿＿＿＿＿＿＿＿＿＿＿＿＿＿＿＿＿

8. responsable　　＿＿＿＿＿＿＿＿＿＿＿＿＿＿＿＿＿＿＿

9. immatériel　　　＿＿＿＿＿＿＿＿＿＿＿＿＿＿＿＿＿＿＿

10. gracieux　　　＿＿＿＿＿＿＿＿＿＿＿＿＿＿＿＿＿＿＿

11. désunion　　　＿＿＿＿＿＿＿＿＿＿＿＿＿＿＿＿＿＿＿

12. chance　　　　＿＿＿＿＿＿＿＿＿＿＿＿＿＿＿＿＿＿＿

13. compressible　＿＿＿＿＿＿＿＿＿＿＿＿＿＿＿＿＿＿＿

14. désamorcer　　＿＿＿＿＿＿＿＿＿＿＿＿＿＿＿＿＿＿＿

15. continu　　　＿＿＿＿＿＿＿＿＿＿＿＿＿＿＿＿＿＿＿

16. malhonnête　　＿＿＿＿＿＿＿＿＿＿＿＿＿＿＿＿＿＿＿

17. audible　　　＿＿＿＿＿＿＿＿＿＿＿＿＿＿＿＿＿＿＿

18. crédit　　　　＿＿＿＿＿＿＿＿＿＿＿＿＿＿＿＿＿＿＿

19. discret　　　＿＿＿＿＿＿＿＿＿＿＿＿＿＿＿＿＿＿＿

20. orienter　　　＿＿＿＿＿＿＿＿＿＿＿＿＿＿＿＿＿＿＿

21. adresse　　　＿＿＿＿＿＿＿＿＿＿＿＿＿＿＿＿＿＿＿

22. lisible　　　　＿＿＿＿＿＿＿＿＿＿＿＿＿＿＿＿＿＿＿

23. aisé　　　　　＿＿＿＿＿＿＿＿＿＿＿＿＿＿＿＿＿＿＿

24. bien-aimé　　　＿＿＿＿＿＿＿＿＿＿＿＿＿＿＿＿＿＿＿

25. monophasé　　＿＿＿＿＿＿＿＿＿＿＿＿＿＿＿＿＿＿＿

26. perceptible　　＿＿＿＿＿＿＿＿＿＿＿＿＿＿＿＿＿＿＿

27. intra-muros　　＿＿＿＿＿＿＿＿＿＿＿＿＿＿＿＿＿＿＿

28. inflexible　　　＿＿＿＿＿＿＿＿＿＿＿＿＿＿＿＿＿＿＿

29. monoculture　＿＿＿＿＿＿＿＿＿＿＿＿＿＿＿＿＿＿＿

30. joindre　　　＿＿＿＿＿＿＿＿＿＿＿＿＿＿＿＿＿＿＿

B L'adverbe **non** peut être joint à un nom ou à un adjectif pour former des mots de sens négatif. En recourant, au besoin, au dictionnaire, dites ce qu'est:

1. un pacte de non-agression;

2. un partisan de la non-violence;

3. une fin de non-recevoir;

4. un pays non-aligné;

5. un pays non-belligérant;

6. un non-conformiste;

7. l'art non-figuratif;

8. un non-sens;

9. un non-croyant;

10. la non-assistance.

LEXIQUE

Trouvez dans le texte *Le vaillant petit tailleur (suite)*, p. 120, l'antonyme de chacun des mots de la colonne de gauche.
Utilisez le dictionnaire, au besoin.

1. masure

2. reposé

3. paix

4. petit

5. utile

6. absence

7. mourra _____

8. loyaux _____

9. engager _____

10. alliés _____

11. imprudemment _____

12. immobiles _____

13. au-dessous des _____

14. commença par _____

15. cessa _____

16. force _____

17. céder _____

18. enraciné _____

19. lentement _____

20. lourdement _____

21. planter _____

22. hésiter _____

23. procurer _____

24. rassurantes _____

25. légère _____

26. lâche _____

27. exceptionnel _____

28. pauvreté _____

29. bonheur _____

30. excellent _____

PRODUCTION ÉCRITE:
L'EXPRESSION DES SENTIMENTS

PLAN SUGGÉRÉ

I. Introduction

Commencer par indiquer (l'ordre importe peu):
a) le lieu;
b) le moment;
c) le personnage;
d) le sentiment général inspiré par ce personnage.

Tracer:
   a) le portrait physique du personnage;
   b) son portrait moral.

N.B.   À travers le texte, exprimez au fur et à mesure les sentiments que vous éprouvez, en évoquant les faits et gestes du personnage, chaque fois qu'ils sont nécessaires pour justifier le sentiment qu'il vous inspire.

III. Conclusion

Terminez par une réflexion personnelle qui vient renforcer le sentiment général exprimé dans l'introduction.

CHOIX DE SUJETS

1. Une passante sauve de la noyade un jeune imprudent. Vous observez la scène.
   Racontez l'événement en insistant sur les sentiments que vous inspire cette courageuse inconnue.

2. Votre oncle favori

3. Vous avez été victime d'une injustice de la part d'un ami. Présentez-le, tout en exprimant vos sentiments à son endroit.

4. Après une longue absence, vous retrouvez une personne que vous aimez beaucoup.

5. Votre sœur arrive à la maison avec une amie qui vous est inconnue.
   Vous observez la nouvelle venue depuis quelques heures.
   Faites-nous part des sentiments qu'elle vous inspire.

6. Dans la salle de récréation, un grand élève de 5e secondaire s'empare du sac d'école d'un plus jeune et s'amuse à le lancer sur le mur. Impuissant, vous assistez à la scène. Décrivez-la en mettant l'accent sur les sentiments que vous inspire le profiteur.

LE NOËL DE ZÉZÉ

José Mauro de Vasconcelos est un auteur brésilien qui, dans ses livres, décrit la misère des banlieues de son pays.

1 À peine éveillé, j'appelai Totoca.
«On va voir? Je te dis que j'aurai quelque chose.
– Moi, je n'irais pas voir.
– Si, j'y vais.»

2 J'ouvris la porte de la chambre. À ma grande déception, les sandales de tennis étaient vides. Totoca s'approcha en se frottant les yeux.
«Je te l'avais pas dit?»

3 Un mélange de haine, de révolte et de tristesse s'éleva de mon âme. Sans pouvoir me contenir, je m'écriai:
«Quel malheur d'avoir un père pauvre! ...»

4 Je détournai les yeux de mes sandales de tennis et je vis des galoches arrêtées devant moi. Papa était debout et nous regardait. Ses yeux étaient immenses de tristesse. On aurait dit que ses yeux étaient devenus si grands, mais si grands qu'ils auraient pu remplir tout l'écran du cinéma Bangu. Il y avait une douleur si terrible dans ses yeux que s'il avait voulu pleurer il n'aurait pas pu. Il resta une minute qui n'en finissait pas à nous regarder puis, sans rien dire, il passa devant nous. Nous étions anéantis, incapables de rien dire. Il prit son chapeau sur la commode et repartit dans la rue. Alors seulement Totoca me toucha le bras.

5 «Tu es méchant, Zézé, méchant comme un serpent. C'est pour ça que...» Il se tut, trop ému.
«Je n'avais pas vu qu'il était là.
– Mauvais, sans cœur. Tu sais que papa est sans travail depuis longtemps. C'est pour ça qu'hier je ne pouvais pas avaler en regardant sa figure. Un jour tu seras un père et tu comprendras ce qu'on ressent dans des moments pareils.»
En plus, je pleurais.
«Mais, je n'avais pas vu, Totoca, je n'avais pas vu...»
Zézé décide alors de se racheter aux yeux de son père. Il prend l'attirail de cireur des rues de son frère et part travailler pour gagner quelque argent. Le soir venu...

6 Je pris mes jambes à mon cou jusqu'au «Misère et Famine» en faisant brimbaler ma caisse de cireur. J'entrai comme un tourbillon, craignant que ce ne soit déjà fermé.
«Vous avez encore des cigarettes chères?»

7 L'homme prit deux paquets quand il vit l'argent dans le creux de ma main.
«Ce n'est pas pour toi, hein, Zézé?»
Une voix dit derrière lui:
«Quelle idée! Un marmot de cette taille!»
– Tu ne connais pas le client. C'est un luron capable de tout.
– C'est pour papa.»

8 Je ressentais un bonheur immense en tournant les paquets dans mes mains.

«Celui-ci ou celui-là?

– C'est toi qui sais.

– J'ai travaillé toute la journée pour acheter ce cadeau de Noël à papa.

– C'est vrai, Zézé, et qu'est-ce qu'il t'a donné?

– Rien, le pauvre. Il n'a toujours pas de travail, vous savez.»

Il eut l'air ému et tout le monde se tut dans le bar.

«Si c'était pour vous, vous choisiriez lequel?

– Les deux sont bien. Et tous les pères seraient contents de recevoir un cadeau comme ça.

– Enveloppez-moi celui-ci, s'il vous plaît.»

9 Il l'enveloppa mais il avait un air un peu drôle en me donnant le paquet. Il semblait vouloir dire quelque chose sans y parvenir. Je lui donnai l'argent. Il sourit.

«Merci, Zézé.

– Joyeuses Fêtes, m'sieur!...»

Je me remis à courir jusqu'à la maison.

10 La nuit aussi était arrivée. Il y avait seulement une lampe allumée dans la cuisine. Tout le monde était sorti, mais papa était assis devant la table en regardant fixement le mur. Il était accoudé sur la table, le menton appuyé sur sa main.

«Papa.

– Qu'est-ce qu'il y a, mon petit?»

Il n'y avait aucune rancœur dans sa voix.

«Où étais-tu passé toute la journée?»

Je montrai ma caisse de cireur. Je posai la caisse par terre et enfonçai ma main dans ma poche pour sortir le paquet.

11 «Regardez, papa. Je vous ai acheté quelque chose de très joli.»

Je regardai papa, sa figure barbue, ses yeux. Je parvins seulement à dire:

«Papa ... Papa ...»

Et les sanglots couvrirent ma voix. Il ouvrit les bras et me serra tendrement contre lui.

«Ne pleure pas, mon petit, tu auras beaucoup d'occasions pour pleurer dans la vie si tu restes un enfant aussi émotif ...

– Je ne voulais pas, papa ... Je ne voulais pas dire ... ça.

– Je sais. Je sais. Je ne suis pas fâché parce que, au fond, tu avais raison.»

Il me berça un moment. Puis il souleva mon visage et l'essuya avec un torchon qui traînait par là.

«Voilà, c'est mieux.»

12 Je levai les mains et caressai sa figure. Je passai doucement les doigts sur ses yeux pour essayer de les remettre à leur place, pour qu'ils ne soient plus si grands. J'avais peur que, si je ne le faisais pas, ces yeux me suivent la vie entière.

«Allons, je vais terminer ma cigarette.»

La voix encore brouillée d'émotion, je bégayais:

«Vous savez, papa, quand vous voudrez me battre je ne protesterai jamais plus...

Vous pourrez me battre autant que vous voudrez...

– C'est bon, Zézé, c'est bon.»

13

Il me déposa par terre, moi et mes derniers sanglots, et il prit une assiette dans le placard.

«Gloria t'a laissé un peu de salade de fruits.»

Je n'arrivais pas à avaler. Il s'assit et mit de petites cuillerées dans ma bouche.

«C'est fini, maintenant, c'est fini, mon petit?»

Je fis oui avec la tête, mais les premières cuillerées avaient un goût salé. Mes dernières larmes n'arrivaient pas à s'arrêter.

José Mauro de VASCONCELOS, *Mon Bel Oranger*
© Éditions Stock

 A **L'étude du texte**

1. À quel moment se déroule le récit que vous venez de lire?

2. Quels sont les personnages en présence?

3. Où débute l'action?

4. Qui raconte cette histoire?

5. Quels sentiments éprouva Zézé en constatant que ses sandales étaient vides?

6. Quel geste de Totoca prouve que, malgré ses doutes, lui aussi éprouvait une grande déception?

7. Peut-on dire que Zézé verbalisait plus que Totoca les sentiments éprouvés? Expliquez.

8. Quels sentiments éprouve Zézé lorsqu'il aperçoit son père debout en train de les regarder?

9. Comment expliquez-vous cette remarque de Zézé: «Ses yeux étaient immenses de tristesse.»

10. Comment expliquez-vous que les deux garçons aient attendu le départ de leur père pour réagir?

11. Comment Zézé tente-t-il de se justifier aux yeux de son frère?

12. Dans le 4ᵉ paragraphe, relevez deux extraits qui traduisent l'embarras des deux garçons.

a) _____

b) _____

13. Quel passage du 5ᵉ paragraphe, traduit la compassion de Totoca pour son père?

_____

14. Quels propos de Totoca, exprimés au 5ᵉ paragraphe traduisent sa maturité?

_____

_____

15. Pourquoi, selon vous, Zézé veut-il absolument acheter des cigarettes chères à son père?

_____

_____

16. Pourquoi a-t-il dû préciser au vendeur que les cigarettes étaient destinées à son père?

_____

17. Comment expliquez-vous le silence qui se fit lorsque Zézé répondit au vendeur qui lui demandait ce qu'il avait reçu de son père à Noël: «Rien, le pauvre. Il n'a toujours pas de travail, vous savez.»?

_____

_____

_____

18. Que signifie ce passage du 9ᵉ paragraphe: «Il semblait vouloir dire quelque chose sans y parvenir.»?

_____

_____

19. Quels sentiments animent l'enfant lorsqu'il se met à «courir jusqu'à la maison»?

_____

20. Quel sentiment traduit le bref portrait du père tracé par Zézé dans le 10ᵉ paragraphe?

_____

21. Quel extrait de ce même paragraphe montre que, malgré sa misère, le père avait le souci de son fils?

_____

22. Quel geste du père, décrit au 11ᵉ paragraphe, signifie à l'enfant qu'il n'avait rien perdu de l'affection de son père?

_____

23. Dans le 11ᵉ paragraphe, par quelle phrase le père exprime-t-il à son fils son désir de le voir souffrir beaucoup moins?

_____

_____

24. Comment expliquez-vous la réponse de Zézé: «Je ne voulais pas, papa... Je ne voulais pas dire... ça.»?

_____

25. Quels propos du père sont alors destinés à rassurer l'enfant?

_____

26. Pour se faire plus rassurant encore, quel geste posa le père?

_____

27. Quel est le sens de cet extrait du 12e paragraphe: «J'avais peur que, si je ne le faisais pas, ces yeux me suivent la vie entière.»?

_____

_____

28. Dans le 13e paragraphe, comment Zézé dit-il que ses propos du matin n'avaient aucunement terni son affection pour son père?

_____

_____

29. À la fin du texte, quelle phrase du père traduit la tendresse qu'il éprouve pour son fils?

_____

B **La grammaire de la phrase et du texte**

1. Pourquoi, n'y a-t-il pas un tiret au début de la 2e ligne du texte?

_____

_____

2. Dans le premier passage dialogué du texte, qui parle le premier?

_____

3. À quoi servent les guillemets utilisés au début de la 2e ligne et à la fin de la 4e?

_____

4. À quel registre de langue appartient cette interrogation: «Je ne te l'avais pas dit?»

_____

Trouvez un autre exemple dans le 6e paragraphe.

_____

5. Pourquoi la phrase suivante: «Quel malheur d'avoir un père pauvre!» est-elle suivie d'un point d'exclamation?

_____

6. Quelle est la valeur des points de suspension dans la phrase: «Papa... Papa...»

_____

7. Dans les 9ᵉ, 10ᵉ et 11ᵉ paragraphes, relevez un exemple illustrant le type de phrase demandé:

a) une phrase impérative;

_____

b) une phrase déclarative;

_____

c) une phrase interrogative;

_____

d) une phrase déclarative négative;

_____

e) une phrase impérative;

_____

f) une phrase impérative négative.

_____

LE DISCOURS RAPPORTÉ

On entend par **discours rapporté** tous les éléments qui, dans un texte, ne sont pas de l'auteur lui-même. Il peut s'agir d'un **mot** emprunté à une **langue étrangère**, d'une **citation**, d'un **monologue**, d'un **dialogue**, etc.

Dans un **conte**, un **récit** ou un **roman**, le discours rapporté peut prendre principalement deux formes: le **discours direct** et le **discours indirect**.

I. Le discours direct

Le **discours direct** reproduit _____, c'est-à-dire telles qu'elles ont été prononcées.

On reconnaît le discours direct aux indices suivants:

a) les paroles sont annoncées par un _____ (**dire, ajouter, s'écrier, s'exclamer, demander, répliquer, murmurer**, etc.) _____;

b) les paroles sont encadrées par _____;

c) les paroles, à partir de la deuxième réplique, sont précédées _____ qui

indique _____.

Exemple: _____

_____

_____

_____

1) Dans un dialogue, les guillemets ne sont pas toujours utilisés. Ils sont parfois remplacés par des tirets placés dès le début de la conversation.

   Exemple: Il reprit d'une voix tellement faible qu'on l'entendait à peine:
   – L'identité a donc été constatée?
   – Quelle identité? répondit l'avocat. [...]
   – C'est donc une femme?
   – Mais sûrement. La fille Limosin. De quoi parlez-vous donc?
   – De rien. [...] (Victor Hugo, *Les Misérables*)

2) Le **verbe introducteur** est **permutable**. Il peut **précéder** les paroles, être **intercalé** dans le discours (**phrase incise**) ou **suivre** les paroles.

   Exemples: _____

   _____

   _____

3) Parfois, le verbe introducteur ne figure pas du tout dans le discours rapporté direct.

   Exemple: _____

II. Le discours indirect

Dans le **discours indirect**, les paroles ne sont plus rapportées telles qu'elles ont été prononcées, mais sous la forme_____.

Le message constitue_____.

Observez les deux exemples suivants.
Ma sœur répliqua à son amie: «Je n'ai que faire de tes conseils.» (discours direct)
Ma sœur répliqua à son amie qu'elle n'avait que faire de ses conseils.» (discours indirect)

Quelles remarques faites-vous concernant

a) le verbe introducteur? _____.

b) les deux-points? _____

_____.

c) les guillemets? _____.

d) le pronom personnel «je»? _____.

e) l'adjectif possessif «tes»? _____.

f) le temps du verbe avoir? _____.

À la suite de ces observations, dites quels éléments de la phrase changent lorsque l'on passe du discours direct au discours indirect.

_____

N.B. Dans le discours indirect:

1) le **présent** est remplacé par l'**imparfait**;

   Exemple: **Je lui ai dit: «Ma mère m'appelle.»** ⇒ _____

2) le **passé composé** est remplacé par le **plus-que-parfait**;

   Exemple: **Il s'écria: «J'ai raté la cible.»** ⇒ _____

3) le **futur simple** est remplacé par le **conditionnel**;

   Exemple: **Elle a dit: «Je viendrai s'il fait beau.»** ⇒ _____

   _____

4) l'**impératif** est remplacé par l'**infinitif** ou plus rarement par le **subjonctif**;

   Exemple: **Mon ami m'a dit: «Viens jouer.»** ⇒ _____

5) les **pronoms personnels** et les **déterminants possessifs varient** selon la personne qui rapporte les paroles et selon le destinataire.

   Exemples: **Je t'ai dit: «Je m'en vais.»** ⇒ _____

   Tu m'as dit: «Mon frère viendra.» ⇒ _____

   Il lui a dit: «Mon père part ce soir.» ⇒ _____

   _____

EXERCICES

 A Composez un court récit d'une trentaine de lignes environ sur un sujet de votre choix dans lequel vous ferez parler deux personnages au discours direct. Veillez à utiliser correctement les deux-points, les guillemets et les tirets.
Donnez un titre à votre texte.

_____

_____

_____

_____

_____

_____

_____

_____

_____

_____

_____

_____

_____

_____

_____

_____

_____

_____

_____

_____

_____

_____

_____

_____

_____

_____

_____

B Dans le dialogue que vous venez d'écrire, choisissez dix répliques et transformez-les en discours indirect.

1. _____

2. _____

3. _____

4. _____

5. _____

6. _____

7. _____

8. _____

9. _____

10. _____

EXERCICE DE STYLE: LE VERBE VOIR

Dans chacune des phrases suivantes, remplacez le verbe **voir** (ou son participe passé) par un équivalent plus précis choisi dans le tableau suivant.

> assisté à / comprends / contempler / inspecté / identifié / deviner / remarqué / déceler / envisager / réfléchir / aperçu / examiner / rencontrer / distingue / visité / surpris / discerne / fréquente / constater / considère

1. Miss Marple, détective habile, sait voir les moindres indices. _____

2. Je vois bien ce que tu veux dire. _____

3. Les policiers sont venus voir les dégâts causés par cet incendie. _____

4. Vos yeux me laissent voir vos sentiments. _____

5. J'ai vu ma chienne qui courait dans l'obscurité. _____

6. Hier, nous avons vu un film comique. _____

7. Cet été, la famille a vu plusieurs villes du Québec. _____

8. Ce misanthrope ne voit personne. _____

9. Elle n'a pas vu les erreurs que contenait son texte. _____

10. Je vais voir, je te promets une réponse à ta proposition demain. _____

11. Dans la pénombre, elle ne voit pas bien les gens. _____

12. En automne, j'aime voir les couleurs des feuillus québécois. _____

13. Le daltonien voit mal certaines couleurs. _____

14. Le savant a clairement vu la cause du phénomène observé. _____

15. Notre représentante a plusieurs clientes à voir tous les jours. _____

16. Il faut voir l'avenir avec optimisme. _____

17. Elle a vu le voleur en train de commettre son larcin. _____

18. L'architecte a vu les travaux il y a deux jours. _____

19. Depuis sa maladie, cet homme voit la vie comme un don du ciel. _____

20. Elle voulait voir le projet avant de s'engager. _____

LEXIQUE: LE CHAMP LEXICAL

> On entend par CHAMP LEXICAL l'ensemble des MOTS qui, tout en étant de radicaux diffé-
> rents, relèvent d'un DOMAINE commun. Il existe, par exemple, un champ lexical de l'aviation,
> de la photographie, de l'automobile, etc.

Dans le texte *Le Noël de Zézé*, p. 153, relevez environ une douzaine de mots appartenant au champ
lexical de la «souffrance».

1. _____

2. _____

3. _____

4. _____

5. _____

6. _____

7. _____

8. _____

9. _____

10. _____

11. _____

12. _____

13. _____

SAUVETAGE

1   Tout à coup, le batelet chavire; je vis le batelier essayer de nager; mais il s'y prenait mal. «Ce maladroit va se noyer», me dis-je. J'eus quelque idée de me jeter à l'eau; mais j'ai quarante-sept ans et des rhumatismes; il faisait un froid piquant. «Quelqu'un se jettera de l'autre côté», pensai-je.

2   Je regardais malgré moi. L'homme reparut sur l'eau; il jeta un cri. Je m'éloignai rapidement: «Ce serait trop fou à moi aussi! me disais-je; quand je serai cloué dans mon lit, avec un rhumatisme aigu, qui viendra me voir? qui songera à moi? Je serai seul à mourir d'ennui, comme l'an passé. Pourquoi cet animal se fait-il marinier sans savoir nager? D'ailleurs son bateau était trop chargé.»

3   Je pouvais être déjà à cinquante pas de la Seine, j'entends encore un cri du batelier qui se noyait et demandait du secours. Je redoublai le pas: «Que le diable l'emporte!» me dis-je; et je me mis à penser à autre chose. Tout à coup je me dis: «Lieutenant Louaut (je m'appelle Louaut), tu es un misérable; dans un quart d'heure, cet homme sera noyé, et toute ta vie tu te rappelleras son cri. – Misérable! misérable! dit le parti de la prudence, c'est bientôt dit; et les soixante-sept jours que le rhumatisme m'a retenu au lit l'an passé?… Que le diable l'emporte! Il faut savoir nager quand on est marinier.»

4   Je marchais fort vite vers l'École militaire. Tout à coup une voix me dit: «Lieutenant Louaut, vous êtes un lâche!» Ce mot me fit ressauter. «Ah! ceci est sérieux», me dis-je; et je me mis à courir vers la Seine. En arrivant au bord, jeter habit, bottes et pantalon ne fut qu'un mouvement. J'étais le plus heureux des hommes. «Non, Louaut n'est pas un lâche, non, non!» me disais-je à haute voix.

5   Le fait est que je sauvai l'homme, sans difficulté, qui se noyait sans moi. Je le fis porter dans un lit bien chaud; il reprit bientôt la parole.

6   Alors je commençai à avoir peur pour moi. Je me fis mettre, à mon tour, dans un lit bien chauffé, et je me fis frotter tout le corps avec de l'eau de vie et de la flanelle. Mais en vain; tout cela n'a rien fait, le rhumatisme est revenu; à la vérité, pas aigu comme l'an passé. Je ne suis pas trop malade; le diable, c'est que personne ne venant me voir, je m'ennuie ferme. […]

7   Qu'est-ce qui m'a fait faire cette belle action? Ma foi, c'est la peur du mépris, c'est cette voix qui me dit: Lieutenant Louaut, vous êtes un lâche! Ce qui me frappa, c'est que la voix, cette fois-là ne me tutoyait pas. Vous êtes un lâche! Dès que j'eus compris que je pouvais sauver ce maladroit, cela devint un devoir pour moi. Je me serais méprisé moi-même, si je ne me fusse jeté à l'eau.

STENDHAL, *Correspondance*

1. Quel est l'idée dominante du texte? /3

_____

_____

2. Quels sont les personnages du récit? /2

_____

3. Pourquoi le narrateur ne décrit-il pas le batelier? /3

_____

_____

4. Quels sont les caractéristiques physiques du lieutenant Louaut? /4

_____

5. À quoi comprend-on, dès le début, que le lieutenant Louaut avait mauvaise conscience? /6

a) _____

b) _____

c) _____

6. Où se déroule l'action? À quel moment? Citez un extrait pour justifier vos réponses. /4

_____

_____

7. Deux arguments principaux ont empêché le narrateur de voler au secours du marinier? Lesquels? /4

_____

_____

8. Quel trait de caractère traduisent ces arguments? /2

_____

9. Que reproche le narrateur au batelier en difficulté? /4

a) _____

b) _____

10. Qu'est-ce qui le porta à changer d'idée à l'égard du marinier? /2

_____

11. Selon vous, le lieutenant Louaut était-il suffisamment préparé pour un tel sauvetage? /2

_____

12. Quel passage du 4ᵉ paragraphe confirme que le narrateur avait la conscience /2
tracassée tant qu'il n'avait rien fait pour sauver le batelier?

_____

13. Quelle phrase du dernier paragraphe laisse entendre que le remords aurait rongé /2
la vie du lieutenant s'il n'avait pas sauvé celle du marinier?

_____

14. Donnez un titre à chacune des parties du texte mentionnées ci-dessous. /8

Paragr. 1 et 2: _____

Paragr. 3: _____

Paragr. 4: _____

Paragr. 5 et 6: _____

15. Ce récit vous semble-t-il vraisemblable? /2

_____

_____

B La grammaire de la phrase et du texte

1. Justifiez les signes de ponctuation en gras dans les extraits suivants. /6

a) «Ce maladroit va se noyer**»,** me dis-je.

_____

_____

b) qui viendra me voir**?** qui songera à moi**?**

_____

c) Tout à coup, je me dis**:** «Lieutenant Louaut […]»

_____

_____

d) «Lieutenant Louaut, vous êtes un lâche**!**»

_____

e) Ah**!** ceci est sérieux» […]

_____

2. Quel sentiment traduit chacune des phrases exclamatives ci-dessous? /8

a) «Ce serait trop fou à moi aussi!» _____

b) «Que le diable l'emporte!» _____

c) «Lieutenant Louaut, vous êtes un lâche!» _____

d) Non, Louaut n'est pas un lâche, non, non!» _____

3. a) Relevez le 2ᵉ discours rapporté dans le 1ᵉʳ paragraphe. /9

_____

b) Quel est le verbe introducteur?

_____

c) Où est-il placé?

_____

d) Quelle remarque faites-vous quant à la ponctuation qui l'accompagne?

_____

e) Quelles sont les autres positions possibles du verbe introducteur?

_____

_____

f) Quels sont alors les signes de ponctuation utilisés dans le premier cas? dans le second?

_____

_____

g) Maintenant, écrivez le 2ᵉ discours rapporté dans le 1ᵉʳ paragraphe en déplaçant deux fois le verbe introducteur.

1) _____

2) _____

4. Écrivez au discours indirect les phrases suivantes.   /4

a) «Ce maladroit va se noyer», me dis-je.

_____

b) Quelqu'un se jettera de l'autre côté», pensai-je.

_____

5. Identifiez chacun des groupes de mots soulignés ci-dessous.   /13
   Indiquez-en la fonction.

a) J'eus quelque idée de me jeter à l'eau; […]   _____

b) «Ce serait trop fou à moi aussi!»   _____

c) […] quand je serai cloué dans mon lit […]   _____

d) Je serai seul à mourir d'ennui […]   _____

e) Pourquoi cet animal se fait-il marinier […]?   _____

f) […] J'entends encore un cri du batelier […]   _____

g) […] et je me mis à penser à autre chose.   _____

h) […] que le rhumatisme m'a retenu au lit l'an passé? _____

_____

i) «Lieutenant Louaut, vous êtes un lâche!»   _____

j) Je ne suis pas trop malade; […]   _____

k) Qu'est-ce qui m'a fait faire cette belle action?   _____

l) La voix cette fois-là ne me tutoyait pas.   _____

C Le lexique

Donnez l'antonyme de chacun des mots suivants. Toutes les fois que cela est possible, utilisez un préfixe de sens négatif ou, s'il existe, supprimez-le.

/10

a) maladroit _____

b) m'éloignai _____

c) rapidement _____

d) fou _____

e) chargé _____

f) prudence _____

g) lâche _____

h) heureux _____

i) haute _____

j) mépris _____

LA PHRASE EMPHATIQUE

Une **phrase** dont l'un ou l'autre des éléments est mis en **relief** est une **phrase emphatique**. Tous les types de phrase (déclaratif, interrogatif et exclamatif), sauf le type impératif, peuvent prendre la forme emphatique.

La mise en relief est caractérisée par le **déplacement** de l'élément de la phrase à mettre en évidence, par la **permutation** de deux de ses constituants ou par l'**addition** d'un **marqueur**.

– La mise en relief par déplacement

Dans la phrase, il suffit que l'un des éléments (le sujet, le verbe, le complément, l'attribut) ne soit pas à la place habituelle pour qu'il soit mis en relief. Ainsi, l'élément à mettre en relief peut être:

a) _____ et séparé (le plus souvent) _____ ;

   Exemple: **Nous irons danser ce soir.**   ⇒ _____

b) _____ et _____ ;

   Exemple: **J'ai déjà lu ce roman.**   ⇒ _____

c) _____ , _____ et _____ .

   Exemple: **J'ai déjà lu ce roman.**   ⇒ _____

N.B. Si le mot à mettre en évidence est un groupe prépositionnel complément de verbe dont le noyau est la préposition **de**, il peut être repris par le pronom **en**.

   Exemple: **On ne peut douter de sa bonne foi.** ⇒ _____

– La mise en relief par permutation

La **mise en relief** peut aussi s'effectuer _____.

Exemples: _____

_____

_____

– La mise en relief par un marqueur

Ce procédé consiste à placer en tête de la phrase _____ ou _____ à mettre

en évidence et à _____: **c'est (ce sont)... qui, c'est (ce sont)... que**.

Peuvent ainsi être mis en évidence le Suj. V., l'Attr. Suj., le Compl. N., les Compl. V., le Compl. P.

Exemples: _____

_____

_____

Remarques

1) Le marqueur **c'est... qui** sert à mettre en relief le GNS; le marqueur **c'est... que** sert à mettre en relief le Compl. D. V., le Compl. I. V., le Compl. N., l'Attr. Suj., le Compl. P.

2) D'autres marqueurs servent à mettre en relief le sujet (**ce qui... c'est**) et le complément direct (**ce que... c'est**). Dans ce cas, le groupe de mots à mettre en relief, suivi d'une virgule, est rejeté à la fin de la phrase.
Exemples: _____

_____

3) La **phrase emphatique** peut également prendre la **forme négative**.

Exemples: _____

_____

EXERCICES

A Par **déplacement**, avec pronom de reprise ou non, ou par **permutation**, **transformez** les phrases suivantes de façon à mettre en évidence chacun des groupes soulignés.

1. Une odeur douceâtre se répand <u>dans la pièce</u>.

_____

2. <u>Les spectateurs</u> arrivaient par <u>petits groupes</u>.

_____

_____

3. Trois jeunes, <u>vêtus de façon criarde</u>, pénétrèrent <u>dans la salle</u>.

_____

_____

4. Un paysage magnifique s'offrait à notre vue.

_____

5. Sylvie a gagné ce championnat.

_____

_____

6. Tout le groupe a visité la Gaspésie cet été.

_____

_____

7. Nous n'avons jamais entendu parler de cette grotte.

_____

8. Je ne saurais admettre de tels comportements.

_____

9. Ces gens croient tout savoir.

_____

10. On reconnaît ses vrais amis dans le malheur.

_____

_____

B Soit les phrases suivantes. **Transformez** chacune d'elles en phrase déclarative (neutre), en **effaçant** le marqueur d'emphase.

Exemple: **C'est à mon amie que je confierai ce secret.**
Je confierai ce secret à mon amie.

1. C'est le Canada qui a remporté le plus de médailles.

_____

2. C'est aux Jeux du Québec qu'elle s'est distinguée pour la première fois.

_____

3. Ce que j'ai constaté, c'est ta vivacité à réagir.

_____

4. C'est dans la forêt que l'on a retrouvé l'enfant disparu.

_____

5. C'est de la Côte-Nord que vient ma meilleure amie.

_____

6. C'est à l'école que je l'ai rencontrée.

_____

7. Ce qui m'enchante, c'est la délicatesse de ta remarque.

_____

8. C'est avec tendresse qu'il me serra contre lui.

_____

9. C'est à la campagne que vivent mes grands-parents.

_____

10. C'est à son père que l'enfant destinait le cadeau.

_____

11. C'est la pluie qui a tout gâché.

_____

12. Ce qui lui crevait le cœur, c'était la tristesse de son père.

_____

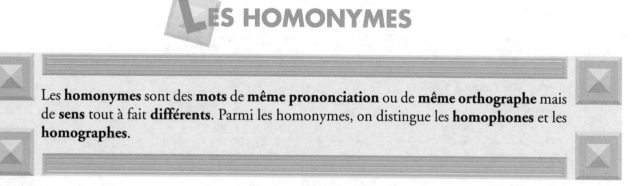

LES HOMONYMES

Les **homonymes** sont des **mots** de **même prononciation** ou de **même orthographe** mais de **sens** tout à fait **différents**. Parmi les homonymes, on distingue les **homophones** et les **homographes**.

Les **homophones** sont des mots qui **se prononcent** exactement de la **même façon**, tout en étant de **sens différents**.

Exemples: **balai** _____ _____ _____ _____

      sot _____ _____ _____

      sort _____ _____ _____

Les **homographes** sont des mots qui **s'écrivent** exactement de la **même façon**, tout en étant de **sens différents**.

Exemples: _____

_____

_____

_____

EXERCICE

Voici quatre séries d'homophones. Faites entrer chacun d'eux dans une phrase de votre cru. Recourez au dictionnaire, au besoin.

a) air / aire / ère / erre / ers / hère

_____

_____

_____

_____

_____

b) cour / cours / courent / court

_____

_____

_____

c) mon / mont / m'ont

_____

_____

_____

d) ces / c'est / ses / sais / s'est

_____

_____

_____

_____

EXERCICE DE STYLE: LE VERBE METTRE

Dans chacune des phrases suivantes, remplacez le verbe **mettre** (ou son participe passé) par un terme plus précis, choisi dans le tableau suivant.

> _versés / confrontés / inscrite / consacré / étalé / imputé à / passer / coiffer / appuyé / fondé / rétablir / déposer / jeter / apposé / relégué / traduirai / semé / économiser / brisée / placarder_

1. Le petit tailleur avait mis de la crème sur sa tartine.   _____

2. La locataire a mis sa signature sur le bail.   _____

3. Il a mis toutes ses espérances sur ce projet.   _____

4. Le nouveau a mis la discorde dans le groupe.   _____

5. Marie a mis beaucoup de temps à ce travail.   _____

6. Il ne faut pas mettre de l'huile sur le feu.   _____

7. «Attends, dit-elle, je vais mettre ma jupe.»   _____

8. Je mettrai cette lettre en anglais.   _____

9. Cette électrice n'a pas été mise sur la liste.   _____

10. L'ouvrier a mis une échelle contre le mur.   _____

11. Les journaux ont mis cet événement au second plan.   _____

12. Cet avare refuse de mettre son argent à la banque. _____

13. Elle a préféré mettre un bonnet de laine. _____

14. Cette statue a été mise en pièces par des vandales. _____

15. Les deux contestataires seront mis en présence. _____

16. Ce dépensier n'arrive pas à mettre de l'argent de côté. _____

17. Il a mis sa maladresse sur le compte de la fatigue. _____

18. Je vais mettre l'affiche que j'ai réalisée sur le mur de ma classe. _____

19. Des documents nouveaux ont été mis au dossier. _____

20. Personne n'a réussi à mettre la paix entre les belligérants. _____

LEXIQUE

Pour reprocher à Zézé d'avoir agi durement envers son père, Totoca le traite de «sans cœur». Trouvez dans le dictionnaire la signification des expressions soulignées qui contiennent toutes le mot «CŒUR».

1. Depuis notre dernière dispute, j'ai le cœur gros.

   _____

2. J'ai aidé ma cousine de tout cœur.

   _____

3. Rien ne l'ébranle: il prend les choses d'un cœur léger.

   _____

4. Vous me rendrez ce service, si le cœur vous en dit.

   _____

5. Depuis cet accident, le malheureux éclopé n'a plus le cœur à rire.

   _____

6. Valérie prend à cœur son travail auprès des jeunes.

   _____

7. Les enfants, heureux, se sont livrés à ces activités à cœur joie.

   _____

8. Cet homme au cœur de pierre est resté impassible.

   _____

9. Cette femme réagit toujours avec l'intelligence du cœur.

   _____

10. Tous ceux qui la connaissent disent qu'elle <u>a le cœur sur la main</u>.

_____

11. Malgré sa réputation de dur, il n'a pas <u>eu le cœur</u> de s'attaquer à cet innocent.

_____

12. Très motivée, cette employée <u>met du cœur à l'ouvrage</u>.

_____

13. Mes parents et moi, nous avons discuté <u>à cœur ouvert</u>.

_____

14. Elle a médit de moi. Je veux <u>en avoir le cœur net</u>.

_____

15. Vraiment, mon amie, tes propos <u>me sont allés droit au cœur</u>.

_____

16. Il faut toujours <u>faire contre mauvaise fortune bon cœur</u>.

_____

LE PRONOM DÉMONSTRATIF

Le **pronom démonstratif**, comme la plupart des pronoms, **remplace** généralement un **nom**, qui le précède dans la phrase, appelé **antécédent** du pronom. Dans ce cas, il est dit pronom **référent**. Lorsqu'il ne remplace aucun mot exprimé, c'est-à-dire qu'il n'a pas d'antécédent, le pronom est **nominal**.

Le **pronom démonstratif** peut être **simple** ou **renforcé** au moyen des adverbes **ci** et **là**.

Les formes du pronom démonstratif

Le **pronom démonstratif** peut prendre différentes formes que présente le tableau suivant.

LES FORMES DU PRONOM DÉMONSTRATIF					
	SINGULIER		**PLURIEL**		
	Masc.	Fém.	Neutre	Masc.	Fém.
Formes simples	celui	celle	ce (c')	ceux	celles
Formes renforcées	celui-ci	celle-ci	ceci	ceux-ci	celles-ci
	celui-là	celle-là	cela (ça)	ceux-là	celles-là

L'accord du pronom démonstratif

Le pronom démonstratif prend _____, et selon le sens, _____

_____.

Exemple: _____

N.B. 1) Les **formes simples celui**, **celle** et leur **pluriel** ne peuvent s'employer seules. Elles doivent être suivies:

    a) soit _____ ;

      Exemple: _____

    b) soit _____ .

      Exemple: _____

2) Les **formes renforcées** et le neutre **ce** peuvent être employés seuls.

    Exemples: _____

    _____

3) Les pronoms démonstratifs renforcés avec **ci** marquent _____ tandis que ceux qui sont renforcés avec **ça** marquent _____.

    Exemple: _____

    _____

4) **Ceci** s'emploie pour désigner _____ ; **cela**, _____.

    Exemples: _____

    _____

5) Les pronoms démonstratifs **ce** et **ça** servent, dans la phrase, à annoncer ou à reprendre une information.

    Exemple: _____

N.B. Le pronom démonstratif **ça** s'emploie en **langage familier**.

6) Employés **sans antécédent**, les pronoms démonstratifs ont un sens vague et désignent

_____.

    Exemple: _____

Les fonctions du pronom démonstratif

Le **pronom démonstratif** a les mêmes fonctions que le GN:

LES FONCTIONS DU PRONOM DÉMONSTRATIF	
FONCTIONS	**EXEMPLES**
a) **Suj. V.**	
b) **Attr. Suj.**	

LES FONCTIONS DU PRONOM DÉMONSTRATIF

FONCTIONS	EXEMPLES
c) Attr. Compl. D.	
d) Compl. N.	
e) Compl. Adj.	
f) Compl. Pron.	
g) Compl. D. V.	
h) Compl. I. V.	
i) Compl. Ag.	
j) Compl. P.	

EXERCICES

A Dans les phrases suivantes, remplacez le mot entre parenthèses par le pronom démonstratif convenable.

Exemple: Nos enfants sont aussi jeunes que (les enfants) de la voisine.   <u>ceux</u>

1. J'ai abandonné ce projet; (ce projet) ne m'intéresse plus. _____

2. Mes opinions sont contraires (aux opinions) de mon amie. _____

3. J'ai terminé ma recherche; (ma recherche) a été laborieuse. _____

4. Le toast a été porté à sa santé et à (la santé) des siens. _____

5. Pierre et Paul sont de grands copains: (Paul) est jovial,

    (Pierre) est plutôt taciturne. _____

6. Il a présenté sa candidature. (Sa candidature) a été retenue. _____

7. L'assemblée partage ce point de vue car (ce point de vue) est éclairé. _____

8. J'approuve ton attitude et (l'attitude) de ton amie. _____

9. Ce comportement étrange est (le comportement) d'un illuminé. _____

10. Cette dame prend soin de ses enfants et (des enfants) de sa sœur. _____

11. Je me fie toujours aux avis de mon père et (aux avis) de ma mère. _____

12. Notre chienne est (la chienne) qui a la queue coupée. _____

13. J'ai lu le roman que tu m'as choisi; (ce roman) m'a fasciné. _____

14. Aucun paysage n'est comparable (aux paysages) de la Gaspésie. _____

15. J'ai revu Josée et Annie. (Annie) est demeurée la même;

    (Josée) a bien changé. _____

B Maintenant, transcrivez les pronoms que vous avez utilisés à l'exercice précédent et précisez la fonction de chacun.

Exemple: **ceux**   Compl. Adj.
                          _____

1. _____   _____
2. _____   _____
3. _____   _____
4. _____   _____
5. _____   _____

    _____   _____

6. _____   _____
7. _____   _____
8. _____   _____
9. _____   _____
10. _____   _____
11. _____   _____
12. _____   _____
13. _____   _____
14. _____   _____
15. _____   _____

    _____   _____

LES PARONYMES (1)

Les **paronymes** sont des **mots** très **proches** par la **forme**, par l'**orthographe** ou la **sonorité** et très **différents** par le **sens**.

EXERCICE

Utilisez chacun des paronymes suivants dans une courte phrase qui en précise le sens. Recourez au dictionnaire, au besoin.

1. collision / collusion

   a) _____

   b) _____

2. conjecture / conjoncture

    a) _____

    b) _____

3. colorer / colorier

    a) _____

    b) _____

4. consommer / consumer

    a) _____

    b) _____

5. effraction / infraction

    a) _____

    b) _____

6. éminent / imminent

    a) _____

    b) _____

7. exalter / exulter

    a) _____

    b) _____

8. explicite / implicite

    a) _____

    b) _____

9. stade / stage

    a) _____

    b) _____

10. officiel / officieux

    a) _____

    b) _____

LEXIQUE

En tenant compte du contexte, *Le Noël de Zézé*, p. 153, trouvez dans le dictionnaire le sens qui convient à chacun des mots ci-dessous.

1. Si (paragr. 1, ligne 4)

_____

2. déception (paragr. 2, ligne 1)

_____

3. haine (paragr. 3, ligne 1)

_____

4. révolte (paragr. 3, ligne 1)

_____

5. tristesse (paragr. 3, ligne 1)

_____

6. me contenir (paragr. 3, ligne 1)

_____

7. galoches (paragr. 4, ligne 1)

_____

8. anéantis (paragr. 4, ligne 6)

_____

9. marmot (paragr. 7, ligne 4)

_____

10. accoudé (paragr. 10, ligne 3)

_____

11. rancœur (paragr. 10, ligne 6)

_____

12. couvrirent (paragr. 11, ligne 4)

_____

13. émotif (paragr. 11, ligne 6)

_____

14. brouillée (paragr. 12, ligne 5)

_____

15. émotion (paragr. 12, ligne 5)

_____

UN COURAGE HÉROÏQUE

Saint-Exupéry évoque l'exploit de son camarade, le pilote Guillaumet, tombé en panne dans les Andes et qui s'en sortira grâce à une volonté presque surhumaine.

1 Je t'apercevais, au cours de ton récit nocturne, marchant sans piolet, sans cordes, sans vivres, escaladant des cols de quatre mille cinq cents mètres, ou progressant le long des parois verticales, saignant des pieds, des genoux et des mains, par quarante degrés de froid. Vidé peu à peu de ton sang, de tes forces, de ta raison, tu avançais avec un entêtement de fourmi, revenant sur tes pas pour contourner l'obstacle, te relevant après les chutes, ne t'accordant aucun repos, car tu ne te serais pas relevé du lit de neige. [...]

2 Tu résistais aux tentations. «Dans la neige, me disais-tu, on perd tout instinct de conservation. Après deux, trois, quatre jours de marche, on ne souhaite plus que le sommeil. Je le souhaitais. Mais je me disais: Ma femme, si elle croit que je vis, croit que je marche. Ils ont tous confiance en moi. Et je suis un salaud si je ne marche pas.»

3 Et tu marchais, et, de la pointe du canif, tu entamais, chaque jour un peu plus, l'échancrure de tes souliers, pour que tes pieds, qui gelaient et gonflaient, y pussent tenir. [...]

4 Une fois cependant, ayant glissé, allongé à plat ventre dans la neige, tu renonças à te relever. Tu étais semblable au boxeur qui, vidé tout à coup de toute passion, entend les secondes tomber une à une dans un univers étranger, jusqu'à la dixième qui est sans appel. [...]

5 Les remords vinrent de l'arrière-fond de ta conscience. «Je pensais à ma femme. Ma police d'assurance lui épargnerait la misère. Oui, mais l'assurance...»

6 Dans le cas d'une disparition, la mort légale est différée de quatre années... Tu le savais. Mais tu savais aussi qu'un rocher émergeait à cinquante mètres devant toi. «J'ai pensé: si je me relève, je pourrai peut-être l'atteindre. Et si je cale mon corps contre la pierre, l'été venu, on le retrouvera.»

7 Une fois debout, tu marchas deux nuits et trois jours. [...] «Ce qui sauve, c'est de faire un pas. Encore un pas. C'est toujours le même pas que l'on recommence... Ce que j'ai fait, je le jure, jamais aucune bête ne l'aurait fait.»

Antoine de SAINT-EXUPÉRY, *Terre des Hommes*
© Gallimard

L'étude du texte

1. Quels indices laissent croire que, dans ce récit, le narrateur et l'auteur se confondent? /2

_____

2. Quels indices, dans le texte, indiquent que l'auteur parle d'un personnage qui lui /2
   est proche?

_____

_____

3. Quelle est l'idée dominante du texte? /3

_____

4. Relevez, dans le 1er paragraphe une métaphore qui met en relief le courage de /2
   Guillaumet.

_____

5. Que signifie cette phrase: «Dans la neige, on perd tout instinct de conservation.»? /3

_____

_____

6. Quel passage du 2e paragraphe montre que le héros a le souci de protéger son /2
   image?

_____

_____

7. Selon le narrateur, à un moment donné, Guillaumet fut frappé de découragement. /2
   Citez le passage.

_____

_____

8. À qui l'auteur le compara-t-il à ce moment-là? /2

_____

_____

9. D'où Guillaumet puisa-t-il la force de se relever? /4

_____

10. Est-ce un souci d'ordre matériel ou un sentiment altruiste qui a porté Guillaumet /4
    à penser à l'argent?

_____

_____

11. Que signifie la phrase: «Dans le cas d'une disparition, la mort légale est différée /3
    de quatre années.»

_____

_____

12. «Ce que j'ai fait, je le jure, jamais aucune bête ne l'aurait fait.», affirme Guillaumet. /6
Que lui aurait-il manqué pour le faire, selon vous?

a) _____

b) _____

c) _____

13. Comment se termina son aventure? /5

_____

14. Quel passage célèbre du texte constitue un éloge de l'effort? /5

_____

B La grammaire de la phrase et du texte

1. Relevez dans le texte: /4

a) une phrase déclarative de forme affirmative;

_____

b) une phrase déclarative de forme négative;

_____

c) une phrase affirmative contenant une restriction;

_____

d) une phrase sans verbe.

_____

2. Observez la phrase suivante: «Les remords vinrent de l'arrière-fond de ta /6
conscience.». Transformez-la:

a) en phrase de forme négative;

_____

b) en phrase interrogative;

_____

c) en phrase de forme emphatique;

_____

3. À l'aide du marqueur d'emphase «C'est… que» puis, en utilisant un pronom de /4
reprise, ou par déplacement, écrivez la phrase suivante de façon à mettre en
évidence le mot ou le groupe de mots soulignés.
Tu entamais, chaque jour un peu plus, l'échancrure de tes souliers.

a) _____

b) _____

c) _____

d) _____

4. Observez les phrases de forme emphatique suivantes: /4

   a) «Ce qui sauve, c'est de faire un pas.»

   b) «C'est toujours le même pas que l'on recommence.»

Relevez les marqueurs d'emphase. Écrivez le mot ou groupe de mots mis en évidence.

   a) _____

      _____

   b) _____

      _____

5. Dans les phrases suivantes, relevez les pronoms démonstratifs et écrivez /15
l'antécédent (s'il y a lieu) et la fonction de chacun.

   a) J'observais mon camarade. Celui-ci escaladait des cols de quatre mille cinq cents mètres.

   _____

   b) Je suis celui en qui les camarades ont grande confiance.

   _____

   c) Je pensai alors à tous ceux que j'aime.

   _____

   d) Il se réveillera avant cela.

   _____

   e) Il savait qu'un rocher émergeait non loin. Il pensa pouvoir atteindre celui-ci.

   _____

6. Dans les exemples suivants, relevez les GN et les G. Prép. Identifiez chacun /12
d'eux et indiquez-en la fonction.

   a) […] te relevant après les chutes, ne t'accordant aucun repos.

   _____

   b) On perd tout instinct de conservation.

   _____

   c) […] tu marchas deux nuits et trois jours.

   _____

C Le lexique

Donnez la signification des mots et groupes de mots suivants extraits du texte. /10

   1. nocturne (Paragr. 1, ligne 1)

   _____

   2. progressant (Paragr. 1, ligne 2)

   _____

3. contourner (Paragr. 1, ligne 5)

_____

4. résistais (Paragr. 2, ligne 1)

_____

5. instinct de conservation (Paragr. 2, ligne 1)

_____

6. passion (Paragr. 4, ligne 2)

_____

7. remords (Paragr. 5, ligne 1)

_____

8. est différée (Paragr. 6, ligne 1)

_____

9. émergeait (Paragr. 6, ligne 2)

_____

10. cale (Paragr. 6, ligne 3)

_____

LES ORDINATEURS ET LA CRÉATION ARTISTIQUE

1   Les artistes et les dessinateurs de notre époque se servent d'ordinateurs pour produire des effets visuels surprenants et leurs créations commencent à se tailler une place de choix dans l'industrie, au cinéma et même dans les galeries d'art.

2   Les ordinateurs n'ont pas encore détrôné le papier, les crayons et la peinture. Mais on les utilise de plus en plus et l'on compose sans cesse de nouveaux programmes d'infographie. Ce terme désigne la réunion des techniques, méthodes et moyens utilisés pour convertir automatiquement des données recueillies sous forme graphique.

Qui utilise l'infographie?

3   Dans les années soixante, les forces armées mirent au point les premiers «graphiques sur ordinateurs», lesquels servaient à entraîner les pilotes au cours de séances de vol simulé. Dans les années soixante-dix, deux étapes importantes furent franchies: les ordinateurs à grande mémoire devinrent plus abordables, aussi bien pour l'industrie que pour les particuliers; et on fabriqua des terminaux graphiques d'ordinateur avec des écrans à plus grand pouvoir de résolution. À partir de là, l'infographie prit son essor.

4   L'industrie fut la première à adopter l'infographie. Aujourd'hui, des ordinateurs très puissants sont programmés pour créer tout ce que l'on peut imaginer, depuis des missiles nucléaires jusqu'à des circuits électriques. Ces «systèmes de conception» sont parfois associés à des «systèmes de fabrication». Dans ce cas-ci, l'ordinateur conçoit l'objet et le fabrique. Il commande aussi des foreuses, des broyeurs et d'autres machines nécessaires à la fabrication.

5   Dans le domaine scientifique, les chercheurs se servent de l'infographie pour obtenir des images d'objets qui sont trop petits pour être perçus à l'œil nu. Ainsi, un chimiste peut reproduire sur l'écran d'un ordinateur une molécule et donner des couleurs brillantes à ses différents éléments. Il peut ensuite faire tourner l'image pour l'observer sous tous ses angles.

6   Les peintres commencent à délaisser leur toile pour les écrans d'ordinateur. À Boston et à New York, il existe des studios spécialement équipés qui mettent à la disposition des artistes de grands ordinateurs. Certains musées ont déjà organisé des expositions d'œuvres réalisées sur ordinateur.

7   Les créations graphiques sur ordinateur les plus connues du grand public sont certainement celles des jeux vidéo. Il existe depuis peu des programmes pour ordinateur domestique et pour ordinateur industriel qui permettent à l'usager de «dessiner» ses propres créations et de les utiliser dans des jeux qu'il invente lui-même.

8   C'est sans doute dans les films d'animation que l'infographie trouve sa véritable vocation. À l'heure actuelle d'ailleurs, les effets spéciaux des films sont souvent conçus par des ordinateurs. Cette technique a aussi fait son apparition en publicité et à la télévision.

9 Le premier film dans la réalisation duquel l'infographie joua un rôle primordial fut TRON, produit par la société Walt Disney et sorti sur les écrans en 1982. Ce sont des ordinateurs qui dessinèrent plus des trois quarts des scènes d'arrière-plan. Le film comprend même une séquence de 15 minutes à la création de laquelle l'homme n'a pas du tout participé: les véhicules, les décors et même l'un des personnages sont l'œuvre des machines.

Peindre en pressant des touches

10 Pourquoi les artistes et les dessinateurs se tournent-ils vers les ordinateurs? Ces derniers présentent plusieurs avantages. Tout d'abord, l'artiste peut modifier le dessin et les couleurs en appuyant simplement sur une touche. Il n'a plus à gommer ou à tout recommencer.

11 De plus, les dessins que crée l'ordinateur sont tridimensionnels. Sur du papier, le dessinateur ne peut reproduire que deux dimensions, la hauteur et la largeur. Pour montrer la profondeur d'un objet ou pour le représenter sous un autre angle, il est obligé d'exécuter un second croquis. Par contre, si on fournit à l'ordinateur la taille et la forme de l'objet, il le produit sous tous ses angles. Il peut même, le cas échéant, le déformer ou le renverser sur l'écran.

12 Les ordinateurs libèrent aussi l'artiste de certains aspects fastidieux de son travail. Il n'a plus besoin d'avoir des talents de dessinateur. Il suffit d'indiquer à l'ordinateur ce que l'on désire et il dessine l'objet correspondant aux spécifications données.

13 L'un des grands avantages de l'animation par ordinateur est l'économie de temps et de travail. Supposez, par exemple, qu'un personnage doive avancer d'un pas. Pour que le mouvement paraisse naturel, il doit être décomposé en un grand nombre d'impressions sur la pellicule. Chacune correspond à une photographie inanimée mais lorsqu'on les fait défiler les unes après les autres à une certaine vitesse, on obtient l'effet de mouvement continu. Dans les films d'animation réalisés de façon classique, chaque cadrage doit être exécuté séparément. Par contre, si l'on se sert d'un ordinateur, il suffit de composer le personnage exécutant le premier pas et le dernier. L'ordinateur prendra soin de toutes les étapes intermédiaires.

Comment l'ordinateur dessine-t-il?

14 L'écran d'un ordinateur se compose d'une multitude de petits carrés, le tout ressemblant à une feuille de papier quadrillé. Ces carrés sont des points électroniques appelés pixels. En utilisant différents programmes, l'artiste indique à l'ordinateur quels pixels il doit allumer et lesquels il doit éteindre. C'est ainsi que l'on obtient des graphiques sur ordinateur.

15 Certains écrans, comme ceux utilisés pour réaliser TRON, comprennent des millions de pixels minuscules, ce qui permet d'obtenir des images très détaillées. D'autres, comme ceux des ordinateurs domestiques, en possèdent beaucoup moins; les images sont alors moins précises.

16 Lorsqu'un artiste se sert d'un ordinateur, il peut choisir entre plusieurs méthodes pour que les pixels s'allument. Il peut introduire ses instructions dans l'ordinateur en les tapant sur le clavier du terminal. Ce procédé est long, car il faut fournir des données pour chaque pixel qui doit s'allumer.

17 Une méthode beaucoup plus rapide consiste à utiliser un crayon lumineux. C'est un dispositif électronique qui est raccordé à l'ordinateur. Il suffit de déplacer le crayon sur l'écran qui s'éclaire là où il a été touché. L'artiste peut aussi colorier son dessin. Il dessine, par exemple, le contour d'une pomme, la queue du fruit et les feuilles. Il choisit ensuite une couleur sur la «palette» de l'ordinateur, appuie sur la touche correspondante, et voilà... la pomme est devenue toute rouge! Un autre bouton, une autre couleur, et les feuilles sont vertes! S'il préfère que la pomme soit jaune, cela ne prend que quelques secondes pour appuyer sur un autre bouton et changer la couleur.

18 Les plaques à dessiner qui se branchent sur l'ordinateur fonctionnent de la même façon. L'artiste trace un dessin sur la plaque avec un crayon ordinaire, un stylo ou tout simplement ses doigts. La pression que l'instrument exerce sur la plaque se traduit en signaux électroniques qui vont exciter les pixels. Il ne reste ensuite qu'à choisir les couleurs.

19 Les ingénieurs et les dessinateurs qui désirent obtenir des images tridimensionnelles d'un objet ont à leur disposition une plaque pour «dessin dans l'espace». Celle-ci est reliée à un bras mécanique, lequel se termine par un traceur. Si on veut exécuter le croquis tridimensionnel d'un modèle réduit d'avion, il suffit de suivre avec le traceur les contours de l'engin. Chaque fois que le traceur touche ce dernier, un pixel s'allume sur l'écran de l'ordinateur. Lorsque le dessin est terminé, on peut soit l'agrandir, soit le réduire. On peut aussi modifier son orientation, ce qui est impossible sur une table à dessin ordinaire.

20 On peut programmer certains ordinateurs afin qu'ils parachèvent leurs dessins. Ils «gomment» alors les angles trop aigus, ce qui donne une représentation plus réaliste.

21 Faire du graphisme sur ordinateur est une expérience passionnante. Mais est-ce de l'art? Certains l'affirment. Après tout, l'artiste ou le dessinateur doit toujours indiquer à la machine ce qu'elle doit faire. Mais l'étape suivante ne sera-t-elle pas un ordinateur qui concevra lui-même ses compositions?

GROLIER, *Le livre de l'année 1984*
© Grolier Ltée

A L'étude du texte

1. À quoi servent les deux premiers paragraphes?

_____

2. Quelle est l'intention de l'émetteur?

_____

_____

_____

3. Après une première lecture, quelle idée vous faites-vous de l'auteur du texte?

_____

4. La définition est un des moyens couramment utilisés dans le texte explicatif.
Relevez un exemple dans le 2e paragraphe.

_____

_____

5. Quels effets recherchent les artistes et les dessinateurs qui utilisent l'ordinateur?

_____

6. En quoi consiste l'infographie?

_____

_____

7. Quel passage du début du texte laisse entrevoir que l'ordinateur finira par se substituer aux moyens traditionnels utilisés en matière de création artistique?

_____

8. À quelle époque furent mis au point les premiers «graphiques sur ordinateurs» et par qui?

_____

9. À quoi servaient-ils?

_____

10. Vers quelle époque l'infographie prit-elle son véritable essor?

_____

11. Dans quel domaine de l'activité humaine, l'infographie s'imposa-t-elle en premier lieu?

_____

12. L'auteur explique par deux raisons l'essor de l'infographie. Quelles sont-elles?

a) _____

_____

b) _____

_____

13. Relevez, dans le 4ᵉ paragraphe, divers produits que crée l'ordinateur dans l'industrie d'aujourd'hui.

_____

14. En quoi le domaine scientifique a-t-il bénéficié de l'arrivée de l'ordinateur? Donnez un exemple tiré du 5ᵉ paragraphe.

_____

_____

_____

_____

_____

15. En dehors de l'industrie et du domaine scientifique, dans quel autre domaine l'ordinateur tend-il à s'imposer? Relevez deux extraits du 6ᵉ paragraphe qui justifient votre réponse.

_____

a) _____

b) _____

_____

16. Quelles sont les créations graphiques sur ordinateur les plus répandues?

_____

17. Quelle société produisit le premier film dans lequel l'infographie joua un très grand rôle?

_____

18. Qu'est-ce qui caractérise particulièrement ce film paru en 1982?

a) _____

_____

b) _____

_____

19. Dans les 10ᵉ et 11ᵉ paragraphes, relevez les avantages qu'offre l'ordinateur aux artistes et aux dessinateurs.

a) _____

b) _____

20. Le 12ᵉ paragraphe contient deux phrases où l'auteur donne son point de vue.

a) Laquelle laisse entendre que l'auteur approuve l'utilisation de l'ordinateur dans le travail artistique?

_____

b) Laquelle semble insinuer que l'ordinateur ravit à l'artiste peintre tout son mérite?

_____

21. De quoi est formé l'écran de l'ordinateur?

_____

22. Comment l'artiste obtient-il ses graphiques sur l'ordinateur?

_____

23. Le nombre de pixels à l'écran a-t-il une quelconque influence?

_____

24. Dans les 16ᵉ et 17ᵉ paragraphes, l'auteur expose deux méthodes que peut utiliser l'artiste pour que les pixels s'allument et donne son point de vue sur chacune.
Indiquez-les une à une et aussi le point de vue de l'auteur.

a) _____

_____

b) _____

_____

25. Quels autres professionnels cités dans le texte utilisent couramment l'ordinateur.
Dans quel but?

_____

_____

26. Quel paragraphe sert de conclusion au texte? Que laisse-t-il entrevoir?

_____

_____

1. Dans les phrases suivantes, relevez les pronoms démonstratifs référents et indiquez l'antécédent de chacun.

   a) «Les créations graphiques les plus connues du grand public sont certainement celles des jeux vidéo».

   _____ _____

   b) «Certains écrans, comme ceux utilisés pour réaliser TRON, comprennent des millions de pixels minuscules[...]»

   _____ _____

2. Dans le 4ᵉ paragraphe, relevez deux exemples de discours rapporté.

   _____

3. **Observez** la phrase ci-dessous et mettez en relief par le moyen indiqué chacun des groupes de mots mentionnés.
   «L'industrie fut la première à adopter l'infographie.»

   a) L'industrie: marqueur c'est... qui;

   _____

   b) la première à adopter l'infographie: déplacement et permutation;

   _____

   c) l'infographie: déplacement avec reprise pronominale.

   _____

4. **Observez** la phrase suivante: «Il suffit de composer le premier pas et le dernier.»
   Transformez-la:

   a) en phrase déclarative négative;

   _____

   b) en phrase interrogative;

   _____

   c) en phrase interrogative négative.

   _____

5. Dans les 9ᵉ et 15ᵉ paragraphes, relevez un signe de ponctuation qui est un marqueur de relation et indiquez la relation marquée.

   a) _____

   _____

   b) _____

LE PRONOM PERSONNEL

Comme les autres pronoms, le **pronom personnel** est un substitut du GN. Il peut avoir un **antécédent** exprimé ou non.

Le **pronom personnel** sert à désigner:
a) la personne qui parle ou écrit (**1re** personne): **Je** suis gâtée par la vie.
b) la personne à qui l'on parle (**2e** personne): **Tu** n'as pas fait le travail demandé.
c) la personne de qui l'on parle (**3e** personne): **Elle** est peu bavarde.

Les pronoms de la **1re** et de la **2e** personne sont des pronoms **nominaux**; ceux de la **3e** personne sont des pronoms **référents**.

Les formes du pronom personnel

	1re personne	2e personne	3e personne
Masc. et Fém. sing.	je, me, moi	tu, te, toi	il, elle, le (l'), la (l') lui, se, soi, en*, y*
Masc. et Fém. plur.	nous	vous	ils, elles, les, se, soi eux, leur, en*, y*

_____

* **en** et **y** au sens de **de là** et de **là** sont des adverbes qui indiquent un lieu.

Les pronoms de la 1re et de la 2e personnes

Les pronoms **je, me, moi, nous, tu, te, toi, vous** ne remplacent _____. Ce sont _____ qui peuvent avoir la plupart des fonctions du GN.

a) **Je** et **tu** sont toujours _____;

   Exemples: _____

   _____

b) **me** (**m'**) et **te** (**t'**), soit _____, soit_____;

   Exemples: _____

c) **nous** et **vous** peuvent être _____, _____, _____

   Exemples: _____

   _____

1) Les formes accentuées du pronom personnel **moi**, **toi**, **lui**, **soi** et les pronoms **nous**, **vous**, **elle**, **elles**, **eux** peuvent être renforcés _____. Ce dernier

_____ auquel il doit être relié _____.

Exemples: _____

_____

2) Les formes accentuées **moi** et **toi** servent à marquer l'insistance. On les emploie:

a) _____ ;

Exemple: _____

b) _____ ;

Exemple: _____

c) _____ , etc.

Exemple: _____

Les pronoms de la 3e personne

Les **pronoms** de la **3e** personne représentent généralement des _____ ou des

_____ : ce sont des _____.

Exemple: _____

Le **pronom personnel référent** peut avoir pour antécédent:

a) _____ ;

Exemple: _____

b) _____ ;

Exemple: _____

c) _____ ;

Exemple: _____

d) _____ ;

Exemple: _____

e) _____ ;

Exemple: _____

f) _____ .

Exemple: _____

Le **pronom personnel référent** prend _____ et _____.

Exemple: _____

Si les antécédents sont de **genres différents**, le pronom qui les représente est **ils**.

Exemple: _____

LE TEXTE EXPLICATIF

1) Le **pronom le** est **neutre** lorsqu'il remplace un **adjectif,** un verbe à l'**infinitif,** une **phrase**. (Voir exemples c, e et f.)

2) Les pronoms personnels **me**, **te**, **se** sont dits _____, lorsque, employés comme _____, ils représentent _____ ou _____ _____.

   Comparez: Marie t'écoute parler.
   Marie s'écoute parler.

3) Le **pronom réfléchi soi** renvoie généralement à _____, le plus souvent, _____ (**chacun, nul,** etc.).

   Exemple: _____

4) Les **pronoms en** et **y** (aussi appelés pronoms adverbiaux) équivalent à une préposition suivie d'un pronom. Généralement, **en** peut être remplacé par _____, et **y**, par _____.

   Exemples: _____
   _____

   De plus, les pronoms **en** et **y** ne s'emploient que _____.
   Pour les êtres animés, on utilise les pronoms personnels _____, _____, _____, _____.
   Exemple: _____

5) Les **pronoms personnels** peuvent être **explétifs**, c'est-à-dire **sans valeur grammaticale**.

   Exemple: _____

   C'est aussi le cas des pronoms adverbiaux **en** et **y** que l'on retrouve dans certaines locutions comme s'**en** prendre à quelqu'un, s'**y** prendre, etc.

6) Certaines fois, le pronom **il** _____. Il fait corps avec le verbe à la forme impersonnelle.

   Exemples: _____ _____

La place du pronom personnel complément

1) Le **pronom personnel Compl. D.** se place _____, sauf si celui-ci est _____.

   Exemples: **J'ai revu mes anciennes collègues.** ⇒ _____
   _____

2) Lorsque, dans la phrase, on retrouve **deux pronoms** de la **3ᵉ personne** dont l'un est **Compl. D.** et l'autre, **Compl. I.**, ils doivent être placés comme suit:

   Compl. D + Compl. I. + V

   Exemple: _____

3) Si l'un des pronoms est de la **1ʳᵉ** ou de la **2ᵉ** personne et l'autre de la **3ᵉ**, l'ordre est le suivant:

Compl. I. + Compl. D. + V

Exemple: _____

Les fonctions des pronoms personnels référents

Les **pronoms personnels référents** peuvent avoir toutes les fonctions du GN. Les voici résumées dans le tableau suivant.

LES FONCTIONS DES PRONOMS PERSONNELS RÉFÉRENTS	
FONCTIONS	**EXEMPLES**
a) **Suj. V.**	_____
b) **Attr. Suj.**	_____
c) **Attr. Compl. D.**	_____
d) **Compl. N.**	_____
e) **Compl. Adj.**	_____
f) **Compl. Pron.**	_____
g) **Compl. D. V.**	_____
h) **Compl. I. V.**	_____
i) **Compl. Ag.**	_____
j) **Compl. P.**	_____

N.B. Le pronom personnel n'a pas la même fonction que son antécédent.

Exemple: _____

EXERCICES

A D'après le modèle indiqué, identifiez le pronom personnel référent et son antécédent.

Exemple: **Je connais Marie. À ta place, elle aurait agi autrement.**

↑ _____ ↑
GN   Pronom
Antéc.   Reprise

1. La retardataire tenait à cette place, mais nous l'avions choisie.

2. Ma tante aime bien ma compagnie. J'ai été reçue par elle hier encore.

3. Les invités sont satisfaits. Notre accueil leur a beaucoup plu.

4. Nos voisins sont de braves gens. Je les apprécie beaucoup.

5. Tous les employés ont participé à cette campagne. Chacun d'eux a contribué à son succès.

6. Ces enfants ne sont pas seuls. Je suis responsable d'eux.

7. Si ce garçon pose ce geste-là, il devra en assumer les conséquences.

8. Mes seuls amis sont elle et lui.

9. Puissants, ces ordinateurs le sont sûrement.

10. Ces carrés minuscules, on les appelle des pixels.

11. On peut programmer certains ordinateurs afin qu'ils parachèvent leurs dessins.

12. Mais est-ce de l'art? Certains l'affirment.

13. L'artiste ou le dessinateur doit toujours indiquer à la machine ce qu'elle doit faire.

14. L'informatique est, dit-on, la voie de l'avenir. Je le crois aussi.

15. As-tu remarqué ces filles? Elles se ressemblent comme deux jumelles.

B Relevez chacun des pronoms référents identifiés ci-dessus et indiquez-en la fonction.

Exemple: elle   **Suj. V.**

1. _____   _____
2. _____   _____
3. _____   _____
4. _____   _____
5. _____   _____
6. _____   _____
7. _____   _____

_____   _____
8. _____   _____

_____   _____
9. _____   _____
10. _____   _____
11. _____   _____
12. _____   _____
13. _____   _____
14. _____   _____
15. _____   _____

_____   _____

C Dans les phrases suivantes, remplacez chacun des groupes entre parenthèses par le pronom personnel convenable.

Exemple: **(Cette hypothèse) a été retenue. Il reste à la vérifier.**

1. Voici (les livres) (de ta sœur), tu _____ _____ remettras.

2. (Mes plus proches copines) sont parties. Je pense beaucoup à _____.

3. J'ai retenu (ta suggestion). J'_____ tiendrai compte.

4. (Mes parents) sont sortis. _____ seront de retour avant minuit.

5. Nous observions (cet écureuil). Nous _____ avons vu sauter de branche en branche.

6. (Ce dessert) est délicieux. Sers m'_____ une autre portion.

7. Elle a vite dégusté (son gâteau). Elle _____ veut encore.

8. (Ma grand-tante) est à l'hôpital. J'irai _____ voir bientôt.

9. (Ces gens) veulent me voir. Dites-_____ que je suis occupée.

10. Cet élève qui n'aimait pas (la physique) commence à s'_____ intéresser.

11. As-tu rendu (ton roman) (à la bibliothécaire)?- Je ne _____ _____ ai pas encore rendu.

12. (Ce projet) est encore à l'étude. _____ as-tu entendu parler?

13. (Cette émission) est excellente. Tout le monde _____ vante les mérites.

14. (Cette mission a été un succès). Tout le monde _____ sait.

15. J'ai rencontré (deux anciennes camarades), mais je ne _____ ai pas parlé.

D Dans les exemples ci-dessous, soulignez les pronoms personnels réfléchis et indiquez la fonction de chacun d'eux.

Exemple: **Elle <u>se</u> porte comme un charme.**   Compl. D. V. _____

1. Il se croit au-dessus de tout soupçon. _____

2. Elle se promit de tenter l'expérience une autre fois. _____

3. Marie se disait que tout irait bien. _____

4. Tu te réservais de lui faire ce reproche, n'est-ce pas? _____

5. Vous nous avez présenté cette offre sans délai. _____

6. Mon amie et moi, nous nous reverrons ce soir. _____

7. Elle s'est blessée en tombant. _____

8. Je te suivrai partout comme ton ombre. _____

9. Ces jumelles se ressemblent comme deux gouttes d'eau. _____

10. Ces savants se consacrent uniquement à la recherche. _____

E Dans les phrases suivantes, écrivez, comme il convient le mot **leur**, selon qu'il s'agit du déterminant possessif ou du pronom personnel.

Identifiez, à droite, la nature du mot utilisé.

Exemple: **J'ai agi ainsi pour leur faire plaisir.**   pron. pers. _____

1. Ils ont terminé _____ travaux à temps. _____

2. Personne ne _____ a rien dit. _____

3. Quelqu'un _____ a indiqué le chemin.

_____

4. Je _____ reconnais une grande habileté.

_____

5. Je reconnais _____ grande habileté.

_____

6. Les comédiennes étaient excellentes. Toute la salle a applaudi _____ performance.

_____

7. Certaines gens gardent _____ amis; d'autres, non.

_____

8. Nous _____ avons apporté des souvenirs de voyage.

_____

9. _____ ami _____ prodigua des conseils salutaires.

_____

_____

10. Ce sujet ne _____ plaît pas vraiment.

_____

11. Nous _____ avons offert de partager notre repas.

_____

12. Elle apprécie _____ dévouement à son endroit.

_____

13. Ces dames portaient élégamment _____ chapeau.

_____

14. _____ avez-vous déjà annoncé _____ succès?

_____

_____

15. _____ sort dépend de notre bon vouloir.

_____

LA PRONOMINALISATION

La **pronominalisation** est un procédé qui consiste à **remplacer** un **élément** de la phrase – l'**antécédent** – par un **pronom** en vue d'en éviter la répétition.

Dans cet extrait de Maupassant, **remplacez** les mots répétés entre parenthèses par le pronom personnel convenable.

LE PARAPLUIE

Mme Oreille était économe. (Mme Oreille) _____ savait la valeur d'un sou et possédait un arsenal sévère de principes sur la multiplication de l'argent. Sa bonne, assurément, avait grand mal à faire danser l'anse du panier, et M. Oreille n'obtenait sa monnaie de poche qu'avec une extrême difficulté. Mais Mme Oreille éprouvait une vraie douleur à voir les pièces blanches sortir de chez (Mme Oreille) _____ C'était comme une déchirure pour son cœur; et, chaque fois qu'il _____ fallait (à Mme Oreille) faire une dépense de quelque importance, bien qu'indispensable, (Mme Oreille) _____ dormait fort mal la nuit suivante. [...]

Le mari de Mme Oreille, à tout moment, se plaignait des privations que (Mme Oreille) _____ _____ faisait endurer (au mari de Mme Oreille). Certaines privations _____ devenaient particulièrement pénibles (à M. Oreille) parce que (ces privations) _____ atteignaient sa vanité.

(M. Oreille) _____ était commis principal au ministère de la Guerre, demeuré là uniquement pour obéir à sa femme, pour augmenter les rentes inutilisées de la maison.

Or, pendant deux ans, (M. Oreille) _____ vint au bureau avec le même parapluie rapiécé qui donnait à rire à ses collègues. Las enfin de leurs quolibets, (M. Oreille) _____ exigea que Mme Oreille _____ achetât (à M. Oreille) un nouveau parapluie. (Mme Oreille) _____ en prit un de huit francs cinquante, article de réclame d'un grand magasin. Les employés, en apercevant cet objet, recommencèrent leurs plaisanteries. Le parapluie ne valait rien. En trois mois, (le parapluie) _____ fut hors de service, et la gaieté devint générale dans le ministère. [...]

Oreille, exaspéré, ordonna à sa femme de _____ choisir (à Oreille) un nouveau riflard [...] (Sa femme) _____ en acheta un de dix-huit francs et déclara, rouge d'irritation, en _____ remettant (le riflard) à son époux: «Tu en as là pour cinq ans au moins.»

Oreille, triomphant, obtint un vrai succès au bureau.

Lorsque (Oreille) _____ entra le soir, sa femme jetant un regard inquiet sur le parapluie, _____ dit (à Oreille): «Tu ne devrais pas _____ laisser (le parapluie) serré avec l'élastique...» (Sa femme) _____ _____ prit (le parapluie), dégrafa l'anneau et secoua les plis. Mais (sa femme) _____ demeura saisie d'émotion. Un trou, grand comme un centime _____ apparut (à sa femme) au milieu du parapluie. C'était une brûlure de cigare. [...]

D'après Guy de Maupassant, *Contes choisis*

LEXIQUE

A Les mots suivants sont tous extraits du texte *Les ordinateurs et la création artistique*, p. 186. À l'aide d'un trait oblique, séparez du radical les affixes (préfixes et suffixes) qui ont servi à les former et donnez la signification (même approximative) de chacun d'eux.

Consultez les pages 20 et 32 de votre cahier.

1. artistes _____

2. dessinateurs _____

3. visuels _____

4. créations _____

5. détrôné _____

6. peinture _____

7. automatiquement _____

8. abordables _____

9. électriques _____

10. conception _____

11. fabrication _____

12. scientifique _____

13. chercheurs _____

14. chimiste _____

15. délaisser _____

16. spécialement _____

17. expositions _____

18. industriel _____

19. animation _____

20. apparition _____

21. réalisation _____

22. recommencer _____

23. tridimensionnels _____

24. inanimée _____

25. séparément _____

26. lumineux _____

27. pression _____

28. agrandir _____

29. impossible _____

30. réaliste _____

B Maintenant, consultez le dictionnaire et, s'il est nécessaire, rectifiez vos définitions.

PRODUCTION ÉCRITE:
L'EXPLICATION D'UNE AFFIRMATION

– La préparation

Pour rédiger un texte justifiant une affirmation, il faut:

a) **bien lire** le sujet;

b) **souligner** les **mots-clés** afin de saisir les nuances et les limites du sujet;

c) **noter** les **idées** et **choisir** celles qui sont les mieux appropriées à la justification du sujet.

Certains sujets indiquent les **points à développer** dans le libellé même.

Exemple: «La discipline, le travail, la persévérance mènent à la réussite.» Expliquez.

D'autres exigent un travail de réflexion plus ardu. C'est au scripteur de trouver les exemples, faits ou arguments qui constitueront le développement.

Exemple: **Expliquez cette affirmation: «Le travail est une condition nécessaire à la réussite.»**

– Le plan

a) **Introduction**

Elle sera constituée de trois éléments:

1) une **idée** qui **amène** le **sujet**;

2) une **question** relative au sujet;

3) les **étapes** du **développement**.

b) **Développement**

Il comprend généralement trois parties de dimensions à peu près égales:

1) explication de la **première idée**;

2) explication de la **deuxième idée**;

3) explication de la **troisième idée**.

N.B. 1) Chaque paragraphe explique un point.

2) Le **lien entre** les **paragraphes** doit être assuré au moyen d'**organisateurs textuels**; et la **cohérence** entre les **phrases**, par des **marqueurs de relation**.

c) **Conclusion**

La **conclusion** présentera une **synthèse** des idées développées, le **point de vue** du **scripteur** et ouvrira, si possible, les horizons du sujet.

CHOIX DE SUJETS

Expliquez l'une ou l'autre des affirmations suivantes:

1. Les robots «se trompent rarement, ne se fatiguent pas et travaillent gratuitement».

2. «La pollution, la déforestation, l'explosion démographique menacent de plus en plus notre planète.»

3. «La publicité divertit, incite à la consommation, entraîne parfois au gaspillage.»

4. «Les études sauvent de l'ignorance, de la pénurie, de la marginalisation.»

LE PRONOM POSSESSIF

Le **pronom possessif** remplace le nom en indiquant à la fois le **genre** et le **nombre** de l'objet possédé, et la **personne** du **possesseur**.

Le **pronom possessif** est l'équivalent d'un déterminant **possessif** suivi d'un **nom**.

Les formes du pronom possessif

Les **pronoms possessifs** sont composés des formes toniques du déterminant possessif (**mien, tien, sien**...) précédées des référents **le, la, les**.

Les voici regroupés dans le tableau suivant.

	SINGULIER		PLURIEL	
	Masculin	**Féminin**	**Masculin**	**Féminin**
1re pers. du sing.	le mien	la mienne	les miens	les miennes
2e pers. du sing.	le tien	la tienne	les tiens	les tiennes
3e pers. du sing.	le sien	la sienne	les siens	les siennes
1re pers. du plur.	le nôtre	la nôtre	les nôtres	les nôtres
2e pers. du plur.	le vôtre	la vôtre	les vôtres	les vôtres
3^e pers. du plur.	le leur	la leur	les leurs	les leurs

LES FORMES DU PRONOM POSSESSIF

Le **pronom possessif** prend _____, mais varie
_____ et _____.

Exemple: _____

Cependant, il peut aussi, selon le **sens**, s'accorder _____ et _____
seulement.

Exemple: _____

Remarques

1) Les **pronoms possessifs le nôtre, la nôtre, le vôtre, la vôtre** et leur pluriel se distinguent des déterminants possessifs par la présence de l'accent circonflexe sur le **ô** qui, d'ailleurs, en modifie la prononciation (o fermé).

2) En général, les **pronoms possessifs** sont **précédés** d'un **déterminant défini**; cependant, le déterminant peut être supprimé si _____.

Exemples: _____

_____

3) Si le **pronom possessif** employé au **pluriel** ne remplace aucun nom exprimé, il est considéré comme un GN et signifie _____, _____, _____.

Exemple: _____

LE TEXTE EXPLICATIF 203

Les fonctions du pronom possessif

Les fonctions du pronom possessif sont généralement les mêmes que celles du GN, ainsi que le montre le tableau ci-dessous.

LES FONCTIONS DU PRONOM POSSESSIF	
FONCTIONS	**EXEMPLES**
a) **Suj. V.**	
b) **Attr. Suj.**	
c) **Attr. Compl. D.**	
d) **Compl. N.**	
e) **Compl. Adj.**	
f) **Compl. Pron.**	
g) **Compl. D. V.**	
h) **Compl. I. V.**	
i) **Compl. Ag.**	
j) **Compl. P.**	

EXERCICES

A Dans les phrases suivantes, remplacez le mot entre parenthèses par le pronom possessif convenable.

Exemple: **J'ai retrouvé mes cahiers et (tes cahiers).** _____les tiens_____

1. Les enfants de la voisine sont aussi jeunes que (nos enfants). _____

2. Le professeur a demandé les devoirs; chacun a remis (son devoir). _____

3. Je préfère ta robe à (ma robe). _____

4. Je défends mes opinions; à eux de défendre (leurs opinions). _____

5. J'ai terminé ma recherche. Avez-vous terminé (votre recherche)? _____

6. Le toast a été porté à sa santé et à (notre santé). _____

7. Ta situation et (ma situation) sont exactement les mêmes. _____

8. Mon projet est presque achevé. Et (ton projet)? _____

9. Mon amie a son opinion sur la question, moi, j'ai (mon opinion). _____

10. Je trouve ton attitude aussi mystérieuse que (leur attitude). _____

11. Un comportement étrange devint (leur comportement) par la suite. _____

12. Les raisons qu'elle évoque sont aussi valables que (tes raisons). _____

13. Cette dame prend soin des enfants de sa sœur et (de ses enfants). _____

14. J'ai bien répondu à tes questions et à (leurs questions). _____

15. Cette enfant ressemble beaucoup à (ton enfant). _____

16. Notre chienne est aussi vigilante que (votre chienne). _____

17. Je voudrais ajouter quelques commentaires (à vos commentaires). _____

18. J'ai terminé mon exposé; tu n'as même pas commencé (ton exposé). _____

19. Chacun a ses qualités. Elle a aussi (ses qualités). _____

20. Je considère mon sort et (leur sort). _____

B Maintenant, écrivez chacun des pronoms que vous avez utilisés au numéro précédent et indiquez-en la fonction.

Exemple: **les tiens**   **Compl. D. V.**

1. _____   _____
2. _____   _____
3. _____   _____
4. _____   _____
5. _____   _____
6. _____   _____
7. _____   _____
8. _____   _____
9. _____   _____
10. _____   _____
11. _____   _____
12. _____   _____
13. _____   _____
14. _____   _____
15. _____   _____

16. _____   _____
17. _____   _____
18. _____   _____
19. _____   _____
20. _____   _____

LES PARONYMES (2)

Dans chacune des phrases suggérées:
  a) faites entrer le paronyme qui convient;
  b) utilisez l'autre dans une phrase de votre cru.
     Recourez au dictionnaire, au besoin.

1. clouter / clouer

   a) L'ouvrier est en train de _____ la porte.

   b) _____

2. compréhensif / compréhensible

   a) Ton indignation est fort _____.

   b) _____

3. oppresser / opprimer

   a) Le manque d'air _____ le malade.

   b) _____

4. inanition / inanité

   a) Ce pauvre mendiant est mort d'_____.

   b) _____

5. inclination / inclinaison

   a) Très jeune, elle montrait une vive _____ pour les sciences.

   b) _____

6. industriel / industrieux

   a) Le pétrole est devenu un combustible _____ très utilisé.

   b) _____

7. idiotie / idiotisme

   a) L'_____ est une forme d'arriération mentale.

   b) _____

8. notable / notoire

   a) Le maire de Chicoutimi est un _____ de la ville.

   b) _____

9. inapte / inepte

   a) Le nouveau venu s'est révélé _____ à se faire accepter du groupe.

   b) _____

10. justesse / justice

   a) Vous ne m'avez guère convaincu de la _____ de votre raisonnement.

   b) _____

LEXIQUE: LE CHAMP LEXICAL

Dans le texte *Les ordinateurs et la création artistique*, p. 186, relevez environ une vingtaine de mots et expressions relevant du champ lexical de l'informatique.

1. _____

2. _____

3. _____

4. _____

5. _____

6. _____

7. _____

8. _____

9. _____

10. _____

11. _____

12. _____

13. _____

14. _____

15. _____

16. _____

17. _____

18. _____

19. _____

20. _____

LES PRONOMS INDÉFINIS ET LES PRONOMS NÉGATIFS

Les **pronoms indéfinis** désignent les **êtres** et les **choses** de façon vague, imprécise, indéterminée. On distingue les pronoms indéfinis **référents** et les pronoms indéfinis **nominaux**.

Un même **pronom indéfini** peut être employé soit comme **référent**, soit comme **nominal**.

Les **pronoms négatifs** – *personne, rien, aucun, aucune, nul, nulle, pas un, pas une* – expriment une **quantité nulle**. **Personne** et **rien** sont des pronoms **nominaux**. **Aucun, nul, pas un** sont employés tantôt comme pronoms **référents**, tantôt comme pronoms **nominaux**.

Les formes du pronom indéfini

Le tableau ci-dessous présente les différents pronoms indéfinis référents et nominaux.

LES FORMES DU PRONOM INDÉFINI			
MASCULIN		**FÉMININ**	
SINGULIER	**PLURIEL**	**SINGULIER**	**PLURIEL**
l'un	les uns	l'une	les unes
l'autre	les autres	l'autre	les autres
l'un... l'autre	les uns... les autres	l'une... l'autre	les unes... les autres
quelqu'un	quelques-uns	quelqu'une	quelques-unes
autrui			
on (l'on)			
chacun		chacune	
tel		telle	
le même	les mêmes	la même	les mêmes
tout	tous		toutes
	certains		certaines
	plusieurs		plusieurs
quiconque			
n'importe qui			
n'importe quoi			
quelque chose			
autre chose			

1) Certains **pronoms indéfinis** peuvent être **suivis** _____ ou d'un

_____ .

Exemples: _____

_____

2) Le pronom indéfini **on** signifie (étymologiquement) _____ . Il désigne _____

_____ ou _____ .

C'est pourquoi il est dit pronom personnel indéfini. Le pronom **on** est _____

_____ .

Exemples: _____

_____

Cependant, dans la **langue familière**, **on** peut, selon le contexte, remplacer je, tu, il, elle, nous, vous, ils, elles. Lorsque **on** évoque le **féminin** ou le **pluriel**, l'**adjectif** (ou le participe passé) **attribut** qui suit s'écrit au **féminin** ou au **pluriel**.
Dans tous les cas, cependant, le **verbe** reste au **singulier**.

Exemples: _____

_____

_____

_____

3) Le pronom indéfini **tout** signifie _____ , _____ ou

_____ .

Exemples: _____

_____

_____

Le pronom indéfini **tout** est soit _____ , soit _____ .

Exemples: _____

_____

_____

4) Employés seuls, les déterminants numéraux qui indiquent une quantité précise peuvent représenter un nom exprimé ou non. Ils sont alors considérés comme des _____

_____ . Ils peuvent, d'ailleurs, avoir la plupart des fonctions du pronom.

Exemples: _____

_____

_____

5) Les **pronoms négatifs aucun, nul, personne, rien, pas un** sont toujours accompagnés

_____, sauf _____.

Exemples: _____

_____

Les fonctions du pronom indéfini

Le pronom indéfini, comme le montre le tableau suivant, peut avoir toutes les fonctions d'un GN.

LES FONCTIONS DU PRONOM INDÉFINI	
FONCTIONS	**EXEMPLES**
a) Suj. V.	_____
b) Attr. Suj.	_____
c) Attr. Compl. D.	_____
d) Compl. N.	_____
e) Compl. Adj.	_____
f) Compl. Pron.	_____
g) Compl. D. V.	_____
h) Compl. I. V.	_____
i) Compl. Ag.	_____
j) Compl. P.	_____

EXERCICES

A Repérez les pronoms indéfinis, négatifs et numéraux dans les exemples ci-dessous. D'après le modèle suivant, indiquez si le pronom est indéfini, négatif ou numéral et précisez, dans chaque cas, s'il s'agit d'un pronom référent ou nominal.
Écrivez la fonction entre parenthèses.

Exemple: **Mes amies sont parties. Aucune ne m'a donné signe de vie.**

Pron. nég. référ. (Suj. V.)

1. Nul ne peut prévoir l'avenir avec certitude.

2. Il ne faut jurer de rien.

3. On ne fait pas d'omelette sans casser des œufs.

4. Quiconque se sert de l'épée périra par l'épée.

5. Les médecins ne peuvent rien pour elle.

6. Tout est bien qui finit bien.

7. Il n'est permis à quiconque de pénétrer dans cette enceinte.

8. La rue était totalement déserte: personne n'osait s'y aventurer.

9. Il a remis à chacun de nous un billet de cinq dollars.

10. Mes amies ont divulgué mon secret. Je ne me confierai plus à aucune d'elles.

11. Les gens craignaient l'arrivée de l'an 2000. Plusieurs ont paniqué à tort.

12. Elle ne s'est adressée qu'à certains d'entre nous.

13. La patiente a beaucoup maigri: elle n'est plus la même.

14. Les spectateurs attendaient. Tous ont accueilli l'artiste avec enthousiasme.

15. Nous attendions 50 invités. Plusieurs ne sont pas venus.

16. Distraite, elle a répondu n'importe quoi.

17. Les eaux en furie ont tout emporté sur leur passage.

18. Les deux fillettes étaient fort tranquilles: l'une dessinait, l'autre lisait.

19. Je m'attendais à une lettre. J'en ai reçu deux.

20. Marc dit que rien n'est plus amusant que naviguer dans l'Internet.

B Composez cinq couples de phrases. Dans chacune d'elles, vous ferez entrer un pronom indéfini ayant la fonction indiquée.

a) **Attr. Suj.**

Exemples: 1. **Elle deviendra quelqu'un.**
2. **Est-ce qu'ils sont plusieurs?**

1. _____

2. _____

b) Suj. V.

1. _____

2. _____

c) Compl. N.

1. _____

2. _____

d) Compl. Adj.

1. _____

2. _____

e) Compl. D. V.

1. _____

2. _____

f) Compl. I. V.

1. _____

2. _____

C Maintenant, vérifiez si vos phrases sont correctes en représentant graphiquement chacune d'elles.

a) **Attr. Suj.**

Exemples: 1. **Elle deviendra quelqu'un.**

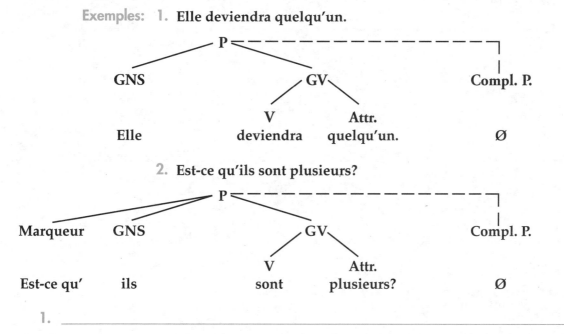

2. **Est-ce qu'ils sont plusieurs?**

1. _____

2. _____

b) Suj. V.

1. _____

2. _____

   c) Compl. N.

1. _____

2. _____

   d) Compl. Adj.

1. _____

2. _____

   e) Compl. D. V.

1. _____

2. _____

f) Compl. I. V.

1. _____

2. _____

EXERCICE DE STYLE: LE PLÉONASME

On entend par **pléonasme** la **répétition** dans une phrase de termes (ou d'expressions) ayant le même sens. Cette répétition est fautive lorsque le deuxième terme utilisé est de trop et n'ajoute rien au sens du premier.

Toutefois, la répétition d'un même mot dans une phrase peut être tout à fait expressive:
> Je l'ai vu, _dis-je_, vu, _de mes propres yeux_ vu,
> _Ce qu'on appelle_ vu. (Molière)

Écrivez les phrases suivantes en effaçant ou en remplaçant le terme fautif.

1. Le pauvre homme s'est suicidé lui-même à l'âge de trente ans.

_____

2. Ce travail est bon, voire même excellent.

_____

3. Il a enfilé son pyjama, puis après il s'est mis au lit.

_____

4. Je dois monter en haut, mon amie m'attend au laboratoire.

_____

5. Vous êtes tous priés de descendre en bas, à la salle Saint-Louis.

_____

6. Dépêchez-vous vite!

_____

7. Ceux qui vivent en communauté s'entraident mutuellement.

_____

8. Ma collection s'est enrichie d'un timbre tout à fait rarissime.

_____

9. Tous à l'unanimité ont voté en faveur de la proposition.

_____

_____

10. Il faut prévoir à l'avance les conséquences des actes que l'on pose.

_____

11. Il a ajouté à ce mélange une portion extrêmement infime de ce produit.

_____

12. Le premier prototype de la voiture électrique a été exposé au Salon de l'auto.

_____

13. Les chefs de groupe seront réunis ensemble au début du mois prochain.

_____

14. Un hasard imprévu a réuni ces deux frères séparés par la guerre.

_____

15. La gardienne demanda gentiment à la fillette d'aller se laver ses mains.

_____

L EXIQUE

En tenant compte du contexte *Les ordinateurs et la création artistique*, p. 186, trouvez dans le dictionnaire le sens qui convient à chacun des mots et groupes de mots suivants.

1. programmes (paragr. 2, ligne 2)

_____

_____

2. infographie (paragr. 2, ligne 2)

_____

3. techniques (paragr. 2, ligne 3)

_____

4. données (paragr. 2, ligne 4)

_____

_____

5. séances (paragr. 3, ligne 2)

_____

6. simulé (paragr. 3, ligne 2)

_____

7. particuliers (paragr. 3, ligne 4)

_____

8. écrans (paragr. 3, ligne 5)

_____

9. essor (paragr. 3, ligne 6)

_____

10. missiles (paragr. 4, ligne 2)

_____

11. nucléaires (paragr. 4, ligne 2)

_____

12. molécule (paragr. 5, ligne 3)

_____

13. domestique (paragr. 7, ligne 2)

_____

14. séquence (paragr. 9, ligne 3)

_____

15. croquis (paragr. 11, ligne 3)

_____

16. fastidieux (paragr. 12, ligne 1)

_____

17. spécifications (paragr. 12, ligne 3)

_____

18. multitude (paragr. 14, ligne 1)

_____

19. minuscules (paragr. 15, ligne 2)

_____

20. instructions (paragr. 16, ligne 2)

_____

21. dispositif (paragr. 17, ligne 1)

_____

22. mécanique (paragr. 19, ligne 3)

_____

23. engin (paragr. 19, ligne 4)

_____

24. orientation (paragr. 19, ligne 6)

_____

25. parachèvent (paragr. 20, ligne 1)

_____

LES SUPERBICYCLETTES

1   Depuis une dizaine d'années, des mécaniciens, des ingénieurs et des cyclistes essaient d'améliorer les performances des bicyclettes. En 1974, ils ont créé l'Association internationale des véhicules se déplaçant grâce à l'énergie humaine. Depuis, ils ont fabriqué quelques bicyclettes étonnantes. La plupart ont une ligne aérodynamique et sont très basses. Vous n'en verrez pas beaucoup sur les routes car elles n'en sont encore qu'au stade expérimental.

2   Jusqu'à présent les efforts de cette équipe ont été couronnés de succès. Le record mondial de vitesse est passé de 68 kilomètres à l'heure à 93 kilomètres à l'heure pour une bicyclette à une personne, et le tandem à trois roues a atteint 100 kilomètres à l'heure. Seuls les muscles fournissent toute l'énergie! En comparaison, les meilleurs cyclistes du monde sur un vélo à dix vitesses atteindront peut-être 50 kilomètres à l'heure.

3   Pourquoi ces superbicyclettes sont-elles si rapides? Tout est dans leur ligne.

4   L'ingénieur doit surtout s'attacher à diminuer la résistance au vent. Regardez les voitures de sport ou les avions à réaction: ils sont profilés, c'est-à-dire que leurs lignes sont étudiées pour présenter le moins de résistance possible au vent. Ces véhicules se déplacent ainsi plus facilement. Les mêmes principes s'appliquent ici. Les inventeurs ont recouvert leurs engins d'une coque ultra-légère et aérodynamique. Ceci réduit l'effet de freinage de l'air sur la bicyclette et le cycliste va plus vite sans avoir à pédaler plus fort. Vous pouvez voir ce genre de coque munie d'un pare-brise sur certains modèles.

5   Une autre façon de réduire la résistance au vent est de construire des véhicules très bas. Plus un objet est près du sol, moins il donne prise au vent. Ce modèle de bicyclette doit avoir trois roues sinon il risque de se renverser. Un tricycle est plus stable qu'une bicyclette.

6   Mais alors où s'assied le cycliste? Il n'est pas assis, mais allongé car le siège est presque à la hauteur des pédales. Drôle de façon «d'enfourcher sa bicyclette», peut-on penser, mais certainement très efficace. Les jambes fournissent plus d'énergie quand elles pédalent vers l'avant que vers le bas. Faites-en l'expérience. Asseyez-vous sur une chaise et pédalez en projetant vos jambes droit devant vous. Puis faites la même chose en pédalant vers le sol comme si vous étiez sur une bicyclette. Vous verrez que c'est dans le premier cas que vous avez le plus de puissance.

7   Naturellement la ligne et la taille de ces superbicyclettes varient beaucoup. Toutes ne ressemblent pas à des cigares. Parfois le cycliste est assis; l'une d'elles n'est guère autre chose qu'une bicyclette normale avec une coque aérodynamique. Une autre est un tricycle avec sur le devant un dôme transparent qui diminue la résistance au vent. Elles sont confortables mais pas très rapides.

8   Il existe un autre modèle où le cycliste est à plat ventre à l'intérieur d'une sorte de cocon profilé et il pédale avec les bras et les jambes. Et dans celle qui atteint 100 kilomètres à l'heure, il y a deux personnes, l'une regardant vers l'avant, l'autre vers l'arrière.

     LE TEXTE EXPLICATIF

9   Évidemment leur efficacité varie selon leur forme et leur conception. Certaines ne sont pas plus rapides qu'une bicyclette ordinaire. Elles ne sont pas alors si super! Mais nous n'en sommes qu'au stade expérimental. Il est probable que les inventeurs vont améliorer les modèles existants et rejeter toute idée infructueuse.

10   Supposons qu'un jour nous ayons une superbicyclette idéale. Aérodynamique et à trois roues, elle peut rouler à 100 kilomètres à l'heure sans que le cycliste ait à pédaler comme un fou. Est-ce qu'on pourrait l'utiliser en ville?

11   Oui, mais il faudrait apporter à l'engin certaines améliorations. Au volant de leur voiture ou de leur camion, les conducteurs pourraient ne pas voir un véhicule si petit et si bas. Il faudrait donc aménager des voies qui soient réservées aux cyclistes. Ces derniers auraient peut-être à passer un permis de conduire.

12   Il y a également la question du coût. En raison des méthodes utilisées, le prix d'une superbicyclette peut être plusieurs fois supérieur à celui d'une bicyclette à dix vitesses. À long terme, la construction en grande série d'un tel engin peut valoir la peine. Avec la diminution des ressources énergétiques et l'augmentation du prix de l'essence, la bicyclette sera alors la seule façon qu'il restera de se déplacer.

GROLIER, *Le livre de l'année 1984*
© Grolier Ltée

A   L'étude du texte

1. Pourquoi les superbicyclettes sont-elles encore si peu répandues?   /2

_____

2. Quelles sont leurs deux principales caractéristiques?   /2

a) _____

b) _____

3. Pourquoi ces bicyclettes ont-elles des lignes aérodynamiques?   /2

_____

4. Qu'y a-t-il de commun entre les voitures de sport, les avions à réaction et ces superbicyclettes?   /2

_____

_____

5. Quel avantage procurent au cycliste les lignes aérodynamiques de son engin?   /2

_____

6. Quelle explication fournit le texte sur la nécessité de construire ces véhicules très bas?   /2

_____

7. Quelle particularité présente le siège de ces véhicules?   /2

_____

8. Expliquez comment la superbicyclette se pédale et pourquoi? /4

_____

_____

9. Les formes des superbicyclettes sont-elles toutes identiques? Expliquez votre réponse /4
en l'appuyant d'exemples tirés du 7e paragraphe.

_____

_____

10. Comment se présente le 3e modèle de superbicyclette? /2

_____

_____

11. Expliquez ce que serait, d'après le texte, la superbicyclette idéale. /3

_____

_____

12. Que laisse entendre la phrase: «Est-ce qu'on pourrait l'utiliser en ville?» /3

_____

_____

13. Quels sont les dangers inhérents à l'utilisation de ces engins dans les villes? /2

_____

_____

14. Que faudrait-il alors envisager pour pallier ces inconvénients? /2

_____

_____

15. Quel serait, d'après le texte, le coût d'une telle bicyclette? /2

_____

_____

16. Quel avantage présenterait l'utilisation de tels engins? /2

_____

_____

B La grammaire de la phrase et du texte

1. Dans le 6e paragraphe du texte, relevez: /6

a) une phrase interrogative et dites si l'interrogation est totale ou partielle et pourquoi;

_____

_____

b) une phrase impérative et dites ce qu'elle exprime.

_____

_____

2. Dans les phrases suivantes, faites entrer la forme convenable du pronom indiqué /10
entre parenthèses.

   a) J'ai présenté mon projet et eux, (pron. poss.) _____.

   b) Marie a revu son amie et (pron. pers.) _____ a promis son assistance.

   c) J'ai examiné tes propositions. (Pron. indéf.) _____ ne me plaisent guère.

   d) À l'impossible, (pron. nég.) _____ n'est tenu.

   e) La compétition est pour bientôt. Je m' (pron. pers.) _____ prépare activement.

3. Dans les exemples suivants, repérez le pronom référent et le pronom nominal /26
et écrivez-le dans la colonne appropriée du tableau ci-dessous ainsi que son
antécédent (s'il y a lieu) et sa fonction.

EXEMPLES	dém.	pers.	poss.	indéf.	nég.	ANTÉCÉDENT	FONCTIONS
a) Tout est dans leur ligne. (Paragr. 3)							
b) Ceci réduit l'effet [...] (Paragr. 4)							
c) Faites-en l'expérience. (Paragr. 6)							
d) Comme si vous étiez [...] (Paragr. 6)							
e) Toutes ne ressemblent pas à des cigares. (Paragr. 7)							
f) L'une d'elles n'est guère autre chose [...] (Paragr. 7)							
g) Elles sont confortables [...] (Paragr. 7)							
h) Certaines ne sont pas plus rapides [...] (Paragr. 9)							
i) Est-ce qu'on pourrait l'utiliser en ville? (Paragr. 10)							
j) Rien n'est moins sûr.							

C Le lexique

Donnez l'antonyme des mots suivants en utilisant, toutes les fois que cela est possible, un préfixe de sens négatif ou en l'effaçant si c'est nécessaire.   /20

1. améliorer   _____

2. succès   _____

3. vitesse   _____

4. les meilleurs   _____

5. facilement   _____

6. munie   _____

7. réduire   _____

8. stable   _____

9. efficace   _____

10. expérience   _____

11. puissance   _____

12. normale   _____

13. confortables   _____

14. probable   _____

15. existants   _____

16. infructueuse   _____

17. utilisées   _____

18. supérieur   _____

19. long   _____

20. diminution   _____

LE LANGAGE DES COULEURS

1   Toutes les couleurs ont une valeur symbolique. Le bleu, couleur de base, est la couleur la plus forte. Elle procure une impression de fraîcheur; nous la regardons volontiers, car elle nous attire. C'est une couleur qui allège les formes et rend son support presque immatériel comme le ciel infini. [...]

2   C'est le symbole de la jeunesse: être un bleu signifie que l'on est un novice en la matière. N'y voir que du bleu signifie que l'on est dans un état de bonheur parfait où l'on n'y voit plus rien, où l'on ne comprend plus ce qui se passe. [...]

3   Le vert, mélange à parts égales de bleu et de jaune, est comme le bleu un symbole de jeunesse et de renouveau. C'est également la couleur de l'espérance, de la force, de la longévité. On dit qu'un vin est vert lorsqu'il est jeune; on met un cheval au vert en lui donnant du fourrage frais. [...]

4   Le vert est une couleur rafraîchissante comme l'eau qui nous désaltère. C'est aussi une couleur rassurante: «On va se mettre au vert» signifie que l'on opère un retour aux sources en s'installant à la campagne après avoir vécu à la ville. On fait ainsi une cure de chlorophylle ou de vitamines. [...] Les pharmacies ont comme enseigne une croix de couleur verte qui symbolise le secret lié à la préparation des remèdes.

5   Le jaune, couleur de base, donne une impression de chaleur et de bien-être; il suffit de mettre des rideaux jaunes un jour de grisaille pour retrouver cette impression. Le coureur cycliste le mieux placé du Tour de France porte un maillot jaune. Le maillot jaune, couleur symbolique de la lumière et de la vie, est aujourd'hui une appellation courante pour désigner le leader d'un groupe.

6   Le rouge est une couleur liée aux principes de la vie et de la puissance. Le rouge excite les animaux. La muleta du toréador en est la meilleure preuve. Le rouge est le symbole de la colère: «voir rouge» signifie que la colère est en train de nous aveugler. Le rouge est également la couleur du feu.

7   Pour honorer une personnalité, on déroule le tapis rouge devant elle. Enzo Ferrari, le célèbre constructeur de voitures de course, raconte que ses premières voitures furent peintes en jaune, couleur de son village natal de Maranello. Puis, il décida d'habiller ses «pur-sang» de rouge pour mieux les distinguer parmi les autres voitures de course.

8   Le blanc est le symbole de la pureté et de l'innocence comme la blanche colombe. [...] Le blanc que l'on considère comme une non-couleur est le symbole de la naissance et de la renaissance perpétuelle. [...]

9   Le noir qui est l'absence de couleur ou de lumière à l'opposé du blanc symbolise le désir qui nous semble obscur et répréhensible.

10   Le noir est la seule couleur dont la surface ne réfléchit aucune radiation lumineuse. La couleur noire donne aux objets une impression de masse ou de rétrécissement alors qu'à l'inverse, le même objet peint en blanc donne une impression de légèreté et de volume.

Le gris est un mélange de blanc et de noir dont les nuances vont du gris foncé [...] jusqu'au gris clair. C'est une couleur qui évoque la classe et l'intelligence. La matière grise a toujours été considérée comme étant celle de notre cerveau, siège de notre intelligence. [...]

Rémi-Pierre HEUDE, *L'Image de Marque*
© Éditions Eyrolles

L'étude du texte

1. Le titre du texte vous semble-t-il approprié?

   _____

2. Quelle affirmation contenue dans le 1er paragraphe pourrait résumer tout le texte?

   _____

3. Comment est conçu le plan du texte?

   _____

4. Ce texte vous semble-t-il cohérent? Pourquoi?

   _____

5. Relevez, dans le 1er paragraphe, quatre raisons qui expliquent que le bleu, selon l'auteur, est une couleur forte.

   a) _____

   b) _____

   c) _____

   d) _____

6. Que signifient les expressions «Être un bleu» et «N'y voir que du bleu»?

   a) _____

   b) _____

7. Relisez attentivement le 3e paragraphe. Que symbolise, selon l'auteur, la couleur verte?

   _____

8. Justifiez votre réponse à la question précédente au moyen d'un exemple tiré du 4e paragraphe.

   _____

   _____

9. Aux 1er, 3e et 4e paragraphes, quelle est la figure de style utilisée par l'auteur pour illustrer son point de vue? Donnez un exemple tiré de chacun des paragraphes mentionnés.

   _____

   1er paragraphe: _____

   3e paragraphe: _____

   4e paragraphe: _____

10. Que symbolise la croix verte si courante sur les enseignes des pharmacies?

_____

11. Quelle impression laisse la couleur jaune?

_____

12. Que recommande l'auteur pour justifier son affirmation?

_____

_____

13. Que symbolise la couleur jaune?

_____

14. Quelle est aujourd'hui la façon courante de désigner le leader d'un groupe de coureurs cyclistes, tout au moins en France?

_____

15. À quelle manifestation sportive cette appellation fait-elle référence?

_____

16. Le rouge peut avoir trois valeurs symboliques. Lesquelles?

a) _____

b) _____

c) _____

17. Quelle est, selon l'émetteur, la meilleure preuve que le rouge excite les animaux?

_____

_____

18. L'expression «voir rouge» signifie que la colère est en train d'aveugler celui qui en est la proie. Vous avez sûrement déjà observé une personne en colère. Quelle transformation est visible sur son visage?

_____

19. Que symbolise la blanche colombe?

_____

20. Quelle impression suscite le gris?

_____

21. Avez-vous compris pourquoi le cerveau est souvent désigné par l'expression «matière grise»?

_____

_____

22. Citez au moins trois expressions courantes qui ont servi à appuyer les explications de l'auteur.

a) _____

b) _____

c) _____

23. Dans le tableau suivant, relevez les couleurs citées dans le texte. Dans la 2ᵉ colonne, indiquez ce qu'elles symbolisent.

Couleurs	Symboles
bleu	fraîcheur / jeunesse

B La grammaire de la phrase et du texte

1. Dans le 1ᵉʳ paragraphe du texte, relevez:

a) un GN Compl. N.; _____

b) un G. Adj. Compl. N.; _____

c) un GN Compl. D. V.; _____

d) un G. Prép. Compl. N.; _____

e) un Pron. Pers. référent Compl. D. V.; _____

f) un G. Adj. Attr. Compl. D. _____

2. Dans le 1ᵉʳ paragraphe du texte, relevez:

a) une phrase déclarative que vous transformerez en phrase interrogative négative;

_____

_____

b) un marqueur servant à la mise en relief d'un GNS.

_____

3. Quel GN est ainsi mis en relief?

_____

4. Quelle est la fonction de «y» dans l'expression «n'y voir que du bleu»? Expliquez votre réponse.

_____

5. Quel mot du 2ᵉ paragraphe est un superlatif absolu?

_____

6. Quel est le sujet du verbe «signifie» dans la 2ᵉ phrase du 4ᵉ paragraphe?

_____

7. Quelle remarque faites-vous concernant votre réponse au numéro précédent?

_____

8. Trouvez, dans le 6ᵉ paragraphe, un superlatif relatif.

_____

9. Que désigne le nom composé «pur-sang» dans le 7ᵉ paragraphe?

_____

10. Que remarquez-vous quant à l'orthographe de ce mot?

_____

11. De quoi est formé le nom composé non-couleur?

_____

12. Connaissez-vous d'autres mots ainsi formés? Donnez deux exemples.

_____

13. Faites accorder les adjectifs de couleur suivants avec un nom pluriel de votre choix.

bleu / bleu foncé / vert pomme / vert tendre / verdâtre / infrarouge / rouge sang / écarlate / rougeâtre / jaune / jaune citron / gris / gris perle

a) _____

b) _____

c) _____

d) _____

e) _____

f) _____

g) _____

h) _____

i) _____

j) _____

k) _____

l) _____

m) _____

LE PRONOM RELATIF

Le **pronom relatif** remplace un **nom** ou un **pronom exprimé** dans la phrase qui le **précède**. Ce mot qu'il remplace est l'**antécédent** du pronom relatif. Dans ce cas, le pronom relatif est un pronom **référent**. Il sert à **relier** la **phrase subordonnée** qu'il introduit à l'antécédent (GN, Pron., G. Adv.).

Employé **sans antécédent**, le **pronom relatif** est un pronom **nominal**. On l'appelle aussi **pronom relatif indéfini**.

Les formes du pronom relatif

Le pronom relatif peut prendre des formes différentes que présente le tableau suivant. Certaines sont variables; d'autres, invariables.

LES FORMES DU PRONOM RELATIF				
FORMES SIMPLES INVARIABLES	**FORMES COMPOSÉES VARIABLES**			
	Masc. sing.	**Masc. plur.**	**Fém. sing.**	**Fém. plur.**
qui	lequel	lesquels	laquelle	lesquelles
que (qu')	auquel	auxquels	à laquelle	auxquelles
quoi	duquel	desquels	de laquelle	desquelles
dont				
où				

L'antécédent du pronom relatif

Les **formes simples du pronom relatif** s'emploient quelquefois **sans antécédent**, tandis que les **formes composées** s'emploient **toujours** avec un **antécédent**.

Exemples: _____

_____

En général, l'**antécédent** précède **immédiatement** le **pronom relatif**. Cependant, il peut en être **séparé**, si l'**antécédent** est l'un des pronoms personnels _le_, _la_, _les_.

Exemple: _____

L'accord du pronom relatif

Le **pronom relatif** prend _____ et _____.

Exemple: _____

Quand l'**antécédent** est un **pronom personnel**, le **pronom relatif** prend _____ et

_____.

Exemple: _____

Remarques

1) Le pronom **qui**, **précédé** d'une **préposition**, ne peut représenter que _____.

   Exemple: _____

2) Les **pronoms relatifs composés**, **précédés** d'une **préposition**, ne peuvent représenter que

   _____ ou _____.

   Exemple: _____

3) Le **pronom dont** est l'équivalent de l'**antécédent précédé** de la préposition **de**.

   Exemples: _____

   _____

   _____

4) Le **pronom relatif** est toujours le **premier mot** d'une **subordonnée relative**, sauf s'il _____

   _____.

   Exemple: _____

5) Les pronoms relatifs indéfinis «**quiconque**» et «**qui que**» (tout homme qui), «**quoi que**»

   (n'importe quoi que) _____.

   Exemples: _____

   _____

   _____

   N.B. Il ne faut pas confondre **quoi que** (pronom relatif indéfini) et **quoique** (conjonction de
   subordination qui signifie bien que).

   Exemples: _____

   _____

Les fonctions du pronom relatif

Les formes du pronom relatif varient selon sa fonction dans la subordonnée relative.

LES FONCTIONS DU PRONOM RELATIF		
PRONOMS	**FONCTIONS**	**EXEMPLES**
qui	**Suj. V.** **Compl. I. V.**	_____ _____
que (qu')	**Attr. Suj.** **Compl. D. V.**	_____ _____
quoi (toujours précédé d'une préposition)	**Compl. I. V.** **Compl. Adj.**	_____ _____
dont	**Compl. N.** **Compl. Adj.** **Compl. I. V.** **Compl. Ag. V.**	_____ _____ _____ _____

N.B. La **fonction** du **pronom relatif** n'est jamais la **même** que celle de son antécédent qui, lui, n'appartient jamais à la subordonnée. **Pour trouver la fonction du pronom relatif, il convient:**

a) d'**isoler** la **subordonnée relative**;

b) de **remplacer**, dans cette phrase, le **pronom relatif** par son **antécédent**.

La **fonction du pronom** est celle du **mot** qui le **remplace** dans la **nouvelle phrase** ainsi obtenue.

Observez la phrase suivante:

J'ai visité ce village dont les habitants sont très accueillants.

a) Relevez la subordonnée relative:

_____

b) Trouvez l'antécédent du pronom relatif:

_____

c) Remplacez le pronom relatif par l'antécédent précédé de la préposition «de» dans la subordonnée relative:

_____

Quelle est la fonction du G. Prép. _____ dans la nouvelle phrase?

_____

Le pronom relatif dont est donc _____ ; alors que l'antécédent «ce village» est

_____ .

EXERCICE

Dans chacune des phrases suivantes, écrivez le pronom relatif convenable et mettez entre parenthèses l'antécédent de chaque pronom.

Exemple: (Les ennuis) dont tu te plains sont passagers.

1. Les hommes _____ tu as croisés arrivaient de l'aéroport Mirabel.

2. Les mots _____ l'on utilise doivent être choisis.

3. Josée est une élève _____ le professeur est fier.

4. Je ne peux m'imaginer ce à _____ tu réfléchis.

5. J'attends mon amie avec _____ je dois aller au Biodôme.

6. La fille _____ je suis aimé est fort belle.

7. La persévérance avec _____ elle travaille est admirable.

8. Connais-tu bien le sujet _____ tu discutes?

9. Voici l'endroit _____ le groupe se réunit le vendredi soir.

10. La nouvelle à _____ chacun s'attend est imminente.

11. L'édifice _____ vous voyez le sommet d'ici est l'Université de Montréal.

12. Voilà un scientifique _____ le palmarès est impressionnant.

13. Le clonage humain _____ la réalisation serait imminente inquiète bien des gens.

14. Chacun admire cette astronaute _____ participe à l'assemblage de la station spatiale internationale.

15. Ce projet _____ le coût est énorme sera réalisé peu à peu.

16. Le problème _____ ils doivent résoudre est presque insoluble.

17. Ils ont connu des déboires _____ ils se remettent à peine.

18. Je te recommande ce traitement _____ les effets se font sentir très vite.

19. Ce médicament _____ l'efficacité est prouvée a été découvert il y a cent ans.

20. Les recherches _____ elles se consacrent aboutiront certainement.

21. L'argument _____ tu avances ne me convainc pas.

22. Elle m'a donné une réponse à _____ je ne m'attendais pas.

23. Ce succès _____ tu es si fière rejaillit sur nous tous.

24. Le film _____ il est le héros a été très bien accueilli.

25. Cet homme généreux a légué aux pauvres la fortune _____ il a hérité.

EXERCICE DE STYLE: L'EMPLOI DU PRONOM RELATIF

Fusionnez les groupes de deux phrases proposés ci-dessous en remplaçant le groupe de mots répété par le pronom relatif convenable.

Exemple: **Il reçut par la figure l'objet crevé. Elle lui jetait l'objet crevé.**
Il reçut par la figure l'objet crevé qu'elle lui jetait.

1. Elle entra dans la pièce. Trois messieurs, solennels, causaient dans la pièce.

   _____

2. Voici un mot pour la caisse. La caisse remboursera votre dépense.

   _____

3. Une bête colossale surgit. La bête colossale détala à travers le bois.

   _____

4. Une grande forme passa dans le sentier. La nuit envahissait le sentier.

   _____

5. On me remit les journaux. Le facteur venait d'apporter les journaux.

   _____

6. Elle vivait là, seule avec son fils malade. Elle prenait soin de son fils malade.

   _____

7. L'homme resté dans la barque bourra sa pipe. Il alluma sa pipe.

   _____

8. Le plomb menu cribla les longues oreilles de l'âne. L'âne se mit à les secouer.

   _____

9. Il exposa des faits. Il avait été témoin des faits.

   _____

10. L'homme courut à son bureau. La porte de son bureau faisait face à la mairie.

    _____

11. Il attendait des applaudissements. Les applaudissements ne vinrent pas.

    _____

12. Le patron jeta un coup d'œil sur sa table. Des papiers étaient entassés sur sa table.

    _____

13. Le vieux portait de grosses bagues. Il enlevait les grosses bagues pour travailler.

    _____

14. Nous nions l'existence de ce complot. Vous avez fait mention de ce complot.

    _____

15. Le directeur baissa les yeux, avec étonnement, vers l'objet. Elle lui tendait l'objet.

    _____

16. Elle était fière de ce coup. Elle avait calculé les moindres détails de ce coup.

    _____

LEXIQUE

En tenant compte du contexte, *Le langage des couleurs* (p. 224), donnez la signification des mots suivants. Recourez au dictionnaire, au besoin.

1. symbole (paragr. 2, ligne 1)

   _____

2. novice (paragr. 2, ligne 1)

   _____

3. cure (paragr. 4, ligne 3)

   _____

4. chlorophylle (Paragr. 4, ligne 3)

   _____

5. grisaille (paragr. 5, ligne 2)

   _____

6. appellation (paragr. 5, ligne 4)

   _____

7. leader (paragr. 5, ligne 4)

   _____

8. principes (paragr. 6, ligne 1)

   _____

9. muleta (paragr. 6, ligne 2)

   _____

10. toréador (paragr. 6, ligne 2)

    _____

11. honorer (paragr. 7, ligne 1)

    _____

12. personnalité (paragr. 7, ligne 1)

    _____

13. obscur (paragr. 9, ligne 2)

    _____

14. répréhensible (paragr. 9, ligne 2)

    _____

15. radiation (paragr. 10, ligne 1)

    _____

LE PRONOM INTERROGATIF

Le **pronom interrogatif** sert à interroger sur les **êtres** ou sur les **choses**. Dans l'**interrogation directe**, le **pronom** se place **en tête** de la phrase qui se termine par un point d'interrogation: Qui as-tu rencontré?

Dans l'**interrogation indirecte**, qui dépend toujours de l'un des verbes dire, savoir, ignorer..., le **pronom** se retrouve au **début** de la **subordonnée** et la phrase se termine par un point: J'aimerais savoir qui tu as rencontré.

Les formes du pronom interrogatif

Les **formes du pronom interrogatif** sont **simples**, **composées** ou **renforcées**.
Les voici réunies dans le tableau suivant.

LES FORMES DU PRONOM INTERROGATIF					
FORMES SIMPLES		**FORMES COMPOSÉES**		**FORMES RENFORCÉES**	
PERSONNES	CHOSES	PERSONNES	CHOSES	PERSONNES	CHOSES
qui?	que?	lequel?	lequel?	qui est-ce qui?	qu'est-ce qui?
	quoi?	auquel?	auquel?	qui est-ce que?	qu'est-ce que?
		duquel?	duquel?		à quoi est-ce que?
					de quoi est-ce que?
					par quoi est-ce que?

L'antécédent du pronom interrogatif

Les formes **simples** et les formes **renforcées** du pronom interrogatif s'emploient sans antécédent.

Exemples: _____

_____

Par contre, les formes **composées** peuvent avoir un antécédent.

Exemple: _____

L'accord du pronom interrogatif

Les **formes simples** du pronom interrogatif sont _____.

Exemple: _____

Les **formes composées** s'accordent _____ et _____.

Cependant, elles peuvent, selon le **sens**, s'accorder _____.

Exemples: _____

_____

1) Quelques pronoms interrogatifs changent de forme dans l'interrogation indirecte, c'est-à-dire lorsque la question est posée par l'intermédiaire d'un verbe. Ainsi:

que ⇒⇒⇒⇒⇒⇒ _____

qui est-ce qui et qui est-ce que ⇒⇒⇒⇒⇒⇒ _____

qu'est-ce qui ⇒⇒⇒⇒⇒⇒ _____

qu'est-ce que ⇒⇒⇒⇒⇒⇒ _____

Exemples:

Que fais-tu? ⇒⇒⇒⇒⇒⇒ _____

Qu'est-il arrivé? ⇒⇒⇒⇒⇒⇒ _____

Qui est-ce que tu attends? ⇒⇒⇒⇒⇒⇒ _____

Qu'est-ce qui vous amuse? ⇒⇒⇒⇒⇒⇒ _____

Qu'est-ce que tu veux? ⇒⇒⇒⇒⇒⇒ _____

2) Le **pronom interrogatif que** s'emploie dans l'interrogation indirecte seulement si le **verbe** de la **subordonnée** est à l'**infinitif**.

Exemple: _____

Les fonctions du pronom interrogatif

Le pronom interrogatif peut avoir les mêmes fonctions que le GN, ainsi que le montre le tableau suivant.

LES FONCTIONS DU PRONOM INTERROGATIF	
FONCTIONS	**EXEMPLES**
a) **Suj. V.**	_____ _____
b) **Attr. Suj.**	_____
c) **Compl. N.**	_____

LES FONCTIONS DU PRONOM INTERROGATIF

FONCTIONS	EXEMPLES
d) Compl. Adj.	
e) Compl. D. V.	
f) Compl. I. V.	
g) Compl. Ag. V.	

N.B. Le pronom interrogatif «lequel» peut avoir n'importe quelle fonction dans la phrase. Précédé des prépositions **à** ou **de**, il se contracte, sauf au féminin singulier:

à lequel   ⇒⇒⇒ _____   **à les**quels   ⇒⇒⇒ _____

à lesquelles   ⇒⇒⇒ _____   **de le**quel   ⇒⇒⇒ _____

de lesquels   ⇒⇒⇒ _____   **de les**quelles   ⇒⇒⇒ _____

EXERCICES

A Composez une dizaine de phrases interrogatives directes. Variez la forme et la fonction du pronom.

Exemples: À qui ton amie a-t-elle promis son aide?
De quoi l'avenir sera-t-il fait?

1. _____
2. _____
3. _____
4. _____
5. _____
6. _____
7. _____
8. _____
9. _____
10. _____

B **Transformez** les phrases que vous venez de construire en interrogations indirectes. Attention à la ponctuation.

Exemples: **Je voudrais savoir à qui ton amie a promis son aide.**
             Nous ignorons de quoi l'avenir sera fait.

1. _____
2. _____
3. _____
4. _____
5. _____
6. _____
7. _____
8. _____
9. _____
10. _____

EXERCICE DE STYLE:
DE LA SUBORDONNÉE RELATIVE AU GROUPE ADJECTIVAL

Réduisez chacun des groupes de mots soulignés (ce sont des subordonnées relatives) à un **G. Adj. Compl. N.**

Exemple: **Elle a obtenu une réponse <u>qui la satisfait</u>.**   satisfaisante

1. Il s'était jeté à corps perdu dans cette aventure <u>qui n'a pas duré</u>.   _____
2. Cette enfant <u>qui ne porte pas attention</u> n'a rien compris.   _____
3. Cet élève <u>qui est en retard</u> aura manqué une partie du cours.   _____
4. Durant la manifestation, elle a éprouvé un malaise <u>qui n'a pas duré</u>.   _____
5. Ce compagnon <u>qui parle beaucoup</u> m'importune.   _____
6. Cet homme <u>qui ne pense qu'à lui</u> a peu d'amis.   _____
7. Cet enfant <u>qui rit toujours</u> manque de sérieux.   _____
8. Cette personne <u>qui n'a aucune culture</u> n'ira pas loin.   _____
9. Ce vieillard <u>qui a cent ans</u> jouit encore d'une bonne santé.   _____
10. Je suis abonnée à cette revue <u>qui paraît deux fois par mois</u>.   _____
11. Les experts font face à un problème <u>qu'ils ne peuvent résoudre</u>.   _____
12. Nous participons à ces réunions <u>qui ont lieu toutes les semaines</u>.   _____
13. Cet article <u>qui contient des injures</u> ne sera pas diffusé.   _____
14. Cet auteur <u>qui produit abondamment</u> a été honoré.   _____
15. Nous avons opté pour la solution <u>qui a été présentée dès le début</u>.   _____
16. Ces concurrentes font face à un défi <u>qui est de taille</u>.   _____

17. Il est atteint d'un mal <u>qui ne peut être guéri</u>.

18. Notre voisin est un colosse <u>qui ne se fatigue jamais</u>.

19. Ce texte <u>qui nous informe</u> est tiré d'une encyclopédie.

20. Elle a devant elle un avenir <u>qui promet beaucoup</u>.

21. Je me suis retrouvée dans une situation <u>qui met dans l'embarras</u>.

22. Nous gardons de notre séjour un souvenir <u>qui ne saurait périr</u>.

23. Cet enfant <u>qui a du talent</u> s'est surpassé.

24. Il a un comportement <u>qui est digne de respect</u>.

25. Elle a présenté des arguments <u>que je n'ai pu réfuter</u>.

LEXIQUE

En tenant compte des préfixes et des suffixes en caractères gras essayez de donner la signification des mots suivants extraits du texte *Le langage des couleurs* (p. 224).

1. attire (paragr. 1, ligne 3)

_____

2. allège (paragr. 1, ligne 3)

_____

3. immatériel (paragr. 1, ligne 3)

_____

4. longév**ité** (paragr. 3, ligne 2)

_____

5. désaltère (paragr. 4, ligne 1)

_____

6. retrouver (paragr. 5, ligne 2)

_____

7. pur**eté** (paragr. 8, ligne 1)

_____

8. renaiss**ance** (paragr. 8, ligne 3)

_____

9. rétrécisse**ment** (paragr. 10, ligne 2)

_____

10. légèr**eté** (paragr. 10, ligne 3)

_____

L'ADVERBE ET LE GROUPE ADVERBIAL

L'**adverbe**, aussi appelé **modificateur**, est un mot invariable qui **modifie** le sens d'un **verbe**, d'un **adjectif**, d'un **adverbe** ou de toute une **phrase.** Formé de **plusieurs mots**, il prend le nom de **locution adverbiale**. L'adverbe peut toujours être **effacé**.

Certains adverbes – **les adverbes d'opinion** (*assurément, certainement, sans doute, probablement*, etc. – sont des **marqueurs** de **modalité** ou des **modalisateurs**. Ils permettent de déceler le point de vue du scripteur.

D'autres, – **les adverbes de liaison** (*d'abord, de plus, puis, en effet, ensuite*, etc.) – servent à marquer explicitement la relation entre les éléments d'une phrase ou entre les phrases. Placés au début des paragraphes qu'ils relient entre eux, ils deviennent des **organisateurs textuels.**

Le **groupe de l'adverbe** (**G. Adv.**) ou groupe adverbial est un groupe de mots dont le **noyau** est un **adverbe**.

I. La formation des adverbes

La plupart des adverbes de manière se forment en ajoutant le suffixe _____ au _____

_____ .

Exemples: **faux** ⇒⇒⇒⇒ _____   ⇒⇒⇒⇒ _____

mou ⇒⇒⇒⇒ _____   ⇒⇒⇒⇒ _____

Il y a des exceptions, cependant.

a) Quand l'**adjectif** se termine par **ant** ou par **ent**, il suffit de remplacer **ant** par _____ et

ent par _____ .

Exemples: **savant** ⇒⇒⇒⇒ _____

diligent ⇒⇒⇒⇒ _____

Cependant, **lent**, **présent** et **véhément** font _____ , _____ et

_____ .

b) Quand l'**adjectif** se termine par **é, i** ou **u**, on ajoute tout simplement _____ .

Exemples: **hardi** ⇒⇒⇒⇒ _____

éperdu ⇒⇒⇒⇒ _____

aisé ⇒⇒⇒⇒ _____

Certains prennent cependant un accent circonflexe sur le **û**.

Exemples: **goulu** ⇒⇒⇒⇒ _____

assidu ⇒⇒⇒⇒ _____

du ⇒⇒⇒⇒ _____

© LIDEC inc.

N.B. L' **adverbe** dérivé de l'adjectif **gai**, s'écrit _____ ou _____.

Gentil, **impuni** et **traître** font respectivement _____, _____

et _____.

c) Certains adverbes prennent un accent aigu sur le «e» qui précède le suffixe «ment.»

Exemples: **précis** ⇒⇒⇒⇒ _____ **confus** ⇒⇒⇒⇒ _____

énorme ⇒⇒⇒⇒ _____ **intense** ⇒⇒⇒⇒ _____

d) Certains adverbes en «ment» ne dérivent pas d'adjectifs.

Exemples: _____, _____, _____,

_____, etc.

II. Les catégories d'adverbes

Les adverbes – généralement classés en huit catégories – peuvent impliquer des notions diverses que résume le tableau suivant.

ADVERBES ET LOCUTIONS ADVERBIALES	
NOTIONS EXPRIMÉES	**EXEMPLES**
lieu	ici, ailleurs, là, là-bas, devant, derrière...
temps	hier, aujourd'hui, demain, jamais, toujours, déjà, depuis, alors, souvent, bientôt, soudain, maintenant...
manière	bien, mal, vite, ensemble...
quantité, degré	beaucoup, moins, assez, peu, trop, très, tant...
interrogation	où, quand, comment, pourquoi, combien...
opinion – affirmation – doute	certainement, oui, vraiment, assurément... apparemment, peut-être, probablement...
négation	non, ne... pas, ne... plus, ne... jamais...
liaison	cependant, en effet, pourtant, d'abord, enfin, toutefois...

Les **adverbes** d'**interrogation** servent à poser des questions sur:

– le lieu; _____

– le temps; _____

– la manière; _____

– la cause; _____

– le prix; _____

– la quantité. _____

Les degrés de l'adverbe

La plupart des adverbes en «ment» dérivés d'un adjectif sont généralement des adverbes de manière. Ils peuvent avoir des comparatifs et des superlatifs.

Exemple: **vif** ⇒⇒⇒⇒ _____, _____, _____,

_____, _____, _____.

Certains **adverbes de temps** peuvent également avoir des **comparatifs** et des **superlatifs**.

Exemple: **longtemps** ⇒⇒⇒⇒ _____, _____, _____,

_____, _____.

Les adverbes **bien**, **mal** et **peu** ont un **comparatif** et un **superlatif particuliers**:

bien ⇒⇒⇒⇒ _____, _____

mal ⇒⇒⇒⇒ _____, _____

peu ⇒⇒⇒⇒ _____, _____

La place de l'adverbe

En général, l'adverbe se place:

a) avant _____ ou _____;

Exemples: _____

_____

b) après_____;

Exemple: _____

c) entre _____ et _____;

Exemple: _____

d) avant ou après _____.

Exemples: _____

_____

N.B. La locution de négation encadre généralement le verbe.

Exemple: _____

> **Remarques**
>
> 1) Les **adverbes de lieu ici** et **là** indiquent, le premier, _____; le second,
>
> _____.
>
> Exemple: _____
>
> 2) Certains **adverbes de quantité** (très, fort, etc.), lorsqu'ils désignent le _____, sont __
>
> _____.
>
> Exemple: _____

3) L'adverbe de négation **ne** peut être employé **seul** avec les mots _____, _____,

   _____, _____ et souvent, avec les verbes _____, _____, _____.

   Exemples: _____

   _____

   _____

4) Dans la phrase de forme négative, lorsque le sujet est «**on**», ce dernier est toujours suivi de «**n'**» devant les mots commençant par une voyelle.

   Exemples: _____

   _____

5) Certains **adjectifs** peuvent être employés comme _____.

   Exemple: _____

Les fonctions du groupe adverbial

Le groupe adverbial est avant tout un **modificateur**. Mais, il peut avoir d'autres fonctions que résume le tableau suivant.

LES FONCTIONS DU GROUPE ADVERBIAL	
FONCTIONS	**EXEMPLES**
a) **modificateur** de **l'adjectif**, du **verbe**, de **l'adverbe**	_____ _____ _____
b) **Compl. V.**	_____
c) **Compl. P.**	_____

N.B. Lorsqu'un adverbe de lieu est indispensable à la construction de certains verbes (être, demeurer, rester) et qu'il les précise, il est _____

Exemple: _____

L'adverbe est aussi _____ lorsque le verbe marque un _____

(_____, _____, _____).

Exemple: _____

A En utilisant les suffixes appropriés, formez l'adverbe qui dérive de chacun des adjectifs indiqués.

1. sec _____
2. fou _____
3. évasif _____
4. puissant _____
5. nul _____
6. doux _____
7. absolu _____
8. patient _____
9. vaillant _____
10. courant _____

11. juste _____
12. habile _____
13. formel _____
14. long _____
15. certain _____
16. fructueux _____
17. passionné _____
18. impératif _____
19. pesant _____
20. résolu _____

B Soulignez les adverbes contenus dans les exemples ci-dessous. Écrivez la fonction de chacun d'eux.

Exemple: Les enquêteurs ont <u>longuement</u> interrogé le détenu. Modif. V. _____

1. Elle a bien exercé son métier. _____
2. Hier, nous avons visité le Jardin botanique. _____
3. Mon ami est très généreux. _____
4. Il chantera à ce concert demain. _____
5. Elle lui a dit la vérité aujourd'hui. _____
6. Elle ne savait quoi répondre. _____
7. Auparavant, elle m'aimait. _____
8. Les gens, apeurés, se rendaient partout. _____
9. Cet ouvrier très habile est très couru. _____
10. Elle a vécu cette passion très intensément. _____
_____
11. Le temps s'alourdit davantage. _____
12. Cette famille demeure là depuis deux ans. _____
13. Il interrompit brusquement la conversation. _____
14. Il s'est égaré en chemin avant-hier. _____
15. Aujourd'hui, je m'ennuie des beaux jours. _____

C Dans les exemples suivants, soulignez chacun des adverbes et locutions adverbiales. Indiquez s'il s'agit d'un modificateur ou d'un modalisateur.

Exemple: **Cet homme est <u>certainement</u> honnête.**   modal.

1. Nous avons grandement apprécié vos conseils. _____

2. Tout s'est bien terminé. _____

3. Peut-être a-t-il voulu me rencontrer. _____

4. Cet enfant parle beaucoup. _____

5. La partie est sans doute gagnée. _____

6. Probablement, tout a été planifié dans ce sens. _____

7. Ils ont regretté profondément leur geste. _____

8. Pour comprendre, il faut écouter attentivement. _____

9. Assurément, il viendra me voir ce soir. _____

10. Il a participé à cette aventure à contrecœur. _____

11. Il s'achemine tranquillement vers l'âge adulte. _____

12. Notre voisin s'est comporté à la légère dans cette affaire. _____

13. Heureusement, il s'en est sorti. _____

14. Nous avons longuement réfléchi. _____

15. Il neigera sûrement ce soir. _____

D Composez une douzaine de phrases. Dans chacune d'elles, le mot suggéré sera utilisé tantôt comme adjectif, tantôt comme adverbe.

    a) fort

    Exemple: **Cet élève est fort en physique.**
                Sa mise en scène a fort déçu.

1. _____

2. _____

    b) sec

1. _____

2. _____

    c) dur

1. _____

2. _____

    d) grand

1. _____

2. _____

e) gros

1. _____
2. _____

f) large

1. _____
2. _____

g) lourd

1. _____
2. _____

EXERCICE DE STYLE

Transformez les phrases suivantes en remplaçant la forme négative par un verbe de même signification.
Faites vos choix parmi la liste ci-dessous.

> *taire | a manqué à | nie | dément | discontinuer | limiter | a manqué | ignorent | a enfreint | interceptent | a refusé | ont négligé | contrevenir aux | a omis | a échoué | a épargné | contenir | a improvisé | manque | a cédé | m'abstenir*

Exemple: **Il n'admet pas l'existence de ce fait.**   nie

1. Ces élèves ne connaissent pas le grec.   _____

2. Ils ont décidé de ne pas continuer les recherches.   _____

3. Elle n'a pas réussi aux examens de fin d'année.   _____

4. Mon amie n'a pas tenu sa promesse.   _____

5. Elle n'a pas accepté mon offre.   _____

6. Ce gourmet n'a pas pu résister à la tentation.   _____

7. Elle n'a pas atteint ses objectifs.   _____

8. Le nom de cette candidate ne figure pas sur le bulletin. _____

9. Les décideurs n'ont pas tenu compte de cet avis.   _____

10. Ces rideaux ne laissent pas passer la lumière.   _____

11. Malgré tout, il essaie de ne pas laisser éclater sa colère. _____

12. Il ne faut pas pousser trop loin ses ambitions.   _____

13. Cet homme a décidé de ne pas observer les règlements. _____

14. J'aurais pu le lui dire, mais j'ai choisi de ne pas le faire. _____

15. C'est délibérément qu'il n'a pas obéi à la loi.   _____

16. Elle a préféré ne pas révéler son identité.   _____

17. Ce conférencier n'a pas préparé son discours.   _____

18. Le feu, heureusement, n'a pas atteint mon appartement. _____

19. Son attitude ne correspond pas à ses paroles. _____

20. La secrétaire n'a pas écrit cette phrase importante. _____

LEXIQUE: LES FAMILLES DE MOTS

On entend par famille de mots, l'ensemble des mots formés par préfixation et par suffixation à partir d'un même radical.

Les mots bordage, bordée, bordure, aborder, abordage, déborder, débordement, etc., sont tous de la même famille que le nom bord.

EXERCICE

À partir des mots suivants extraits du texte *Le langage des couleurs*, p. 224, composez, pour chacun d'eux, une famille d'autant de mots que possible.

Consultez les pages 20 et 32 de votre cahier.

1. base:

   _____

2. support:

   _____

3. forme:

   _____

   _____

4. jour:

   _____

5. évoquer:

   _____

   _____

6. blanc:

   _____

   _____

7. bleu:

   _____

8. classe:

   _____

   _____

QUATRE BALLONS POUR UN TOUR DU MONDE SANS ESCALE

1   Actuellement, quatre équipes de par le monde disposent de la passion et des moyens matériels indispensables pour gagner un pari dont les termes ont été définis de manière claire: réaliser un tour du globe en ballon habité sans s'autoriser la moindre escale. Contrairement aux héros du roman de Jules Verne *L'île mystérieuse*, qui, partis de Richmond, en Virginie, parcourent plusieurs milliers de kilomètres dans une nacelle en osier avant de rallier une île du Pacifique (exploit irréalisable à l'époque), les aventuriers modernes ont mobilisé à tous les stades du projet, de l'enveloppe extérieure jusqu'aux instruments qui vont mesurer la couche d'ozone, les moyens technologiques les plus sophistiqués.

2   La compétition informelle qui s'est engagée entre les candidats au record est en réalité une compétition scientifique. Des années de travail en laboratoire et d'essais sur le terrain, plus ou moins infructueux, ont été nécessaires pour préparer le vol décisif. Quatre équipes fourbissent leurs armes électroniques et se disent prêtes à en découdre: d'ici la fin de 1995, le sort devrait avoir désigné l'heureux vainqueur. Ce type de projet un peu fou, considéré par certains comme la dernière grande aventure terrestre, si l'on peut dire, de l'espèce humaine, attire en règle générale deux types de personnalités: des chercheurs passionnés qui voient dans le vol à très haute altitude la possibilité de réaliser des expériences scientifiques originales; et des fous d'exploration et d'aventure qui rêvent d'accomplir ce que personne d'autre n'a réussi avant eux.

3   À tout seigneur, tout honneur: Larry Newman, l'homme du projet Earthwinds (Vents terrestres), est certainement le plus ambitieux des quatre par les moyens mis en œuvre. Il a installé ses quartiers dans les hangars d'un minuscule aéroport du Nevada, en bordure du désert, à quelques kilomètres de Reno. Avant de se lancer à corps perdu dans la préparation de cette expédition qui l'occupe à plein temps depuis plus de six ans, ce Californien de 46 ans a accumulé un palmarès aéronautique impressionnant: à 12 ans, il pilotait seul un avion à hélices; à 17 ans, il était moniteur de vol; à 25 ans, il avait créé la plus grosse entreprise de fabrication de ballons dans le monde. À 35 ans, il réalisait avec ses amis Ben Abruzzo et Maxie Anderson, pilotes comme lui, la première traversée en ballon de l'Atlantique, exploit qu'il réitérait trois ans plus tard, toujours accompagné de ses deux complices, en traversant cette fois le Pacifique.

4   Pour Larry Newman et son équipe, il s'agit de rejoindre l'un des nombreux courants aériens qui parcourent l'atmosphère terrestre à une altitude comprise entre 10 et 12 kilomètres, et de se laisser porter. Ces courants sont appelés (par analogie avec le Gulf Stream marin) «jets streams». L'un d'eux présente un intérêt tout particulier pour les aéronautes, en raison de la vitesse moyenne des vents qui le composent, 120 kilomètres à l'heure, avec des pointes dépassant les 400; ils balaient le globe d'ouest en est, entre le 40e et le 70e degré de latitude nord. Une fois que la masse impressionnante de l'*Earthwinds* aura réussi à s'insérer dans ce courant, il lui suffira de s'y maintenir une quinzaine de jours pour espérer boucler la boucle.

5   Le projet est toutefois soumis à deux contraintes techniques: l'appareil, qui est un aérostat à air chaud, ne peut pas, pour des raisons de poids en charge, emporter les quantités de propane suffisantes pour se maintenir en l'air pendant un temps aussi long; ce qui veut dire qu'il doit être impérativement chauffé à l'hélium. Ensuite, contrairement aux héros de Jules Verne, les aéronautes évoluent à une altitude trop élevée pour se contenter d'une nacelle en osier: leur habitacle doit être pressurisé comme celui d'un avion de ligne.

6   Larry Newman n'apprécie guère que la presse vienne le déranger dans son travail. C'est donc une faveur exceptionnelle qu'il m'accorde, en me laissant pénétrer dans son hangar de Stead. La visite vaut le détour: dans un grand coffrage en bois, proche par ses dimensions d'un wagon de marchandises, Larry a installé le ballon proprement dit, plié selon les règles de l'art: 907 kilos d'une pellicule translucide composée de trois couches de polyéthylène renforcé de montants en polyester. Une fois gonflé, le monstre prend la forme d'un champignon de 60 mètres de haut et de 30 mètres de diamètre (40 mètres après dilatation de l'hélium en vol). Quant à la capsule elle-même, c'est un objet tellement précieux qu'elle est entourée d'une douzaine de panneaux – «Keep out!» – destinés à éloigner les intrus. On a déroulé devant elle le tapis rouge, et le visiteur est fermement prié de retirer ses chaussures avant d'y pénétrer par la trappe d'accès. À l'intérieur, c'est le triomphe de la technologie: deux générateurs assurent l'approvisionnement en énergie; des échangeurs de chaleur maintiennent une température d'ambiance agréable, 20 °C; le reste de l'habitacle est truffé de caméras, d'antennes, d'instruments de mesure. Petit inconvénient: le poids en charge, au moment du décollage, est de 6,8 tonnes. Gros avantage: l'habitacle flotte en cas d'amerrissage forcé. Des quatre appareils en compétition, *Earthwinds* est le seul qui ait déjà réussi à décoller (janvier 1994). Mais c'est surtout le seul projet qui mette en œuvre non pas un, mais deux ballons reliés entre eux comme les deux parties d'un gigantesque sablier.

7   C'est l'ingénieur Tim Lachenmeier qui en a eu l'idée. Le problème se posait en termes simples: en cours de vol diurne, le rayonnement solaire dilate l'hélium du ballon qui a alors tendance à monter et à sortir «par le haut» de son courant porteur. Généralement, on utilise dans ce cas des soupapes qui relâchent un peu d'hélium. Malheureusement, le phénomène inverse se produit la nuit: la température extérieure devient nettement plus froide, ce qui accentue le déficit en hélium créé par le délestage de la journée. Le ballon se dégonfle et perd de l'altitude, le risque étant qu'il sorte «par le bas» du courant porteur. D'où l'idée de fixer, au premier ballon, un deuxième gonflé à l'air, dont on peut à volonté moduler la pression à l'aide de pompes. Le problème crucial du lest ainsi réglé, l'exploit paraît désormais presque à portée de main.

8   Mais la concurrence veille. L'*Unicef-Flyer* hollandais, fruit des efforts conjugués d'un avionneur et d'un fabricant de sous-marins, est lui aussi une sorte de laboratoire volant. Il s'agit pourtant d'un ballon de type Rozier, c'est-à-dire un engin utilisant une technique vieille de deux siècles, mis au point par le pionnier français Jean-François Pilâtre de Rozier avant la Révolution. Mais, comme la science a tout de même beaucoup progressé en deux cents ans, la formule a été quelque peu améliorée: *Unicef-Flyer* est devenu une sorte de ballon à deux étages. Comme chez les concurrents américains, la nacelle est suspendue à un aérostat gonflé à l'hélium. Mais, entre les suspentes, on a installé une deuxième enveloppe, en fibre synthétique, qui peut se gonfler comme une montgolfière. Le problème de l'alternance entre chaleur diurne et froidure nocturne est là aussi réglé de façon ingénieuse: la quantité d'hélium contenue dans l'enveloppe supérieure a été calculée de manière à ce que durant la journée l'aéronef conserve son altitude de croisière au sein du «jet stream». La nuit, lorsque cette enveloppe commence à se détendre, on injecte de l'air chaud dans l'enveloppe intermédiaire. On évite ainsi à la fois les pertes d'hélium et les pertes d'altitude. Ajoutons que la nacelle, dont la forme fait penser au *Nautilus* du capitaine Némo, semble plus équipée pour la croisière que pour l'expédition scientifique, avec sa coupole panoramique, son four à micro-ondes, ses radiateurs à gaz, son antenne VHF et surtout sa balustrade extérieure, conçue sans doute pour permettre à l'équipage de venir fumer une cigarette quelque part au-dessus des Andes ou du Kilimandjaro. [...]

(*À suivre*)
Cay RADEMACHER (Adaptation française de Christian Nugue)
© *Géo, (août 1995)*

1. Quel est le sujet traité dans cet article de revue?

   _____

   _____

2. Pourquoi l'émetteur compare-t-il ces ballons ultramodernes avec la nacelle en osier utilisée par les héros de Jules Verne?

   _____

   _____

3. Quel extrait du 2e paragraphe livre l'opinion de l'émetteur sur les projets en question?

   _____

4. Quelles sortes de personnalités sont, selon l'émetteur, attirées par ce genre de projet?

   a) _____

   _____

   b) _____

   _____

5. Une lecture attentive vous a sans doute permis de découvrir les noms des deux projets décrits dans le texte. Identifiez-les.

   _____

6. Indiquez les paragraphes où l'émetteur informe:

   a) sur le premier;

   _____

   b) sur le second.

   _____

7. Lequel des deux projets décrit-il le plus brièvement? Pourquoi, selon vous?

   _____

   _____

8. Relisez attentivement le 3e paragraphe et dites:

   a) où est né Larry Newman;

   _____

   b) quels exploits impressionnants il a réalisés.

   1) _____

   2) _____

   3) _____

   _____

   4) _____

   5) _____

9. Quelle opinion vous faites-vous d'un tel personnage?

_____

_____

10. Le 4ᵉ paragraphe explique comment Newman et son équipe comptent s'y prendre pour réaliser ce tour du monde sans escale en ballon. Relevez cette explication.

_____

_____

_____

11. Quelles sont les deux raisons pour lesquelles un courant en particulier intéresse Newman et son équipe?

a) _____

_____

b) _____

_____

12. Le 5ᵉ paragraphe mentionne que le projet est soumis à deux contraintes techniques. Comment les explique-t-il?

a) _____

_____

_____

b) _____

_____

13. Le 5ᵉ paragraphe indique aussi les solutions envisagées dans les deux cas. Lesquelles?

a) _____

b) _____

14. À partir des explications fournies dans le 6ᵉ paragraphe, précisez:

a) la matière dont est fait ce ballon;

_____

b) son poids;

_____

c) sa forme et sa grandeur une fois gonflé.

_____

_____

15. L'émetteur, avant de décrire la capsule, donne son impression générale.

Relevez l'extrait du 6ᵉ paragraphe qui traduit cette impression.

_____

16. Citez simplement les objets qui ont contribué à créer cette impression.

a) _____

b) _____

c) _____

17. «Petit inconvénient [...] Gros avantage», affirme l'émetteur. Comment explique-t-il:

a) le premier?

_____

b) le second?

_____

18. À quoi doivent servir:

a) les deux générateurs?

_____

a) les échangeurs de chaleur?

_____

19. Trouvez dans le 6ᵉ paragraphe l'autre raison qui permet de considérer le poids du ballon au décollage comme un inconvénient mineur.

_____

20. Quelles explications l'auteur donne-t-il pour justifier le fait que l'*Earthwinds* utilise deux ballons. Résumez-les en vos propres mots.

_____

_____

_____

_____

_____

21. Dans quel pays a vu le jour le second projet décrit dans le texte?

_____

22. Quel est l'ancêtre de l'*Unicef-Flyer*?

_____

_____

23. Qu'est-ce qui différencie ce ballon moderne de l'ancien?

_____

24. Comment l'émetteur décrit-il l'*Unicef-Flyer*?

_____

_____

25. Comment les concepteurs de l'*Unicef-Flyer* ont-ils réussi à éviter les pertes d'hélium et les pertes d'altitude?

_____

_____

_____

26. Relevez, dans le 8e paragraphe, ce qu'il y a de commun entre les deux aéronefs décrits dans le texte.

_____

_____

27. À quoi l'émetteur compare-t-il la nacelle de l'*Unicef-Flyer*?

_____

28. Et, qu'est-ce qui le porte à affirmer qu'elle est plus équipée pour la croisière que pour l'exploration scientifique?

_____

_____

B La grammaire de la phrase et du texte

1. Que remarquez-vous quant à l'orthographe des mots Californien (paragr. 3), hollandais (paragr. 8) et américains (paragr. 8)? Pourquoi en est-il ainsi?

_____

_____

2. Quelle est la fonction de ces mots?

Californien: _____

hollandais: _____

américains: _____

3. Pourquoi le mot «jets streams» est-il placé entre guillemets?

_____

4. Indiquez la nature du mot «tout» dans les phrases suivantes.

a) «les aventuriers modernes ont mobilisé à tous les stades» (paragr. 1)

_____

b) «L'un d'eux présente un intérêt tout particulier»

_____

5. Quel groupe de mots est mis en relief dans la phrase suivante:
«C'est l'ingénieur Tim Lachenmeier qui en a eu l'idée.»

_____

Transformez-la en phrase neutre.

_____

6. Dans les 1re et 3e phrases du 3e paragraphe, relevez **dans l'ordre**:

   a) un GN Compl. N.; _____

   b) un G. Prép. Compl. N.; _____

   c) un Adv. modalisateur; _____

   d) un G. Adj. au superlatif relatif de supériorité Attr. Suj.; _____

   e) un pronom relatif Suj. V.; _____

   f) un pronom personnel Compl. D. V. _____

   g) un G. Prép. Compl. P. _____

7. **Observez** la phrase suivante: «Ajoutons que la nacelle, dont la forme fait penser au *Nautilus* du capitaine Némo [...]»
   Relevez le pronom relatif qu'elle contient. Indiquez son antécédent, puis sa fonction.

   _____

8. Dans le 5e paragraphe, relevez un marqueur de relation qui marque:

   a) une restriction;

   _____

   b) une explication;

   _____

   c) la succession.

   _____

9. Dans ce même paragraphe, relevez un signe de ponctuation à valeur de marqueur de relation et indiquez la relation marquée.

   _____

   _____

LE VERBE: LA FORMATION DES TEMPS

Le **verbe** est formé de deux éléments bien distincts: le **radical** (partie du mot qui, sauf pour les verbes du 3e groupe, ne change pas) et la **terminaison** qui informe sur le **mode** (indicatif, impératif, subjonctif, conditionnel, participe, infinitif), le **temps** (présent, imparfait, passé simple...), la **personne** (1re, 2e, 3e) et le **nombre** du verbe. On distingue trois groupes de verbes:
   a) ceux qui se terminent par **er** (sauf **aller**);
   b) ceux qui se terminent par **ir** (participe présent: **issant**);
   c) ceux qui se terminent par **ir** (participe présent: **ant**), **oir** et **re**.

Les temps et les modes des verbes

Les **temps** indiquent le **moment** de l'**action**: le _____, le _____, le _____.

Ils sont **simples** (_____) ou **composés**, c'est-à-dire _____

_____ (_____ ou _____) _____.

Exemples: _____

_____

Les **modes** se divisent en modes personnels et en modes impersonnels.

L'**indicatif**, l'**impératif** (qui ne s'emploie qu'à la 2ᵉ personne du singulier, la 1ʳᵉ et la 2ᵉ personne du pluriel), le **conditionnel** et le **subjonctif** sont des modes _____: _____

_____.

L'**infinitif** et le **participe** sont des modes _____.

Généralement, pour former les temps d'un verbe, il suffit de remplacer la terminaison de l'infinitif par des terminaisons bien précises ajoutées au radical.

Les tableaux **I** et **II** ci-dessous présentent les différentes terminaisons qui servent à former les temps simples de l'indicatif, de l'impératif, du conditionnel et du subjonctif présent.

Quant au tableau **III**, il indique comment former les temps composés de l'indicatif, du conditionnel et du subjonctif.

TABLEAU I

TERMINAISONS DES TEMPS SIMPLES DE L'INDICATIF								
VERBES	**PRÉSENT**		**IMPARFAIT**		**PASSÉ SIMPLE**		**FUTUR SIMPLE***	
	Sing.	Plur.	Sing.	Plur.	Sing.	Plur.	Sing.	Plur.
1ᵉʳ groupe	e es e	ons ez ent	ais ais ait	ions iez aient	ai as a	âmes âtes èrent	ai as a	ons ez ont
2ᵉ groupe	is is it	**iss**ons **iss**ez **iss**ent	ais ais ait	ions iez aient	is is it	îmes îtes irent	ai as a	ons ez ont
3ᵉ groupe	s s t (ou) d	ons ez ont	ais ais ait	ions iez aient	is is it	îmes îtes irent	ai as a	ons ez ent
3ᵉ groupe					us us ut	ûmes ûtes urent	ai as a	ons ez ont
3ᵉ groupe					ins ins int	înmes întes inrent	ai as a	ons ez ont

* Au futur simple, toutes ces terminaisons sont précédées de la lettre **r**.

TABLEAU II

TERMINAISONS DES TEMPS SIMPLES DE L'IMPÉRATIF, DU CONDITIONNEL ET DU SUBJONCTIF						
VERBES	**IMPÉRATIF PRÉSENT**		**CONDITIONNEL PRÉSENT***		**SUBJONCTIF PRÉSENT**	
	Sing.	Plur.	Sing.	Plur.	Sing.	Plur.
1ᵉʳ groupe	e (sauf devant en, y)	ons ez	ais ais ait	ions iez aient	e es e	ions iez ent
2ᵉ groupe	is	**iss**ons **iss**ez	ais ais ait	ions iez aient	**iss**e **iss**es **iss**e	**iss**ions **iss**iez **iss**ent
3ᵉ groupe	s	ons ez	ais ais ait	ions iez aient	e es e	ions iez ent

* Comme au futur simple, au conditionnel présent, toutes ces terminaisons sont précédées de la lettre **r**.

TABLEAU III

FORMATION DES TEMPS COMPOSÉS DE L'INDICATIF

Présent V. avoir + **participe pas. V.** à conjuguer (aimer) ⇒ **passé composé**
⇓ ⇓ ⇓
j'ai aimé ⇒ **j'ai aimé**

Imparfait V. avoir + **participe pas. V.** à conjuguer (subir) ⇒ **plus-que-parfait**
⇓ ⇓ ⇓
j'avais subi ⇒ **j'avais subi**

Pas. simple V. avoir + **participe pas. V.** à conjuguer (servir) ⇒ **passé antérieur**
⇓ ⇓ ⇓
j'eus servi ⇒ **j'eus servi**

Futur simple V. avoir + **participe pas. V.** à conjuguer (vendre) ⇒ **futur antérieur**
⇓ ⇓ ⇓
j'aurai vendu ⇒ **j'aurai vendu**

FORMATION DES TEMPS COMPOSÉS DU CONDITIONNEL ET DU SUBJONCTIF

Cond. prés. V. avoir + **participe pas. V.** à conjuguer (vouloir) ⇒ **conditionnel passé**
⇓ ⇓ ⇓
j'aurais voulu ⇒ **j'aurais voulu**

Subj. prés. V. avoir + **participe pas. V.** à conjuguer (faire) ⇒ **subjonctif passé**
⇓ ⇓ ⇓
que j'aie fait ⇒ **que j'aie fait**

N.B. Aux temps composés, le verbe **avoir** est son propre auxiliaire et aussi l'auxiliaire du verbe **être**.

Exemples: _____ / _____ / _____ / _____ / _____ /

_____ / _____ / _____ / _____ / _____ /

Remarques

1) Aux trois personnes du pluriel de l'indicatif présent, les verbes **avoir**, **être**, **dire** et **redire**, **faire** (et ses composés) et **aller** prennent des terminaisons différentes:

avoir ⇒ _____   être ⇒ _____, _____, _____

dire ⇒ _____   redire ⇒ _____

aller ⇒ _____   faire ⇒ _____, _____

2) À l'indicatif présent, quelques verbes du 3e groupe (**cueillir**, **offrir**, **souffrir**, **assaillir**, **tressaillir**, **ouvrir** et ses composés) prennent les terminaisons des verbes du 1er groupe.

Exemples: _____ _____

_____ _____

3) Les verbes terminés par **cer** _____ devant les lettres **a** et **o** pour garder à la lettre **c** la prononciation «**se**».

Exemples: _____ _____

Quant aux verbes terminés par **ger**, il faut ajouter _____ devant les lettres **a** et **o** pour garder à la lettre «**g**» la prononciation «**je**».

Exemples: _____ _____

4) La plupart des verbes en **eler** et **eter** redoublent la consonne **l** ou **t** devant un «**e**» muet.

Exemples: rappeler: _____ _____ _____

épousseter: _____ _____ _____

D'autres (geler, congeler, dégeler, acheter, racheter) prennent un accent grave sur le «**e**» (**è**) devant une syllabe muette.

Exemples: geler: _____ _____ _____

5) Les verbes qui ont un «**e**» **muet** à l'avant-dernière syllabe de l'infinitif changent «**e**» en «**è**» (e ouvert) devant une syllabe muette.

Exemples: semer: _____ _____

6) Les verbes qui ont un «**e**» fermé (**é**) à l'avant-dernière syllabe de l'infinitif change «**é**» en «**è**» devant une syllabe finale muette.

Exemples: céder: _____ _____ _____

7) Les verbes en «**yer**» changent le «**y**» en «**i**» devant un «**e**» muet.

Exemples: employer: _____ _____ _____

8) À la 1re et à la 2e personne du pluriel de l'indicatif **imparfait** et du subjonctif présent, les verbes en **yer** gardent la lettre finale du radical (**y**).

Exemples: envoyer: _____ _____ _____

9) Certains verbes en **ir** et en **re**, **indre** et **soudre** (dor**mir**, men**tir**, ser**vir**, pe**indre**, ré**soudre**) perdent la consonne finale du radical au singulier de l'indicatif présent et de l'impératif présent.

Exemples: dor**mir**: _____ _____ _____

peindre: _____ _____ _____

résoudre: _____ _____ _____

Par contre, les verbes en **dre** (pren**dre**, ven**dre**, per**dre**, répan**dre**, fon**dre**, cou**dre**, mou**dre**), les verbes **vaincre** et **rompre** (et leurs dérivés) gardent la consonne finale du radical au singulier de l'indicatif présent et de l'impératif présent.

Exemples: per**dre**: _____ _____ _____ _____

vaincre: _____ _____ _____ _____

10) Quant aux verbes **mettre**, **battre** (et leurs dérivés), ils ne gardent qu'un «**t**» au singulier de l'indicatif présent et de l'impératif.

Exemples: me**ttre**: _____ _____ _____ _____

ba**ttre**: _____ _____ _____ _____

11) Le verbe **haïr** perd le tréma au singulier de l'indicatif présent et de l'impératif présent.

Exemples: haïr: _____ _____ _____ _____

Comparez avec nous haïssons, vous haïssez, ils haïssent.

EXERCICE

Conjuguez au mode, au temps et à la personne indiqués les verbes ci-dessous.

Exemple: **battre (ind. imparf., 2ᵉ pers. du sing.)**   **tu battais**

1. avoir (ind. passé composé, 2ᵉ pers. du plur.)   _____
2. faire (ind. imparf., 2ᵉ pers. du sing.)   _____
3. souffrir (ind. prés., 1ʳᵉ pers. du sing.)   _____
4. accueillir (ind. imparf., 2ᵉ pers. du plur.)   _____
5. ouvrir (impératif prés., 2ᵉ pers. du sing.)   _____
6. lancer (ind. passé simple, 1ʳᵉ pers. du plur.)   _____
7. déranger (ind. prés., 1ʳᵉ pers. du plur.)   _____
8. colliger (ind. passé simple, 1ʳᵉ pers. du plur.)   _____
9. haïr (ind. imparf., 1ʳᵉ pers. du plur.)   _____
10. étiqueter (ind. prés., 1ʳᵉ pers. du sing.)   _____
11. renouveler (impératif prés., 2ᵉ pers. du sing.)   _____
12. empaqueter (ind. prés., 3ᵉ pers. du sing.)   _____
13. racheter (ind. passé composé, 1ʳᵉ pers. du plur.)   _____
14. acheter (impératif prés., 2ᵉ pers. du sing.)   _____
15. geler (ind. prés., 3ᵉ pers. du plur.)   _____

16. dégeler (ind. imparf., 1re pers. du plur.) _____

17. dissoudre (impératif prés., 2e pers. du sing.) _____

18. sécher (ind. prés., 3e pers. du plur.) _____

19. reléguer (ind. imparf., 1re pers. du plur.) _____

20. amener (ind. prés., 1re pers. du sing.) _____

21. balayer (subj. prés., 2e pers. du plur.) _____

22. servir (impératif prés., 2e pers. du sing.) _____

23. teindre (ind. prés., 1re pers. du sing.) _____

24. absoudre (ind. prés., 2e pers. du sing.) _____

25. remettre (ind. prés., 1re pers. du plur.) _____

26. admettre (ind. prés., 2e pers. du sing.) _____

27. convaincre (ind. prés., 3e pers. du sing.) _____

28. vaincre (impératif prés., 2e pers. du sing.) _____

29. atteindre (ind. prés., 1re pers. du sing.) _____

30. haïr (ind. prés., 3e pers. du plur.) _____

31. haïr (ind. prés., 1re pers. du sing.) _____

32. interrompre (ind. prés., 1re pers. du sing.) _____

33. agencer (ind. prés., 1re pers. du plur.) _____

34. appeler (subj. prés., 1re pers. du sing.) _____

35. rendre (impératif prés., 2e pers. du sing.) _____

36. nettoyer (ind. imparf., 2e pers. du plur.) _____

37. falloir (ind. imparf., 3e pers. du sing.) _____

38. boire (ind. futur simple, 3e pers. du plur.) _____

39. marteler (cond, prés., 2e pers. du plur.) _____

40. désaltérer (ind. prés., 3e pers. du plur.) _____

41. vivre (impératif prés., 2e pers. du sing.) _____

42. souffrir (ind. futur simple, 3e pers. du plur.) _____

43. tenir (ind. passé simple, 3e pers. du plur.) _____

44. sortir (ind. prés., 3e pers. du sing.) _____

45. corrompre (impératif prés., 2e pers. du sing.) _____

46. ceindre (ind. prés., 2e pers. du sing.) _____

47. redire (ind. prés., 2e pers. du plur.) _____

48. emmener (cond. prés., 3e pers. du sing.) _____

49. répandre (ind. prés., 3e pers. du sing.) _____

50. craindre (ind. prés., 1re pers. du sing.) _____

EXERCICE DE STYLE

Dans la liste ci-dessous, choisissez le verbe qui convient pour compléter chacune des phrases suivantes.

> *gagner / assure / risquent / commets / se rappelle / demeurent / est allée / espère / pensent / promets / évite / se souvient / est / parler / resta / causent / a accompli / peint / a dispensé / jouit*

1. Cette femme d'affaires _____ d'une excellente réputation.

2. Hier, Valérie _____ jouer au tennis avec ses copines.

3. J'_____ que la chance me sourira.

4. À cause de l'automatisation, nombre de travailleurs _____ de perdre leur emploi.

5. Toute la population _____ ce spectaculaire accident.

6. Je vous _____ que vos consignes ont été suivies.

7. Nos grands-parents _____ à deux pas d'ici.

8. Je vous _____ que vos conseils seront suivis.

9. Les médecins _____ que la patiente est complètement guérie.

10. Mes sœurs sont au sous-sol; elles _____ avec leurs amies.

11. «Garde-toi de _____ à un inconnu», répétait souvent ma mère.

12. Amnésique depuis son accident, mon oncle ne _____ plus de rien.

13. Marie _____ bien celle qui vous a reçues à la porte.

14. Le vieillard _____ longtemps immobile devant l'âtre.

15. Je crois que tu _____ une erreur.

16. Cette athlète _____ tout un exploit.

17. Depuis notre discussion, Sylvie _____ soigneusement mon regard.

18. Pour récompenser cet élève, la directrice l'_____ de ses examens.

19. Cette artiste _____ de beaux tableaux.

20. On hasarde de tout perdre en voulant trop _____.

LEXIQUE

En tenant compte du contexte *Quatre ballons pour un tour du monde sans escale* (p. 248), trouvez dans le dictionnaire la signification des mots et groupes de mots ci-dessous.

1. ont été définis (paragr. 1, ligne 2) _____

2. escale (paragr. 1, ligne 3) _____

3. sophistiqués (paragr. 1, ligne 8) _____

4. informelle (paragr. 2, ligne 1) _____

5. infructueux (paragr. 2, ligne 3) _____

6. personnalités (paragr. 2, ligne 7) _____

7. à corps perdu (paragr. 3, ligne 4) _____

8. impressionnant (paragr. 3, ligne 6) _____

9. réitérait (paragr. 3, ligne 9) _____

10. par analogie avec (paragr. 4, ligne 3) _____

11. contraintes (paragr. 5, ligne 1) _____

12. aérostat à air chaud (paragr. 5, ligne 1) _____

13. impérativement (paragr. 5, ligne 4) _____

14. hélium (paragr. 5, ligne 4) _____

15. pressurisé (paragr. 5, ligne 6) _____

16. les règles de l'art (paragr. 6, ligne 4) _____

17. est truffé de caméras (paragr. 6, ligne 13) _____

18. mette en œuvre (paragr. 6, ligne 16) _____

19. soupapes (paragr. 7, ligne 4) _____

20. déficit (paragr. 7, ligne 5) _____

21. délestage (paragr. 7, ligne 6) _____

Initiation à la littérature

I. Dans le texte *Quatre ballons pour un tour du monde sans escale*, p. 248, l'émetteur, par deux fois, a fait référence à Jules Verne. Savez-vous qui est ce personnage? Renseignez-vous dans un dictionnaire des auteurs et transcrivez l'essentiel des informations que vous aurez recueillies sur cet écrivain.

_____

_____

_____

_____

_____

_____

_____

_____

_____

_____

_____

_____

_____

_____

_____

II. Outre *L'île mystérieuse* dont il est question dans le texte, Jules Verne a écrit de nombreux romans d'anticipation. Citez-en trois.

_____

_____

_____

LES CATÉGORIES DE VERBES

On distingue six catégories de verbes:
- les verbes **auxiliaires**,
- les verbes **transitifs**,
- les verbes **intransitifs**,
- les verbes **attributifs**,
- les verbes **pronominaux**,
- les verbes **impersonnels**.

– Les verbes auxiliaires

Les **auxiliaires** se divisent en auxiliaires de **conjugaison** et en auxiliaires d'**aspect** et de **mode**.

Les **auxiliaires de conjugaison** sont les verbes _____ et _____. Ils aident à former

_____.

1) L'auxiliaire **avoir** sert à former _____.

   Exemple: _____

2) L'auxiliaire **être** sert à former:

   a) _____;

   Exemple: _____

   b) _____;

   Exemple: _____

   c) _____ (aller, entrer, sortir, etc.).

   Exemple: _____

Les **auxiliaires d'aspect** servent à préciser si l'action est _____

(aller, être sur le point de...), _____ (se mettre à, continuer à, finir de...)

ou _____ (venir de...). Ils sont toujours suivis _____

_____.

Exemples: _____

_____

_____

Les **auxiliaires de mode** servent à exprimer le **point de vue** de la personne qui parle. Ce sont les verbes

devoir et **pouvoir** _____.

Exemples: _____

_____

– Le verbe transitif

Un **verbe** est **transitif** lorsqu'il est _____ ou _____.

Le **verbe suivi** d'un **Compl. D.** est _____.

Exemple: _____

Le **verbe suivi** d'un **Compl. I.** est _____.

Exemple: _____

– Le verbe intransitif

Le **verbe intransitif** n'a ni _____ ni _____.

Exemple: _____

– Le verbe attributif

Le **verbe attributif** est _____ (**être, demeurer, rester, sembler, avoir l'air, se nommer, passer pour, être tenu pour, être traité de, être élu**...).

Exemple: _____

– Le verbe pronominal

Le **verbe** est **pronominal** lorsque _____

_____ (pronom réfléchi), _____.

Exemple: _____

– Le verbe impersonnel

Le **verbe impersonnel** ne s'emploie qu'à _____ . Le pronom **il**

qui le précède _____, ne peut être ni _____ ni _____.

Il fait corps avec le verbe.

Exemple: _____

Remarques

1) **Certains verbes** peuvent être tantôt **transitifs directs**, tantôt **transitifs indirects**.
   On dira: *Il a manqué le train.*
   Il a manqué à sa parole.

2) Un même **verbe** peut être suivi d'un **Compl. D.** et d'un **Compl. I.**

   Exemple: _____

EXERCICES

A Dans les exemples suivants, soulignez les verbes **être** et **avoir** seulement lorsqu'ils sont employés comme auxiliaires.

1. L'entreprise aura remercié deux cents employés à la fin de l'année.

2. Nous étions perçus comme des rabat-joie.

3. En disant ces paroles, il avait un sourire furtif.

4. Il a, sans hésiter, accepté ma proposition.

5. Ces familles sont dépourvues.

6. Ce boxeur jusqu'ici est invaincu.

7. Elle travaille tant que le soir elle est fourbue.

8. Vous avez, dit-on, de l'argent caché.

9. Cette nouvelle est ignorée de bien des gens.

10. Il avait le visage tendu.

B **Observez** les exemples suivants. Distinguez les auxiliaires de mode des auxiliaires d'aspect.

| Exemples: | **Ma copine doit avoir fait une gaffe.** | Auxil. de mode |
| | **Elle est en train de finir son dîner.** | Auxil. d'aspect |

1. Je viens d'achever la lecture de ce roman. _____

2. Tu peux bien avoir oublié. _____

3. Marc vient de réparer cet appareil. _____

4. Paul me doit cent dollars. _____

5. La pluie commence à peine à tomber. _____

6. Isabelle, viens regarder la télévision avec moi. _____

7. Nous venons de rencontrer le professeur. _____

8. Nous finissons de résoudre ce problème. _____

9. Tu peux bien avoir remporté le gros lot. _____

10. Nos parents sont sur le point de revenir. _____

C **Observez** les phrases ci-dessous. Soulignez le groupe verbal. Indiquez si le verbe est Trans. D., Trans. I. ou Intrans.

Exemple: **Ces équipes <u>disposent des moyens nécessaires</u>.** _____Trans. I._____

1. Ces femmes et leurs enfants ont parcouru des milliers de kilomètres. _____

2. Les aérostiers ont mobilisé les moyens technologiques les plus sophistiqués. _____

3. Quatre équipes fourbissent leurs armes électroniques. _____

4. Le sort désignera l'heureux vainqueur. _____

5. Ces aventuriers rêvent de grands espaces. _____

6. Ce Californien a accumulé un palmarès aéronautique impressionnant. _____

7. La forme de la nacelle fait penser au *Nautilus* du capitaine Némo. _____

8. La science a beaucoup progressé depuis deux cents ans. _____

9. Les quatre équipes participent à une compétition informelle. _____

10. Malheureusement, ce projet échouera. _____

11. La balle a malencontreusement dévié. _____

12. Œdipe devina l'énigme du Sphinx. _____

13. Le couturier drapait l'étoffe avec dextérité. _____

14. Il pense qu'on a médit de lui. _____

15. La patronne a engagé deux nouveaux employés. _____

16. Le délai expirera dans quelques heures. _____

17. Notre hôtesse avait dressé la table avant notre arrivée. _____

18. Il a failli à son devoir. _____

19. Tu insistes trop sur cette question. _____

20. Ce séisme a occasionné beaucoup de dégâts. _____

21. Les grévistes ont occupé les lieux durant deux heures. _____

22. Il a réfuté les arguments de son adversaire. _____

23. À la fin, nous avions parcouru une distance de 300 mètres. _____

24. Ces informations lui ont bien servi. _____

25. Les prix ont considérablement augmenté. _____

EXERCICE DE STYLE
DU GROUPE PRÉPOSITIONNEL AU GROUPE NOMINAL SUJET

Voici une liste de verbes.

> offrait / pétillent / recèle / reflète / ouvre / a amené / attirèrent / interdit / vieillit / coupa / divise / permettront / donne à / permet / suscitera

Choisissez celui qui convient pour compléter chacune des phrases suivantes, après avoir transformé le G. Prép. souligné en GNS.

Exemple: <u>Dans cette grotte</u>, nous pouvions nous réfugier.

Cette grotte nous offrait un refuge.

1. <u>Dans ses yeux</u>, il y a beaucoup de malice.

_____

2. <u>D'après le sens de la phrase</u>, on peut supprimer ce mot.

_____

3. <u>Dans ce roman</u>, se retrouvent les idées à la mode.

_____

4. <u>Par cette porte</u>, on entre dans le salon.

_____

5. <u>Avec ses économies</u>, il pourra se procurer l'ordinateur rêvé.

_____

6. <u>Par ses promesses</u>, il s'attira la sympathie du peuple.

_____

7. <u>Sur cette question</u>, les experts ne sont pas d'accord.

_____

8. <u>Dans cet accoutrement</u>, il paraît plus vieux.

_____

9. <u>Par dignité</u>, vous ne pouvez pleurer.

_____

10. <u>À cause de son émotion</u>, il perdit la parole.

_____

11. <u>Par curiosité</u>, je suis allé sur le mont Royal.

_____

12. <u>Devant une telle situation</u>, il y a de quoi réfléchir.

_____

13. <u>Dans la mer</u>, reposent de nombreux trésors.

_____

14. <u>Pour cet énorme succès</u>, il y aura sûrement de l'envie.

_____

Le mot «honneur», que l'on retrouve dans le proverbe «À tout seigneur, tout honneur», est utilisé dans bon nombre d'autres expressions.
En recourant à votre dictionnaire, donnez la signification des groupes de mots soulignés ci-dessous.

1. <u>Donner sa parole d'honneur</u>

_____

2. S'en tirer <u>avec honneur</u>

_____

3. Travailler <u>pour l'honneur</u>

_____

4. Sylvie est <u>l'honneur</u> de la famille.

_____

5. Le Premier ministre a été reçu avec <u>tous les honneurs</u>.

_____

6. Il a agi <u>en tout bien tout honneur</u>.

_____

7. C'est tout <u>à son honneur</u>.

_____

8. Ces vieilles coutumes sont <u>remises à l'honneur</u>.

_____

9. <u>À vous l'honneur</u>!

_____

10. Papa a <u>l'honneur</u> de siéger au conseil d'administration de la compagnie.

_____

11. Cette vedette a toujours <u>fait honneur à</u> ses engagements.

_____

12. La championne <u>a eu les honneurs de la presse</u>.

_____

VOTRE EMBALLAGE EST DÉLICIEUX!

1 «Un jour, nous mangerons l'emballage et l'assiette», avait prédit il y a plus de vingt ans Marcel Gagnon, le fondateur du Centre de recherche en sciences appliquées à l'alimentation de l'Institut Armand Frappier. Il voyait juste. L'an dernier, une équipe de l'Institut a mis au point un produit d'emballage et d'enrobage des aliments entièrement biodégradable et... comestible.

2 Décédé en 1993, le chercheur québécois n'est malheureusement pas là pour apprécier ce travail. C'est sa collaboratrice et épouse Monique Lacroix, qui a su prendre le relais avec succès. Mais la réalisation d'un emballage comestible n'a pas été une sinécure.

3 D'abord, il fallait trouver un produit adéquat. «Nous avons travaillé avec la caséine, une protéine insoluble dans l'eau et présente dans le lait, explique Monique Lacroix. Dans nos premières expériences, nous avons irradié les protéines afin de provoquer leur réticulation, c'est-à-dire de les lier entre elles de façon à les rendre plus volumineuses.» Résultat: un film transparent semblable à une pellicule plastique. Soumis à des conditions extrêmes pour déterminer sa résistance à l'eau et à la chaleur, le film résiste bien. Les chercheurs peuvent en récupérer 90 %. «Nous étions sur la bonne voie», raconte Monique Lacroix.

4 Puis l'équipe a employé le lactosérum, dont les constituants sont assez solubles dans l'eau. Après quelques traitements, comme l'irradiation et l'ajout d'agents chimiques, qui favorisent la réticulation, on a pu le rendre hydrophobe. À force d'essais, on a enfin mis au point une recette de pellicule fabriquée entièrement à partir de lactosérum.

5 Parce qu'elle est biodégradable, cette membrane de lactosérum présente un intérêt réel, notamment pour l'industrie du prêt-à-manger et de la restauration rapide. Dans l'enrobage, le lactosérum réticulé est en quelque sorte vaporisé directement sur l'aliment où il se solidifie pour former une couche hermétique. Il peut d'ailleurs être consommé avec l'aliment! [...]

6 En plus d'être biodégradable, la membrane ainsi obtenue possède des propriétés intéressantes pour l'industrie agroalimentaire. Avec un faible indice de perméabilité (0,8), elle est environ six fois plus imperméable que le sac de plastique d'une boîte de céréales. Elle constitue donc une excellente barrière contre les bactéries et l'oxydation des aliments. La durée de conservation est significativement augmentée: une pizza ainsi protégée garde sa fraîcheur pendant 12 jours au lieu des 5 à 7 jours habituels.

7 Les applications de ce nouveau produit d'emballage et d'enrobage semblent presque illimitées. On pourrait l'utiliser dans la fabrication des aliments précuits, où il permettrait de séparer les ingrédients qui ne doivent pas se mélanger. «Par exemple, indique Monique Lacroix, nous pourrions empêcher l'eau de la crème pâtissière de migrer vers le gâteau après la cuisson en enrobant la crème avec le lactosérum réticulé.» Les chercheurs étudient aussi la possibilité de produire des cartons de lait dont l'intérieur serait recouvert d'une mince couche de lactosérum réticulé, ce qui les rendrait recyclables. «Actuellement, plus de 80 % des emballages plastiques prennent le chemin des dépotoirs, et seulement 18 % d'entre eux sont recyclables; ces emballages constituent aussi près de 30 % des déchets municipaux.» L'invention de l'équipe de Monique Lacroix pourrait donc bouleverser l'industrie alimentaire tout en soulageant l'environnement d'une quantité importante de produits d'emballage.

Gilles DROUIN
© *Québec Science*

A   L'étude du texte

1. Que nous apprend ce texte explicatif?   /2

   _____

   _____

2. Quand et où ce produit a-t-il été mis au point?   /2

   _____

3. Qui prit la relève à la mort du fondateur du Centre de recherche en sciences   /2
   appliquées à l'alimentation de l'Institut?

   _____

4. Comment se sont réalisées les premières expériences?   /2

   _____

   _____

5. Quel produit a été utilisé lors de ces premières expériences?   /2

   _____

6. Quel autre produit a été utilisé par la suite?   /2

   _____

7. Qu'est-ce qui différencie essentiellement le caséine du lactosérum?   /2

8. D'après le texte, dans quels domaines pourrait-on utiliser la nouvelle recette de   /2
   pellicule?

   _____

   _____

9. Le 4e paragraphe explique comment ce nouveau produit est utilisé. Dites-le en vos   /3
   propres mots.

   _____

   _____

10. Quelles sont les principales qualités de ce nouveau produit?   /4

    a) _____

    b) _____

11. Dans le 5e paragraphe, quels exemples l'auteur cite-t-il pour expliquer les avantages   /4
    du lactosérum réticulé pour l'industrie agroalimentaire?

    a) _____

    _____

    b) _____

    _____

12. Quelles sont les autres utilisations possibles de ce nouveau produit d'emballage et /2
d'enrobage?

a) _____

b) _____

13. Comparé aux autres produits actuellement utilisés, ce nouveau produit est-il meilleur /3
au point de vue environnemental? Expliquez.

_____

_____

B La grammaire de la phrase et du texte

1. Dans le 1er paragraphe, relevez un adjectif employé comme adverbe. Quelle est sa /2
fonction?

_____

2. Dans le 2e paragraphe, relevez une phrase de forme emphatique et dites quels /2
GN sont mis en relief.

_____

_____

3. Dans le 3e paragraphe, relevez un adverbe qui sert d'organisateur textuel. /2
Quel est son rôle?

_____

_____

4. Formez l'adverbe qui dérive de chacun des adjectifs suivants. /4

a) adéquat _____

b) réel _____

c) hermétique _____

d) excellent _____

5. Dans chacun des extraits suivants, soulignez l'adverbe et indiquez-en /4
la fonction.

a) [...] un produit [...] entièrement biodégradable et... comestible. _____

b) [...] de façon à les rendre plus volumineuses. _____

c) [...] le film résiste bien. _____

d) [...] le lactosérum est vaporisé directement sur l'aliment [...] _____

6. Dans les extraits suivants, relevez chaque pronom relatif, écrivez son antécédent /9
(s'il y a lieu), puis sa fonction.

a) Puis l'équipe a employé le lactosérum dont les constituants sont assez solubles [...].

_____

b) [...] de produire un carton de lait dont l'intérieur serait recouvert [...]

_____

c) [...] ce qui les rendrait recyclables.

_____

7. Identifiez chacun des groupes de mots soulignés ci-dessous. Indiquez-en la fonction.   /10

a) Un jour, nous mangerons l'emballage et l'assiette.   _____

b) Marcel Gagnon, le fondateur du Centre de recherche [...]   _____

c) Mais la réalisation d'un emballage comestible n'a pas
été une sinécure   _____

d) [...] de façon à les rendre plus volumineuses.   _____

e) [...] un film transparent semblable à une pellicule plastique.   _____

   _____

f) [...] on a pu le rendre hydrophobe.   _____

g) Les applications de ce nouveau produit [...] semblent
presque illimitées.   _____

h) [...] ce qui les rendrait recyclables.   _____

   _____

8. Conjuguez chacun des verbes suivants au mode, au temps et à la personne indiqués.   /10

a) prédire (ind. imparf. 2e pers. du plur.)   _____

b) voir (ind. plus-que-parfait, 3e pers. du sing.)   _____

c) rendre (ind. prés. 3e pers, du sing.)   _____

d) soumettre (ind. fut. simple, 2e pers. sing.)   _____

e) employer (ind. imparf. 1re pers. plur.)   _____

f) partir (cond. prés. 3e pers. du plur.)   _____

g) utiliser (impér. prés. 2e pers. sing.)   _____

h) produire (cond. passé 1re pers. plur.)   _____

i) recouvrir (ind. fut. antérieur, 3e pers. plur.)   _____

j) soulager (impér. prés. 1re pers. plur.)   _____

9. Dans chacune des phrases suivantes, soulignez le verbe et indiquez s'il est transitif   /5
direct ou indirect, intransitif, attributif, pronominal, impersonnel.

a) Il voyait juste.   _____

b) Il fallait un produit adéquat.   _____

c) [...] où il se solidifie pour former une couche hermétique.   _____

   _____

d) Les applications de ce nouveau produit [...] semblent
presque illimitées.   _____

En tenant compte des affixes qui ont servi à les former, donnez la signification des termes suivants extraits du texte. /20

1. prédit _____

2. fondateur _____

3. chercheur _____

4. réalisation _____

5. insoluble _____

6. réticulation _____

7. traitements _____

8. irradiation _____

9. chimiques _____

10. hydrophobe _____

11. pellicule _____

12. se solidifie _____

13. perméabilité _____

14. imperméable _____

15. oxydation _____

16. conservation _____

17. illimitées _____

18. fabrication _____

19. précuits _____

20. recyclables _____

A VALEUR DES MODES ET DES TEMPS

On entend par **mode** du verbe la **façon** dont le locuteur ou le scripteur présente un fait. Il existe six modes dont quatre modes personnels et deux modes impersonnels.
Le **temps** du verbe indique le **moment** où se produit le fait énoncé.

L'EMPLOI DES MODES PERSONNELS

a) L'**indicatif** s'emploie pour exprimer _____ ;

Exemple: _____

b) le **conditionnel**, _____ ;

Exemple: _____

c) l'**impératif**, _____ ;

Exemples: _____

_____

d) le **subjonctif**, _____ .

Exemple: _____

L'EMPLOI DES TEMPS DE L'INDICATIF

– Le présent

Généralement, le **présent** indique que _____ .

Exemple: _____

Cependant, le **présent** peut aussi désigner:

a) _____ ou _____ ;

Exemple: _____

b) _____ (comme dans les proverbes);

Exemple: _____

c) _____ ;

Exemple: _____

d) _____ .

Exemple: _____

N.B. Dans le récit, le **présent** est employé aussi bien pour décrire les **objets** et les **lieux** que pour rapporter les **actions**. Il permet de faire revivre les épisodes passés comme s'ils se déroulaient au moment même sous les yeux du lecteur: c'est le **présent de narration**. Son emploi dans un récit raconté au passé sert à mettre en relief l'événement raconté au présent.

Exemple: Je me promenais tranquillement dans le bois. Je crus voir un ours passer. Soudain,

il _____ sur moi. Je _____ mes jambes à mon cou...

– L'imparfait

L'**imparfait** s'emploie pour indiquer que l'**action a duré** dans le **passé** pendant un _____ .

Exemple: _____

L'**imparfait** peut, en outre, exprimer:

a) _____ ;

Exemple: _____

© LIDEC inc.

b) _____ ;

Exemple: _____

c) _____ ;

Exemple: _____

N.B. L'**imparfait** présente les **actions** comme ayant eu lieu **simultanément** dans le passé. C'est le **temps** de la **description**: on l'utilise pour planter le décor, décrire les paysages, les aspects habituels d'une personne ou d'un objet.

– Le passé simple

Le **passé simple** (utilisé principalement dans la langue écrite) exprime _____ ,

_____ et _____ qui se sont succédé dans le temps.

Exemple: Soudain, un cri nous _____ . Sans demander notre reste, nous

_____ nos jambes à nos cous et nous nous _____ vers notre tente.

N.B. Le **passé simple**, contrairement à l'imparfait qui présente les actions comme ayant eu lieu **en même temps**, présente les **actions** comme ayant eu lieu **successivement**. On l'utilise dans le récit (le roman, la nouvelle) pour raconter les événements, c'est-à-dire, les différentes actions qui s'enchaînent.

Exemple: Il _____ lui parler; elle _____ ; chacun _____ de son côté.

– Le futur simple

Le **futur simple** sert principalement à exprimer _____

_____ .

Exemples: _____

_____

Le **futur** peut aussi exprimer _____ .

Exemples: _____

_____

– Le passé composé

Le **passé composé** (qui, dans la langue parlée, a remplacé le passé simple) exprime une _____

_____ , mais _____ .

Exemple: _____

N.B. Le **passé composé** peut aussi exprimer un _____ .

Exemple: _____

– Le plus-que-parfait

Le **plus-que-parfait** indique que _____ , mais sans préciser à quel moment.

Exemple: _____

– Le passé antérieur

Le **passé antérieur** exprime _____ qui a eu lieu immédiatement _____ _____. On l'emploie uniquement après les conjonctions de temps.

Exemple: _____

– Le futur antérieur

Le **futur antérieur** sert à exprimer _____.

Exemple: _____

L'EMPLOI DES TEMPS DU SUBJONCTIF

– Le présent

Il indique que l'action a lieu _____ qu'une autre.

Exemple: _____

– Le passé

Il indique l'_____ du fait énoncé par rapport au présent.

Exemple: _____

N.B. Les subjonctifs imparfait et plus-que-parfait ne sont pratiquement plus usités.

L'EMPLOI DES TEMPS DU CONDITIONNEL

– Le présent

Il exprime _____.

Exemple: _____

– Le passé

Il exprime _____.

Exemple: _____

L'EMPLOI DES TEMPS DE L'IMPÉRATIF

– Le présent

Il exprime une action _____ (puisque l'exécution suit l'ordre).

Exemple: _____

– Le passé

Il exprime que _____ à un moment déterminé du futur.

Exemple: _____

EXERCICES

A À quel mode sont employés les verbes soulignés ci-dessous?
Indiquez si l'action est présentée comme:

    a) un fait certain;
    b) un fait possible;
    c) un ordre;
    d) un fait incertain ou souhaité.

Exemple: **Cet homme <u>a accumulé</u> un palmarès impressionnant.**   ind.: un fait certain

1. Deux générateurs <u>assurent</u> l'approvisionnement en énergie de l'appareil. _____

2. Je <u>participerais</u> volontiers à cette marche pour la paix. _____

3. <u>Lis</u>, mon ami, cela te donnera des idées. _____

4. J'<u>ai perdu</u> le fil de mes idées. _____

5. Si tu te lançais dans cette aventure, tu y <u>laisserais</u> ta chemise. _____

6. Que Dieu lui <u>vienne</u> en aide! _____

7. Sa joie <u>était</u> indicible. _____

8. Pourvu que tu <u>arrives</u> à temps! _____

9. Que Dieu vous <u>bénisse</u>! _____

10. Les enfants <u>sautaient</u> de joie. _____

B **Observez** les phrases suivantes.

    a) Soulignez le verbe.
    b) Identifiez le temps de ce verbe.
    c) Indiquez la valeur de ce temps.

Exemple: **La Terre <u>tourne</u> autour du Soleil.**
       ind. prés.: _____   vérité permanente

1. Les spectateurs avaient envahi le stade.

   _____   _____

2. Ces étudiantes travaillent avec zèle.

   _____   _____

3. Les élèves apprécient ce congé inattendu.

   _____   _____

4. Nous suivrons vos directives à la lettre.

   _____   _____

5. Récemment, deux aérostiers ont réussi le tour du monde en ballon.

   _____   _____

6. Les activités n'ont pas repris.

   _____   _____

7. Ces équipes s'affronteront sous peu.

_____

8. Ces bénévoles servent cent repas chaque jour.

_____

9. J'exécuterai la prescription dès ce soir.

_____

10. Une chimiste de renom avait effectué cette recherche.

_____

11. Ce projet deviendra réalité.

_____

12. Cette découverte l'a rendue célèbre.

_____

13. L'argent est un bon serviteur et un mauvais maître.

_____

14. Le responsable a embauché le personnel requis.

_____

15. Ma mère conduira au retour.

_____

16. Le père Louison le considérait comme un fils.

_____

17. Il répliqua vertement.

_____

18. Je tremblais comme une feuille.

_____

19. Le loup-garou avait déchiré les flancs de mon défunt père.

_____

20. Aucun de nous n'a trouvé l'erreur.

_____

21. Aussitôt qu'elle eut entendu la nouvelle, elle s'effondra.

_____

_____

22. Cet homme avait créé la plus grosse entreprise de fabrication de ballons dans le monde.

_____

23. Ces vents balaient le globe d'est en ouest.

_____

24. Des échangeurs de chaleur maintiennent une température agréable.

_____

25. Chaque nuit, on injectait de l'air chaud dans l'enveloppe intermédiaire.

_____

C Dans le texte suivant, écrivez les verbes entre parenthèses aux temps convenables de l'indicatif.

LE PETIT CHOSE

J' (adresser) _____ chaque semaine au principal un rapport circonstancié sur l'élève Bamban et les nombreux désordres que sa présence (entraîner) _____. Malheureusement, mes rapports (rester) _____ sans réponse et j'(être) _____ toujours obligé de me montrer dans les rues, en compagnie de M. Bamban, plus sale et plus bancal que jamais.

Un dimanche entre autres, il m'(arriver) _____ pour la promenade dans un état de toilette tel que nous en (être) _____ tous épouvantés. Vous n'avez jamais rien rêvé de semblable. Des mains noires, des souliers sans cordons, de la boue jusque dans les cheveux, presque plus de culottes..., un monstre.

Le plus risible, c'est qu'évidemment on l'(faire) _____ très beau, ce jour-là, avant de me l'envoyer. Sa tête, mieux peignée qu'à l'ordinaire, (être) _____ encore raide de pommade, et le nœud de cravate (avoir) _____ je ne sais quoi qui (sentir) _____ les doigts maternels.

Mais il y a tant de ruisseaux avant d'arriver au collège!

Quand je le (voir) _____ prendre son rang parmi les autres, paisible et souriant comme si de rien n'(être) _____, j'(avoir) _____ un mouvement d'horreur et d'indignation. Je lui (crier): _____: «Va-t-en! Va-t-en!»

Bamban (penser) _____ que je (plaisanter) _____ et (continuer) _____ de sourire. Il se (croire) _____ très beau ce jour-là!

Je lui (crier) _____ de nouveau: «Va-t-en! Va-t-en!»

Il me (regarder) _____ d'un air triste et soumis, son œil (supplier) _____, mais je (être) _____ inexorable et la division s'(ébranler) _____, le laissant seul au milieu de la rue. Je me (croire) _____ délivré de lui pour toute la journée, lorsqu'au sortir de la ville, des rires et des chuchotements me (faire) _____ retourner la tête. À quatre ou cinq pas derrière nous, Bamban (suivre) _____ la promenade gravement. [...]

De temps en temps, on se (retourner) _____ pour voir si Bamban (pouvoir) _____ suivre, et on (rire) _____ de l'apercevoir là-bas, bien loin, gros comme un poing, trottant dans la poussière de la route, au milieu des marchands de gâteaux et de limonade. Cet enragé-là (arriver) _____ à La Prairie presque en même temps que nous. Seulement, il (être) _____ pâle de fatigue et (tirer) _____ la jambe à faire pitié.

J'en (avoir) _____ le cœur touché et, un peu honteux de ma cruauté, je l'(appeler) _____ près de moi doucement. Il (avoir) _____ une petite blouse fanée, à carreaux rouges, la blouse du Petit Chose, au collège de Lyon.

Je la (reconnaître) _____ tout de suite, cette blouse, et, dans moi-même, je me (dire) _____ : «Misérable, tu n'as pas honte? Mais c'est toi, c'est le Petit Chose que tu t'amuses à martyriser ainsi.» Et, plein de larmes intérieures, je me mis à aimer de tout mon cœur ce pauvre déshérité.

Bamban s'(asseoir) _____ par terre à cause de ses jambes qui lui (faire) _____ mal. Je m'(asseoir) _____ près de lui, je lui (parler) _____ ...

Je lui (acheter) _____ une orange... J'aurais voulu lui laver les pieds.

Alphonse DAUDET, *Le Petit Chose*

EXERCICE DE STYLE

Dans les phrases ci-dessous, remplacez chacun des groupes soulignés par le verbe équivalent choisi dans la liste suivante.

> *expédierai / a dédaigné / craint / a convoqué / grimaçait / témoigne / sens / rêve / se fier / ont suscité / appartient à / remercie / a émis / désire / communiquerai / paraissent / a annoncé / nourrit / ai imposé / cuisine*

1. La patronne <u>a fait venir</u> cet employé à son bureau. _____
2. J'<u>ai le sentiment</u> que tu me caches quelque chose. _____
3. Marie <u>fait partie</u> de l'équipe de soccer de son école. _____
4. J'<u>ai le goût</u> de m'évader. _____
5. Je te <u>ferai savoir</u> ma décision bientôt. _____
6. Elle <u>a peur</u> de ne pas réussir. _____
7. Il ne faut pas <u>faire confiance</u> aux inconnus. _____
8. Elles <u>ont l'air</u> tout à fait satisfaites. _____
9. Ces propos <u>ont fait naître</u> des réactions inattendues. _____
10. La mère <u>fait manger</u> son enfant. _____
11. Je te <u>ferai avoir</u> le contrat par courrier. _____

12. Cette lettre <u>fait foi</u> de la véracité de ses dires. _____

13. Cet instrument de musique <u>a fait entendre</u> un son rauque. _____

14. Ce chef <u>fait cuire</u> des plats excellents. _____

15. Malgré lui, je lui <u>ai fait admettre</u> mon point de vue. _____

16. Elle <u>a fait fi</u> de mes suggestions. _____

17. Je <u>rends grâce</u> à Dieu qui a exaucé mes prières. _____

18. Elle <u>a fait savoir</u> ses intentions à ses parents. _____

19. Il souffrait tant qu'il <u>faisait des grimaces</u>. _____

20. À son âge, il <u>a envie</u> de reprendre ses études. _____

LEXIQUE: LES SYNONYMES

Dans le texte *Quatre ballons pour un tour du monde sans escale*, p. 248, trouvez un synonyme à chacun des mots de la colonne de gauche.

1. possèdent _____

2. nécessaires _____

3. gageure _____

4. Terre _____

5. se permettre _____

6. rejoindre _____

7. concurrence _____

8. vains _____

9. se battre _____

10. inédites _____

11. fougueusement _____

12. imposant _____

13. renouvelait _____

14. ressemblance _____

15. s'intégrer _____

16. exigences _____

17. obligatoirement _____

18. s'accommoder _____

19. extraordinaire _____

20. diaphane _____

21. indésirables _____

22. énorme _____

23. augmente _____

24. perte _____

25. conjugués _____

26. évolué _____

27. ballon _____

28. habile _____

29. au milieu de _____

30. introduit _____

PRODUCTION ORALE: L'EXPLICATION D'UN PHÉNOMÈNE

PLAN SUGGÉRÉ

INTRODUCTION

1. **Intérêt** pour le phénomène
2. **Sources** d'informations
3. **Questions** posées au sujet du phénomène
4. **Étapes** du développement

DÉVELOPPEMENT

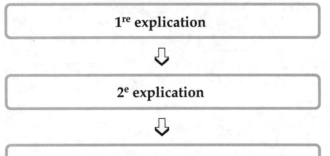

1re explication

⇩

2e explication

⇩

3e explication

CONCLUSION

1. **Synthèse** de l'explication des faits
2. **Point de vue** personnel sur le phénomène
3. **Question nouvelle** sur le phénomène

N.B. Pour ce qui est de la présentation devant la classe, consultez votre cahier à la page 102.

CHOIX DE SUJETS

1. Le phénomène de la pauvreté dans les grandes villes
2. Le déboisement des forêts
3. Le phénomène El Niño
4. Le clonage des êtres vivants
5. Les tremblements de terre
6. La désertification des sols
7. Le réchauffement de la planète

QUATRE BALLONS POUR UN TOUR DU MONDE SANS ESCALE (SUITE)

9   Pendant ce temps, à quelques milliers de kilomètres, aux États-Unis, trois hommes profitent de la grande parade annuelle des ballons qui se tient près d'Albuquerque, au Nouveau-Mexique, pour présenter aux spectateurs une sorte de tonneau de 2 mètres de haut et de 2,5 mètres de diamètre dans lequel ils affirment pouvoir passer trois semaines en altitude [...] Des quatre projets, *Odyssey* est sans conteste le plus hardi. Et le plus désargenté.

10   Que les finances soient au plus bas, cette exhibition dominicale le prouve: profitant de l'afflux des visiteurs créé par l'événement, le capitaine Bob Martin collecte des fonds en vendant souvenirs et autocollants. La recette du jour devrait lui permettre de passer à l'étape suivante: la construction du ballon proprement dit. Prudent, Bob Martin a conservé son activité de journaliste scientifique à la télévision locale. Même si Albuquerque est la ville du monde qui compte le plus d'adeptes du vol en ballon, on est loin ici du gigantisme de Larry Newman. [...]

11   Pourtant, l'objectif visé est carrément... astronomique. Bob Martin et son équipe envisagent en effet de voler à une altitude bien supérieure à celle de leurs concurrents: 36 kilomètres, au cœur de la stratosphère. Il s'agit de profiter d'un courant qui ne s'établit que durant le mois de juillet et présente l'avantage d'éviter orages, trous d'air et turbulences auxquels la concurrence sera confrontée, 20 kilomètres plus bas. Si jamais *Odyssey* atteint une telle hauteur, il sera propulsé d'est en ouest, donc dans le sens des aiguilles d'une montre, à peu près aux mêmes latitudes, mais à un rythme beaucoup moins rapide que les navigateurs du «jet stream». L'austérité budgétaire a réduit l'équipement de la minuscule nacelle à sa plus simple expression: trois sièges, une chaise longue, deux consoles avec les instruments, trois ordinateurs portables. Il ne dispose ni de moteur ni de générateurs. Pendant le vol, la pression à l'intérieur de la nacelle sera équivalente à celle qui règne à 3 500 mètres. L'équipage prévoit de revêtir des combinaisons pressurisées.

12   Comment l'équipe d'Albuquerque et son drôle de tonneau volant compte-t-elle s'y prendre pour résoudre le problème de la perte d'altitude nocturne? En l'ignorant. Les calculs effectués (bénévolement, cela va de soi) par un étudiant en physique de l'université locale montrent que la chute des températures et la déperdition d'hélium feront perdre chaque nuit à *Odyssey* environ 13 kilomètres d'altitude. De jour, la chaleur captée par des panneaux solaires redonnera à l'hélium son tonus initial et au vaisseau son altitude de la veille. Du coup, plus besoin de soupapes d'échappement pour l'hélium ou de pompe pour gonfler un éventuel ballon auxiliaire. D'autant que Bob Martin et son compère Mark Sullivan, champion des États-Unis du vol en ballon, ont vu grand! C'est une enveloppe de 120 mètres de diamètre qui se déploiera au-dessus de leur modeste habitacle – de quoi abriter un stade de football tout entier! – la plus grosse montgolfière qui ait jamais vu le jour.

13   La quatrième équipe est celle du projet *Explorer*. Le Britannique Julian Nott, qui l'anime, refuse de communiquer aux médias les données techniques de son vol, «compte tenu de l'imminence du départ». Nott ne mérite certainement pas d'être rangé dans la catégorie des concurrents fantaisistes. Il détient à lui seul 79 records du monde pour le vol en ballon: il est notamment le premier à avoir traversé le Sahara, puis l'Australie et détient actuellement le record du monde d'altitude. Le décollage est prévu dans la région de Santa Anna, en Californie. La nacelle n'est guère plus impressionnante qu'une armoire normande: 1,95 mètre de haut, 2 mètres de diamètre. Elle est conçue pour accueillir deux passagers. La solution technologique retenue, combinant hélium et air chaud, se rapproche de l'option hollandaise. On ignore en revanche comment sera résolu le problème des écarts de température entre le jour et la nuit.

14   Contrairement à ce que l'on pourrait croire, le lancement d'un ballon d'altitude est une opération complexe, qui exige une très grande maîtrise. Les concurrents de la course autour du monde ont connu jusqu'ici beaucoup de déboires, depuis les faux départs à répétition jusqu'aux atterrissages en catastrophe, en passant par les bourrasques qui arrachent l'enveloppe en cours de gonflement. Les quatre équipes rivales sont d'accord sur un point: l'année 1995 pourrait bien être l'année du miracle. Celle de la réalisation d'un rêve vieux de deux cents ans, depuis qu'en 1783 Joseph Montgolfier et Jean-François Pilâtre de Rozier réussissaient à faire voler pour la première fois un aérostat fonctionnant à l'air chaud et au gaz. Mais comme l'optimisme forcené n'est pas incompatible avec la prudence, les concurrents s'entraînent d'arrache-pied à la survie en zone aride comme à l'amerrissage forcé... Même à 16 kilomètres d'altitude, on rencontre parfois des vents contraires...

Cay RADEMACHER (Adaptation française de Christian Nugue)
© *Géo*, (août 1995)

A L'étude du texte

1. À quel endroit se poursuit le projet *Odyssey*?

   _____

2. Comment cet appareil est-il présenté dans le 9e paragraphe?

   _____

   _____

3. Trouvez, dans les 10e et 11e paragraphes, les raisons qui appuient ces affirmations de l'émetteur:

   a) «Des quatre projets, *Odyssey* est sans conteste le plus hardi.»;

   _____

   _____

   b) «Et le plus désargenté.».

   _____

   _____

   _____

4. Qu'est-ce qui fait dire à l'émetteur que Bob Martin est tout de même un homme prudent?

   _____

5. Quelles phrases des 11e et 12e paragraphes laissent entendre l'opinion de l'émetteur sur ce projet?

   a) _____

   b) _____

6. Partagez-vous cette opinion? Expliquez.

   _____

   _____

   _____

   _____

7. En effet, dans le 11e paragraphe, on peut lire que l'équipement de la minuscule nacelle de l'*Odyssey* est réduit à sa plus simple expression. De quoi est-il composé?

   _____

   _____

8. Comment l'équipe d'Albuquerque compte-t-il résoudre le problème de l'alternance, chaleur diurne et froidure nocturne, commun à tous les projets déjà examinés?

   _____

9. Quelles informations fournit le 13e paragraphe sur l'animateur du projet *Explorer*?

   _____

   _____

   _____

10. Quelle description l'émetteur fait-il de la nacelle de l'*Explorer*?

   _____

   _____

11. Quelles sont les deux difficultés pratiques majeures rencontrées jusqu'à ce jour par ces appareils (l'*Earthwinds* et l'*Unicef-Flyer* compris) hautement sophistiqués lors des premiers essais?

   a) _____

   b) _____

12. Relisez attentivement le dernier paragraphe. Avez-vous compris d'où vient le nom de montgolfière utilisé pour désigner un aérostat ou ballon?

   _____

   _____

13. Maintenant, donnez votre opinion sur chacun des quatre projets décrits dans l'article.

   a) _____

   _____

   _____

b) _____

_____

_____

_____

c) _____

_____

_____

d) _____

_____

_____

B ## La grammaire de la phrase et du texte

1. Dans l'extrait «Que les finances soient au plus bas, cette exhibition dominicale le prouve [...]», que remplace le pronom personnel «le»? À quoi sert-il?

_____

_____

2. Dans les extraits suivants, justifiez l'emploi des signes de ponctuation en caractères gras.

a) L'*Unicef-Flyer***,** fruit des efforts conjugués d'un avionneur et [...]

_____

_____

b) La nuit**,** lorsque le ballon commence à se détendre [...]

_____

c) [...] avec sa coupole panoramique**,** son four à micro-ondes**,** ses radiateurs à gaz**,** son antenne VHF [...]

_____

d) Pourtant, l'objectif visé est carrément**...** astronomique.

_____

_____

e) Comment l'équipe d'Albuquerque et son drôle de tonneau volant compte-t-elle s'y prendre pour résoudre le problème de la perte d'altitude nocturne**?**

_____

f) Les calculs effectués **(**bénévolement, il va de soi**)** par un étudiant en physique...

_____

_____

g) La nacelle n'est pas plus impressionnante qu'une armoire normande: 1,95 mètre de haut, 2 mètres de diamètre.

_____

_____

3. Dans le 11ᵉ paragraphe, relevez un organisateur textuel et un marqueur de relation. Dites ce que marque chacun d'eux.

a) _____

_____

_____

b) _____

_____

4. **Observez** les phrases suivantes. Identifiez le mode et le temps de chacun des verbes soulignés et indiquez-en la valeur.

a) La recette du jour <u>devrait</u> lui permettre de passer à l'étape suivante.

_____

b) Bob Martin et son équipe <u>envisagent</u> de voler à une altitude supérieure […]

_____

c) L'austérité budgétaire <u>a réduit</u> l'équipement à sa plus simple expression […]

_____

d) La chaleur captée par des panneaux solaires <u>redonnera</u> à l'hélium son tonus […]

_____

LA PHRASE PASSIVE

La **phrase passive** contrairement à la phrase **active**, indique que le **sujet subit l'action** au lieu de la faire. De plus, le verbe de la phrase passive est toujours conjugué avec l'auxiliaire **être**.

Dans la phrase passive, _____ mais

_____ (**Compl. Ag.**), groupe prépositionnel introduit par l'une des prépositions **de** ou **par**.

Le **complément d'agent** est un **complément de verbe**. Il fait donc partie du GV.

Exemple: _____

De la voix passive à la voix active ou inversement

Il est possible de transformer une phrase passive en phrase active:

a) le **sujet** du **verbe passif** devient le _____;

b) le **complément d'agent** du **verbe passif** devient le _____
(la préposition disparaît);

c) Le **verbe** est conjugué à la voix active, mais reste _____ et _____.

Comparez:

L'équipement de la nacelle   a été réduit   par l'austérité budgétaire. (phrase passive)
       ↓   ↓

       GNS   COMPL. AG.

       GNS   COMPL. D. V.
       ↑   ↑

L'austérité budgétaire   a réduit   l'équipement de la nacelle. (phrase active)

Remarques

1) Seuls peuvent exister à la voix passive:

a) les _____;

Exemple: **La vie l'a comblée.** ⇒⇒⇒ _____

b) _____ (**obéir, désobéir, pardonner**);

Exemples: _____

_____

c) **certains verbes intransitifs** employés _____.

Exemple: _____

2) Le **complément d'agent** peut ne **pas** être **exprimé**. Dans ce cas, lors de la transformation à la voix active, le sujet est le pronom «**on**».

Exemple: **Cet immeuble a été construit l'an passé** ⇒ _____

EXERCICE

Selon le cas, **transformez** chacune des phrases suivantes en phrase passive ou en phrase active.

Exemple: **Le vol à haute altitude passionne ces hommes.**

      Ces hommes sont passionnés par le vol à haute altitude.

1. Certains considèrent ce type de projet comme la dernière grande aventure terrestre.

_____

2. En règle générale, deux types de personnalités sont attirés par ce genre de projet.

_____

3. Cette expédition occupe Newman à plein temps.

_____

4. Ces courants sont appelés «jets streams».

_____

5. Des quantités suffisantes de propane ne peuvent être emportées par l'appareil.

_____

6. Une faveur exceptionnelle m'a été accordée par l'aéronaute.

_____

7. Une douzaine de panneaux entourent cet objet précieux.

_____

8. Des échangeurs de chaleur maintiennent une température d'ambiance agréable.

_____

9. On a déroulé devant elle le tapis rouge.

_____

10. Entre les suspentes, une deuxième enveloppe a été installée.

_____

11. On injecte de l'air chaud dans l'enveloppe intermédiaire.

_____

12. Bob Martin collecte des fonds en vendant des souvenirs et des autocollants.

_____

13. *Odyssée* n'atteindra peut-être pas une telle hauteur.

_____

14. L'équipage revêtira des combinaisons pressurisées.

_____

15. Nott détient actuellement le record du monde d'altitude.

_____

EXERCICE DE STYLE
DE LA SUBORDONNÉE RELATIVE AU GN COMPL. N.

Réduisez chacune des subordonnées relatives soulignées à un **GN Compl. N**.

1. Mme Lebeau, <u>qui est ma conseillère</u>, estime que nous l'emporterons.

_____

2. C'est Maryse <u>qui l'accompagnera</u>.

_____

3. Pierre, <u>qui ment souvent</u>, a perdu la confiance de ses amis.

_____

4. Sylvie, <u>qui fait équipe avec moi</u>, a bien mené le jeu.

_____

5. Paul, qui court le marathon, participera aux prochains Jeux du Canada.

   _____

6. Marie, qui a gagné, sera honorée ce soir.

   _____

7. Félix Leclerc, qui écrit des poèmes, a toujours louangé son pays.

   _____

8. Manon, qui est la gérante, administre seule ce magasin.

   _____

9. C'est Paul qui m'a informé.

   _____

10. Thierry, qui était le vainqueur, a eu droit aux applaudissements de la foule.

    _____

11. Dans le groupe, c'est Jérôme qui joue le rôle de leader.

    _____

12. Il n'est pas prouvé que la vie est possible sur la planète qui s'appelle Mars.

    _____

13. Ce renard polaire, que l'on appelle un isatis, peut survivre à –70 °C.

    _____

14. Mon oncle, qui est un chef d'entreprise, gère sa compagnie avec efficacité.

    _____

15. La première femme à recevoir le prix que Nobel a fondé est Marie Curie.

    _____

16. Ce dangereux animal, qui était un ours, me poursuivait à toute vitesse.

    _____

17. Marie, qui collabore avec nous, donne le meilleur d'elle-même.

    _____

LEXIQUE

En tenant compte du contexte, *Quatre ballons pour un tour du monde sans escale* (suite), p. 283, trouvez dans le dictionnaire le sens des mots et groupes de mots ci-dessous.

1. sans conteste (paragr. 9, ligne 5) _____

2. hardi (paragr. 9, ligne 5) _____

3. exhibition (paragr. 10, ligne 1) _____

4. dominicale (paragr. 10, ligne 1) _____

5. l'afflux (paragr. 10, ligne 2) _____

6. locale (paragr. 10, ligne 5) _____

7. gigantisme (paragr. 10, ligne 6) _____

8. carrément (paragr. 11, ligne 1) _____

9. astronomique (paragr. 11, ligne 1) _____

10. stratosphère (paragr. 11, ligne 3) _____

11. austérité budgétaire (paragr. 11, ligne 8) _____

12. à sa plus simple expression (paragr. 11, ligne 9) _____

13. tonus (paragr. 12, ligne 6) _____

14. initial (paragr. 12, ligne 6) _____

15. concurrents fantaisistes (paragr. 13, ligne 4) _____

16. option (paragr. 13, ligne 10) _____

17. en revanche (paragr. 13, ligne 11) _____

18. complexe (paragr. 14, ligne 2) _____

19. maîtrise (paragr. 14, ligne 2) _____

20. déboires (paragr. 14, ligne 3) _____

21. bourrasques (paragr. 14, ligne 4) _____

22. optimisme (paragr. 14, ligne 9) _____

23. forcené (paragr. 14, ligne 9) _____

24. incompatible (paragr. 14, ligne 9) _____

PRODUCTION ÉCRITE: RÉCIT DE VOYAGE

À votre tour, vous entreprenez un voyage autour du monde. Après avoir choisi votre moyen de transport, vous établissez votre itinéraire et votre calendrier.
Racontez cette fabuleuse aventure.

_____

_____

_____

_____

_____

_____

_____

_____

_____

_____

_____

_____

_____

_____

_____

_____

_____

_____

_____

_____

_____

_____

_____

_____

LA PHRASE IMPERSONNELLE ET LA PHRASE À PRÉSENTATIF

La **phrase impersonnelle** est essentiellement caractérisée par la présence du pronom **il** qui ne représente rien et qui ne peut être ni **effacé** ni **remplacé**. Il forme avec le verbe (toujours au singulier) qu'il accompagne le GV.

La **phrase à présentatif** est introduite par l'un des mots **voici** (vois ici), **voilà** (vois là), **c'est**, **il y a**. Les expansions qui les suivent sont les compléments du présentatif.

– La phrase impersonnelle

La phrase impersonnelle peut être constituée d'un verbe désignant un _____

ou d'un verbe personnel _____ .

Exemples: _____   _____

_____

Le **verbe** de la **phrase impersonnelle** peut être suivi d'un **complément** qui ne peut être ni **supprimé** ni **remplacé**, appelé _____ (**Compl. V. Impers.**)

Exemples: _____

_____

Lorsque ce complément peut être effacé sans que la phrase perde son sens, il s'agit d'un _____ (**Compl. P. Impers.**).

Exemple: _____

– La phrase à présentatif

La phrase à présentatif contient généralement _____ .

Exemple: _____

Ce complément peut être:

a) _____ ;

Exemples: _____

_____

b) _____ ;

Exemples: _____

_____

c) _____ ;

Exemples: _____

_____

_____

EXERCICES

A **Transformez** chacune des phrases déclaratives suivantes en phrase impersonnelle.

Exemple: **La pluie tombe sans cesse.**
Il tombe sans cesse de la pluie.

1. Des accidents de ce genre arrivent fréquemment.

_____

2. Des préjugés contre le changement existent sans doute.

_____

3. Un problème délicat peut se présenter.

_____

4. Bien des gens se trouvent dans la même situation.

_____

5. De tels propos se tiennent couramment.

_____

6. De gros montants sont risqués au casino.

_____

7. Nombre d'événements se sont déroulés ici.

_____

8. Une épée de Damoclès pend sur votre tête.

_____

9. Beaucoup de bruits courent à son sujet.

_____

10. Souvent, surviennent des cas difficiles à résoudre.

_____

B

À chacun des présentatifs «voici», «voilà», «c'est», «il y a», ajoutez un complément qui sera tour à tour:
a) un groupe nominal;
b) un pronom;
c) une subordonnée complétive.

a) Voici

Exemples:

1) Voici la chance de ma vie.
2) Les voici.
3) Voici que le temps s'embellit.

1) _____

2) _____

3) _____

b) Voilà

1) _____

2) _____

3) _____

c) C'est

1) _____

2) _____

3) _____

d) Il y a

1) _____

2) _____

3) _____

EXERCICE DE STYLE
DE LA SUBORDONNÉE RELATIVE AU G. PRÉP. COMPL. N.

Dans les exemples suivants, réduisez chacune des subordonnées relatives soulignées à un **G. Prép. Compl. N.**

1. Ces objets <u>qui ont de la valeur</u> nous ont coûté cher.

   _____

2. Je le fuis comme un oiseau <u>qui porte malheur</u>.

   _____

3. Son fils est un homme <u>qui a de l'honneur</u>.

   _____

4. Je veux ignorer les propos <u>que tient cet imposteur</u>.

   _____

5. La vie <u>que mène ce misérable</u> fait pitié.

   _____

6. L'auteur <u>qui a écrit ce roman</u> est très connu.

   _____

7. Cette montre <u>qui est en or</u> est précieuse.

   _____

8. La voisine désire acheter la maison <u>qui appartient à ma tante</u>.

   _____

9. Le succès <u>que connaît ce film</u> dépasse toutes les espérances.

   _____

10. L'auteur <u>qui a écrit cette pièce</u> est Michel Tremblay.

    _____

11. Il faut savoir profiter des petits bonheurs <u>qu'offre la vie</u>.

    _____

12. La morale <u>que contient ce conte</u> est rassurante.

    _____

13. La performance <u>qu'a réalisée cette athlète</u> a ébloui les spectateurs.

    _____

14. L'entraîneur est fier des résultats <u>que son équipe a obtenus</u>.

    _____

15. Ce professeur <u>qui enseigne l'anglais</u> est très compétent.

    _____

LEXIQUE

Dans le dernier paragraphe du texte *Quatre ballons pour un tour du monde sans escale* (suite), p. 283, on peut lire que les concurrents s'entraînent «d'arrache-pied». Trouvez, dans le dictionnaire, le sens de cette locution adverbiale et de toutes les expressions soulignées ci-dessous.

1. Les concurrents s'entraînent <u>d'arrache-pied</u>.

   _____

2. Ce jeune ingénieur a déjà <u>un pied à l'étrier</u>.

   _____

3. Ce balourd a l'art de <u>mettre les pieds dans les plats</u>!

   _____

4. Ne la dérange pas: elle s'est <u>levée du pied gauche</u>.

   _____

5. Ce subalterne <u>a les pieds et les poings liés</u>.

6. Marie était sur le point d'obtenir ce poste, mais sa collègue lui <u>a coupé l'herbe sous les pieds</u>.

7. Je <u>ferai des pieds et des mains</u> pour atteindre mon objectif.

8. Son adversaire l'attendait <u>de pied ferme</u>.

9. Cette musicienne a remplacé <u>au pied levé</u> sa compagne empêchée.

10. Il ne savait plus <u>sur quel pied danser</u>.

11. La bouillante avocate avait fait <u>perdre pied</u> à l'accusé.

12. Sois à l'heure au rendez-vous, car je ne veux pas <u>faire le pied de grue</u>.

13. Cet amoureux éconduit est en train de <u>sécher sur pied</u>.

14. Peu après cet accident écologique, les experts étaient <u>à pied d'œuvre</u>.

15. Elle a pris toutes ces menaces <u>au pied de la lettre</u>.

LA CULTURE HYDROPONIQUE: DES PLANTES QUI POUSSENT SANS SOL

1   Depuis plusieurs siècles, on sait qu'il est possible de cultiver des plantes sans sol. Au milieu du siècle dernier, des hommes de science commencèrent à mettre au point des solutions nutritives permettant une croissance plus rapide des plantes. Le terme «hydroponique» fut inventé en 1920 par un chercheur californien. Pendant la Deuxième Guerre mondiale, on se servit des méthodes hydroponiques pour cultiver des légumes frais destinés aux troupes stationnées dans les îles du Pacifique, îles aux terres stériles. Il n'y a pas longtemps toutefois que ces techniques de culture se sont répandues.

2   On distingue essentiellement deux types de culture hydroponique: dans l'eau ou sur le gravier. Dans l'eau, les plants reposent sur un support, le plus souvent un grillage. Les racines traversent ce dernier et tombent dans un récipient peu profond rempli d'une solution nutritive. De l'air est continuellement pompé dans la solution afin de fournir aux racines l'oxygène qui leur est nécessaire.

3   La culture sur gravier étant plus simple, on lui donne souvent la préférence. On utilise un récipient rempli de gravier, de gros sable ou d'un matériau similaire, comme la perlite. Ceux-ci servent de support aux plantes tout en permettant à l'air de circuler autour des racines.

4   On ajoute la solution nutritive de plusieurs façons. Dans un mini-jardin, on l'y verse simplement, chaque fois que les plantes en ont besoin. Certains jardins hydroponiques sont équipés de dispositifs automatiques qui laissent couler la solution goutte à goutte de façon continue dans le récipient. Dans les grandes entreprises commerciales, on pompe souvent la solution dans les bacs à gravier à partir d'un réservoir placé sous ces derniers.

5   De toute façon, toute la solution ne reste pas dans le récipient. L'excès s'échappe par des tuyaux vers un réservoir d'attente et il est réutilisé pendant une semaine ou deux, période au bout de laquelle on change la solution.

6   Les jardiniers amateurs se servent parfois d'engrais pour plantes domestiques, soluble dans l'eau, pour préparer la solution nutritive. Par contre, les cultivateurs préparent généralement leurs propres mélanges, et établissent les proportions des différents ingrédients en fonction du type de plantes et de fleurs. Parmi ces ingrédients, on trouve des composés chimiques tels le nitrate de sodium, les phosphates, le sulfate de potassium, le sulfate de magnésium ainsi que d'autres éléments de moindre importance.

7   La culture hydroponique n'est certes pas exempte de difficultés. Les plantes attrapent les mêmes maladies et sont attaquées par les mêmes insectes nuisibles que celles cultivées en pleine terre. Elles ont aussi le même besoin de lumière. Cependant, les jardins hydroponiques présentent de nombreux avantages. D'une part, ils nécessitent moins de travail que les jardins traditionnels, puisqu'il ne faut ni bêcher ni retourner la terre ni arracher les mauvaises herbes, attrait certain pour les «jardiniers du dimanche». On affirme aussi que les légumes arrivent plus vite à maturité et sont plus gros que ceux poussant dans le sol.

8 D'autre part, les racines baignant dans la solution nutritive, elles ne se propagent pas comme dans le sol pour trouver des éléments nutritifs. On peut donc faire pousser beaucoup plus de plantes sur une surface donnée. Les cultivateurs obtiennent ainsi de grosses récoltes sur des espaces relativement restreints et les personnes vivant en appartement peuvent jardiner sur leur balcon.

9 Pour la même raison, on utilise souvent la culture hydroponique dans les serres afin de cultiver fleurs et légumes toute l'année quelles que soient les conditions climatiques. Certaines entreprises obtiennent aussi de bonnes récoltes à la lumière artificielle dans des immeubles sans fenêtres. Comme les récoltes en serre ou en bâtiment fermé ne subissent pas l'influence du climat, le rendement est supérieur à celui de la culture hydroponique pratiquée à l'extérieur.

10 Il est peu probable, toutefois, que la culture hydroponique élimine le jardinage traditionnel, car de nombreuses personnes trouvent encore un réel plaisir à bêcher et à planter leur jardin.

GROLIER, *Le livre de l'année 1984*
© Grolier Ltée

A L'ÉTUDE DU TEXTE

1. Quelle est l'intention de l'auteur de ce texte? /3

_____

2. À quelle époque et par qui le terme «hydroponique» a-t-il été inventé? /2

_____

3. D'après le texte, dans quelle circonstance la culture hydroponique a-t-elle été employée? Pourquoi? /3

_____

_____

4. Combien existe-t-il de sortes de cultures hydroponiques? /2

_____

5. Laquelle de ces méthodes est la plus utilisée? Pourquoi? /2

_____

6. Expliquez comment se pratique la culture dans l'eau. /5

_____

_____

_____

_____

7. Relevez, dans le 4ᵉ paragraphe, les trois procédés utilisés pour injecter la solution   /6
   nutritive.

   a) _____

   _____

   b) _____

   _____

   c) _____

   _____

8. Quelles sont les deux façons de préparer la solution nutritive?   /2

   a) _____

   b) _____

9. Qu'y a-t-il de commun entre les plantes cultivées par la méthode hydroponique et   /3
   celles cultivées en terre?

   _____

   _____

10. Quels sont les avantages de la culture hydroponique? Relevez-les dans les 7ᵉ et 8ᵉ   /6
    paragraphes.

    a) _____

    b) _____

    _____

    c) _____

    _____

11. Quel avantage présente la culture hydroponique en serre?   /2

    _____

    _____

12. Ce mode de culture risque-t-il de supplanter le jardinage traditionnel?   /2

    _____

    _____

B La grammaire de la phrase et du texte

1. Dans le 1ᵉʳ paragraphe, relevez: /4

   a) une phrase passive;

   _____

   b) une phrase à présentatif;

   _____

2. Transformez chacune des phrases suivantes en phrase passive. Si cela est /6
   impossible, dites pourquoi.

   a) Les jardiniers amateurs utilisent parfois des engrais domestiques.

   _____

   b) Les cultivateurs établissent les proportions des différents ingrédients.

   _____

   c) Les légumes arrivent plus vite à maturité.

   _____

   d) Les cultivateurs obtiennent ainsi de grosses récoltes.

   _____

   e) La culture hydroponique ne supplantera pas le jardinage traditionnel.

   _____

   f) Les racines tombent dans un récipient peu profond.

   _____

3. Donnez la fonction des groupes de mots soulignés dans chacune des phrases /6
   suivantes.

   a) Il est possible <u>de cultiver des plantes sans sol</u>.   _____

   b) Il ne faut <u>ni bêcher</u> <u>ni retourner la terre</u>   _____

                                                                       _____

      <u>ni arracher les mauvaises herbes</u>.   _____

   c) Il y a <u>deux types de culture hydroponique</u>.   _____

   d) Voici <u>les ingrédients nécessaires</u>.   _____

4. Dans le 6ᵉ paragraphe, relevez une énumération de GN.   /4

   _____

   _____

5. Quelle remarque faites-vous quant à la ponctuation?   /2

   _____

6. Dans chacune des phrases suivantes, relevez le verbe, identifiez le mode de ce verbe /6
   et indiquez-en la valeur.

   a) On distingue essentiellement deux types de culture hydroponique.

   _____

   b) Les plantes attrapent les mêmes maladies que celles cultivées en pleine terre.

   _____

7. Dans chacune des phrases suivantes, relevez le verbe, identifiez le mode /9
   de ce verbe et indiquez-en la valeur.

   a) Le terme «hydroponique» fut inventé par un chercheur californien.

   _____

b) Ces solutions nutritives permettront une croissance plus rapide des plantes.

_____

c) Ces techniques de culture se sont répandues depuis peu.

_____

8. Dans le 7ᵉ paragraphe, relevez, dans l'ordre, les éléments indiqués.　　/5

　a) un GN Suj. V.　　_____

　b) un adverbe modalisateur　　_____

　c) un G. Adj. Attr. Suj.　　_____

　d) un G. Prép. Compl. Adj.　　_____

　e) un G. Prép. Compl. Ag. V.　　_____

C Le lexique

Relevez dans le texte environ une vingtaine de mots relevant du champ lexical　　/20
de la «culture».

_____

_____

_____

LE VERBE PRONOMINAL

Le verbe pronominal se caractérise par la présence d'un pronom complément de la même personne que le sujet (pronom réfléchi), placé devant le verbe:

Elle se remet lentement.

Outre les **verbes essentiellement pronominaux**, il existe:
– les pronominaux de **sens réfléchi**;
– les pronominaux de **sens réciproque**;
– les pronominaux de **sens passif**.

– Les verbes essentiellement pronominaux

On désigne par là les verbes qui n'existent qu'à la forme pronominale (**s'évanouir, s'enfuir, se méprendre, s'arroger, se repentir**...). Le pronom réfléchi qui les accompagne _____

_____.

Exemples:　_____

_____

– Les pronominaux de sens réfléchi

Les verbes **pronominaux** sont de **sens réfléchi** lorsque _____ .
Dans ce cas, le pronom qui les accompagne est soit _____, soit _____

Exemples: _____

_____

– Les pronominaux de sens réciproque

Les **pronominaux** ont le **sens réciproque**, lorsque _____
ou _____. Le pronom est soit _____, soit _____

Exemples: _____

_____

– Les pronominaux de sens passif

Les **pronominaux** sont de **sens passif**, lorsque le verbe pronominal _____
_____. La phrase équivaut alors à une phrase passive sans complément d'agent et le
pronom réfléchi qui accompagne le verbe _____ .

Exemple: _____

EXERCICE

Soulignez les verbes pronominaux dans les exemples suivants; indiquez, chaque fois, s'il s'agit d'un
verbe pronominal de sens réfléchi, réciproque ou passif.

Exemple: **Ce poème <u>se lit</u> avec plaisir.**   passif

1. Cet étudiant se destine à l'aéronautique.   _____
2. Les aérostiers se préparent à ce vol décisif.   _____
3. Elle s'estime heureuse de vivre.   _____
4. Ils s'étaient donné le mot.   _____
5. Cet homme s'épuise au travail.   _____
6. Ils se sont dit leurs quatre vérités.   _____
7. Elle s'est blessée à la jambe.   _____
8. Je me suis posé mille questions.   _____
9. Crois-tu qu'ils se sont revus depuis?   _____
10. Elle s'est accordé un moment de répit.   _____
11. Ce médicament se prend à jeun.   _____
12. Ils se sont juré fidélité.   _____
13. Les deux adversaires se sont observés longuement.   _____

14. Les deux équipes s'affronteront ce soir. _____

15. Il s'est servi une grosse pointe de tarte. _____

16. Ce mot se prononce aisément. _____

17. Mon amie s'est ouverte à moi. _____

18. Ils se renvoient la balle. _____

19. Une passante s'est portée à son secours. _____

20. Ils se sont acheté de beaux habits. _____

21. Ils se sont donné l'accolade. _____

22. Ce nectar délicieux se boit bien. _____

23. Le chef s'est opposé à cette décision de l'assemblée. _____

24. Je sais qu'elles se sont donné rendez-vous chez Marie. _____

25. Ce texte se corrige facilement. _____

26. Elle s'est défendue avec force. _____

27. L'essence s'enflamme facilement. _____

28. La monnaie de ce pays se déprécie de jour en jour. _____

29. Il s'est attribué la part du lion. _____

30. Ils se sont fréquentés pendant longtemps. _____

LA CONJONCTION

Il existe deux sortes de conjonctions:
- la **conjonction de coordination**, qui sert à relier entre elles **deux phrases** indépendantes l'une de l'autre, ou **deux groupes** de **même fonction** appartenant à une même phrase.
- la **conjonction de subordination** qui sert à **enchâsser** dans la phrase matrice une **phrase subordonnée**.

Conjonctions de **coordination** et conjonctions de **subordination** sont **invariables**.

– La conjonction de coordination

La conjonction de coordination relie deux groupes ayant la même fonction dans la phrase:

_____ ou _____ d'un **même verbe**, _____

d'un **même sujet**, _____ d'un **même nom**, _____ d'un **même**

adjectif, _____ , etc.

Exemples: _____

_____

_____

_____

_____

Cependant, la conjonction peut relier deux mots de classes différentes: un nom et un pronom (son équivalent), un adjectif qualifiant et un participe passé.

Exemples: _____

_____

Le tableau suivant présente les principales conjonctions de coordination et quelques locutions et adverbes pouvant jouer le même rôle (appelés adverbes de liaison), avec les diverses relations qu'ils peuvent exprimer.

CONJONCTIONS DE COORDINATION	QUELQUES ADVERBES DE LIAISON	RELATIONS EXPRIMÉES
mais	pourtant, néanmoins, cependant, toutefois, au contraire, en revanche, par contre...	**l'opposition** **la restriction**
ou	ou bien, ou... ou, soit... soit...	**l'alternative / l'exclusion**
et	ensuite, puis, de plus, bien plus, en outre,	**l'addition / la succession** **la conséquence / l'opposition**
donc	par conséquent, c'est pourquoi, ainsi, alors...	**la conséquence**
car	en effet	**la cause**
ni		**la négation / l'exclusion**
or		**la transition**

N.B. 1) Une même conjonction de coordination – **et**, par exemple – peut exprimer des nuances différentes.

Exemples: _____

_____

2) Les **conjonctions de coordination** sont des **marqueurs de relation**. Elles permettent d'établir un **lien logique** entre les phrases successives ou entre les paragraphes. Leur rôle est d'assurer la **cohérence** du **texte**.

3) Les **adverbes de liaison** se distinguent des conjonctions en ceci qu'ils peuvent être déplacés tandis que les conjonctions ne peuvent pas l'être.

Exemples: _____

_____

_____

4) Lorsque deux **mots**, **groupes de mots** ou **phrases** sont reliés par _____

_____, on dit qu'ils sont _____. Si la conjonction est

remplacée par _____, on dit alors qu'ils sont _____.

Exemples: _____

_____

Remarques

1) Lorsque les groupes coordonnés sont précédés des prépositions **à**, **de**, **en**, la préposition, généralement, se répète devant chaque groupe.

Exemples: _____

_____

_____

2) Lorsque plus de deux groupes sont coordonnés par **et** ou **ou**, la conjonction _____

_____.

Exemples: _____

3) La conjonction «**ni**» est souvent répétée et s'accompagne presque toujours _____

_____.

Exemples: _____

4) La conjonction «**ou**», dans le sens de «**ou bien**», s'écrit sans accent.

5) Lorsque deux groupes sont coordonnés, pour éviter la répétition des mots qui leur sont communs, il est possible:

a) de les _____ ;

Exemples: _____

b) de les _____ ou _____.

Exemples: _____

_____

_____

Complétez les phrases suivantes à l'aide de l'adverbe de liaison ou de la conjonction de coordination indiquant la relation marquée.

Exemple: Il se sent fort, (adv.: opposition) toutefois il reste prudent.

1. Elle était la meilleure; (adv.: conséquence) _____, elle a remporté le prix.

2. Ce sera toi (conj.: exclusion) _____ moi.

3. Cette scène était comique (conj.: addition) _____ amusante.

4. Ce mot peut être (adv.: alternative) _____ un nom, _____ un adjectif.

5. Il n'a (conj.: négation) _____ feu _____ lieu.

6. Il est un franc tireur; (adv.: cause) _____, il ne rate jamais sa cible.

7. J'ai vécu une grande aventure; (adv.: conséquence) _____ j'en garde un souvenir impérissable.

8. Elle se conduit bien, (conj.: cause) _____ elle tient à l'estime de ses parents.

9. Ne raisonne pas ainsi, (conj.: cause) _____ cela trahit un manque de jugement.

10. Elle tient à l'estime de ses parents, (adv.: conséquence) _____, elle se conduit bien.

11. Cette substance est cancérigène, (adv.: opposition) _____ elle est encore utilisée.

12. Je renouvelle mon bail (adv.: succession), _____ je m'occuperai des rénovations.

13. Ta nomination est une affaire réglée; tu peux (conj.: conséquence) _____ être tranquille.

14. Cet enfant malade (conj.: conséquence) _____ fragile est surprotégé.

15. Tout a été planifié; (adv.: restriction) _____ un seul obstacle subsiste encore.

LEXIQUE: LES ANTONYMES

Trouvez dans le texte *Quatre ballons pour un tour du monde sans escale* (suite), p. 283, l'antonyme de chacun des mots de la colonne de gauche.

1. nient _____

2. modeste _____

3. riche _____

4. débours _____

5. empêcher _____

6. désavantage _____

7. énorme _____

8. extérieur _____

9. dévêtu _____

10. gain _____

11. diurne _____

12. sachant _____

13. froid _____

14. accepte _____

15. arrivée _____

16. dernier _____

17. auparavant _____

18. insignifiante _____

19. s'éloigne _____

20. simple _____

21. succès _____

22. dégonflement _____

23. désaccord _____

24. réalité _____

25. échouaient _____

26. pessimisme _____

27. compatible _____

28. imprudence _____

29. coéquipiers _____

30. fertile _____

LES ROBOTS

1   À votre avis, à quoi ressemblerait un robot que vous rencontreriez au coin d'une rue? Serait-ce un énorme monstre menaçant décidé à détruire le monde? Serait-ce un petit homme métallique, mignon et amical comme les robots R2-D2 et C-3PO de *La Guerre des étoiles*? Certainement pas. Les vrais robots n'ont rien de commun avec les héros de films.

Qu'est-ce qu'un robot?

2   Un vrai robot est une machine à laquelle on peut «enseigner» (il est programmé comme un ordinateur) comment exécuter toute une gamme de mouvements et certains genres de travaux. Les astucieuses petites machines qui déambulent parfois dans les centres commerciaux ne sont pas de vrais robots; c'est en fait un être humain qui les dirige grâce à un système de commande à distance. Il en est de même des machines qui ne font qu'une seule sorte de travail et qui ne peuvent pas être «reprogrammées». La majorité des robots ressemblent plus à une fraise de dentiste géante qu'à un être humain.

3   Le mot «robot» fut inventé en 1921 par le dramaturge tchèque Karel Capek dans le drame utopique *Les robots universels de Rossum*, R. U. R. Celui-ci mit en scène un homme qui crée des êtres humains pour les faire travailler dans son usine. Robot vient du mot tchèque *robota* qui signifie «travail physique, mécanique et abrutissant» ou «esclavage». Aujourd'hui, la technologie relative aux robots s'appelle la **robotique**.

Ce que les robots peuvent et ne peuvent pas faire

4   Sous bien des aspects, les robots sont identiques à l'homme. Ils ont un «corps» qui effectue le travail physique et un «cerveau» qui dicte au corps ce qu'il doit faire. Toutefois, le corps des robots se résume à un seul membre, un bras ou une main par exemple. On l'appelle «manipulateur» car il manipule ou saisit les objets. Quant au cerveau, il s'agit d'un ordinateur programmé pour accomplir le travail qui lui est assigné. L'ordinateur dicte au manipulateur ce qu'il doit faire.

5   Bien qu'ils aient un cerveau et qu'ils soient quelquefois très complexes, les robots ne sont pas près de remplacer l'homme dans toutes ses activités. Leur cerveau n'est capable «d'apprendre» que des concepts mathématiques et certains mouvements élémentaires. On peut, par exemple, programmer un robot pour qu'il époussette une pièce. Il pourra peut-être même ne pas renverser la porcelaine fine. En revanche, il n'est pas en mesure de «décider» si l'époussetage est nécessaire ou non.

Les robots industriels

6   Les robots conviennent cependant parfaitement à l'exécution de nombreux travaux. À l'heure actuelle, dans les pays industrialisés, de nombreuses usines se «robotisent». Des milliers de robots y exécutent des tâches dangereuses, difficiles, voire ennuyeuses pour les ouvriers, comme la coulée des métaux en fusion, la soudure, la peinture au pistolet et certains travaux simples sur les chaînes de fabrication. La plupart de ces robots industriels ressemblent à d'énormes bras mécaniques; ils peuvent faire les mêmes gestes que le bras humain. La forme de leur «main» dépend du travail à effectuer, griffes, ventouses ou torches.

7   Les robots ont envahi les usines de construction automobile car ils se trompent rarement, ne se fatiguent pas et travaillent gratuitement.

8   Il existe encore toutefois des travaux que les robots ne peuvent pas accomplir dans les usines. Ainsi, un robot est incapable de choisir un outil plutôt qu'un autre dans une boîte à outils. Depuis un ou deux ans, toutefois, on a mis en service, à titre expérimental, des robots reconnaissant les formes. La robotique évolue tous les jours et des machines de plus en plus perfectionnées sont mises sur le marché. Certains s'en inquiètent car plus les robots se rendront utiles, plus il sera difficile à la force ouvrière de trouver un emploi. D'autres, par contre, sont convaincus que le développement de la robotique créera de nouveaux débouchés.

Les robots dans l'espace

9   La robotique spatiale est en plein essor. Beaucoup de scientifiques estiment que la meilleure façon d'explorer l'espace serait d'y envoyer des robots et des vaisseaux spatiaux robotisés. Un de leurs arguments est que les robots spatiaux n'ont besoin ni de vivres, ni d'eau, ni d'air pendant ces longs voyages.

10   En 1976, deux sondes «Viking» se posaient sur Mars pour y effectuer des analyses de sol. La navette spatiale américaine est équipée d'un télémanipulateur (un bras robot), mis au point par des chercheurs canadiens, qui peut, entre autres, récupérer dans l'espace des satellites défaillants. Bientôt, il se peut que le «Mars Rover», un autre robot spécialement équipé pour rechercher des formes de vie, soit envoyé sur Mars. Contrairement aux sondes «Viking», il pourra se déplacer à la surface de la planète. À l'avenir, des robots extrairont peut-être des métaux rares dans le sol des astéroïdes ou exploreront des régions que l'homme n'atteindrait qu'au terme d'un voyage de plusieurs années.

À l'avenir

11   Les chercheurs et les techniciens travaillent sans répit pour faire progresser la robotique, en particulier dans le domaine de l'«intelligence artificielle». Ils veulent que les machines soient capables de raisonner et d'agir intelligemment. Cela permettrait aux robots de faire face à des situations inattendues ou d'inventer des moyens de mieux exécuter leur travail. Aujourd'hui, beaucoup de robots «voient» grâce à un **ordinateur digital**. Celui-ci traduit une image de télévision en une image digitale (les points de l'image sont remplacés par des nombres) que le cerveau du robot comprend. D'autres robots «parlent» grâce à un système permettant la **synthèse de voix**. Les experts tentent aussi de donner aux machines un sens du toucher qui leur permettrait de mieux «sentir» les objets qu'elles manipulent.

GROLIER, *Le livre de l'année 1984*
© Grolier Ltée

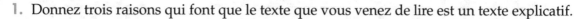

A **L'étude du texte**

1. Donnez trois raisons qui font que le texte que vous venez de lire est un texte explicatif.

   a) _____

   b) _____

   c) _____

2. Quelle définition cet article donne-t-il du robot?

   _____

   _____

   _____

3. Dans le 2ᵉ paragraphe, l'auteur affirme: «Les astucieuses petites machines qui déambulent parfois dans les centres commerciaux ne sont pas de vrais robots.»
   Comment explique-t-il cela?

   _____

4. Qu'est-ce qui différencie les robots des machines «à système de commande à distance»?

   _____

5. En fait, à quoi l'auteur compare-t-il la majorité des robots?

   _____

6. Par qui et quand fut inventé le robot?

   _____

7. Quelle est l'origine du mot «robot»?

   _____

   _____

8. Quelles sont les composantes du robot?

   _____

9. Qu'est-ce qui, chez le robot, tient lieu de cerveau?

   _____

10. Qu'entend-on par «manipulateur» chez un robot?

   _____

11. Quelle idée développe le 5ᵉ paragraphe?

   _____

   _____

12. Quel exemple l'auteur donne-t-il pour appuyer cette affirmation?

   _____

   _____

13. Qu'est-ce qui explique la tendance, dans l'industrie, à recourir à des robots?

_____

14. Quelle industrie en particulier utilise les robots en quantité?

_____

15. Qu'est-ce qui justifie l'utilisation massive des robots dans cette industrie?

_____

16. Quelle menace les robots représentent-ils pour la société?

_____

17. Quel extrait du 8e paragraphe affirme qu'il existe une compensation à la menace que représentent les robots pour la société?

_____

18. Quels avantages les robots offrent-ils dans le domaine spatial?

_____

_____

19. Qui a mis au point le télémanipulateur de la navette spatiale américaine?

_____

20. Quelle fonction était dévolue à ce télémanipulateur?

_____

21. Selon le texte, quelle différence existe-t-il entre les deux sondes «Viking» et le «Mars Rover»?

_____

_____

22. Quel est l'objectif des «Viking»? du «Mars Rover»?

_____

_____

23. Qu'entend-on par «intelligence artificielle»?

_____

_____

24. En quoi l'«intelligence artificielle» améliorerait-elle les capacités des robots?

_____

_____

25. Dans le 11e paragraphe, l'auteur affirme qu'«Aujourd'hui, beaucoup de robots peuvent «voir» grâce à un «ordinateur digital». Expliquez comment, selon lui.

_____

_____

26. Selon vous, les machines, parce qu'elles sont capables de «voir», de «parler» et bientôt, de «sentir», finiront-elles par remplacer l'homme? Expliquez.

_____

_____

 B **La grammaire de la phrase et du texte**

1. Dans les extraits suivants, relevez les conjonctions de coordination, ainsi que les mots ou groupes de mots qu'elles relient.
   Indiquez, s'il y a lieu, la fonction de ces mots ou groupes de mots.

   a) Serait-ce un petit homme métallique, mignon et amical […]?

   _____   _____   _____

   b) […] comment exécuter toute une gamme de mouvements et certains genres de travaux.

   _____   _____

   c) […] le corps des robots se résume à un seul membre, un bras ou une main […]

   _____   _____   _____

   d) […] les robots spatiaux n'ont besoin ni de vivres, ni d'eau, ni d'air […]

   _____   _____

   e) Ils veulent que les machines soient capables de raisonner et d'agir intelligemment.

   _____   _____   _____

2. Relevez, dans le 2ᵉ paragraphe, un signe de ponctuation qui annonce une explication.

   _____

3. Quel adverbe de liaison utilisé dans le 4ᵉ paragraphe marque la restriction?

   _____

4. Quelle conjonction de coordination, utilisée dans ce même paragraphe marque la cause?

   _____

5. Dans le 5ᵉ paragraphe, relevez;

   a) un marqueur qui indique l'opposition;

   _____

   b) une phrase déclarative marquant la restriction.

   _____

   _____

6. Écrivez votre réponse à la question 5b en remplaçant la locution de restriction par un équivalent.

   _____

   _____

7. Dans le 8e paragraphe, relevez une phrase impersonnelle.

_____

_____

8. Quel groupe de mots est complément du verbe impersonnel dans votre réponse au numéro 7?

_____

_____

9. Transformez la phrase suivante du texte en phrase de forme emphatique, en mettant en relief (à l'aide d'un marqueur ou à l'aide d'un pronom de reprise) chacun des groupes de mots soulignés.
   L'ordinateur dicte au manipulateur ce qu'il doit faire.

   a) _____

   b) _____

   c) _____

L'ACCORD DU VERBE

En règle générale, le **verbe** n'ayant qu'un **seul sujet** s'accorde en **nombre** et en **personne** avec le **noyau** du **GNS**, et le verbe qui en a **plusieurs** se met toujours au **pluriel**.

Cependant, des règles particulières s'appliquent selon que le **sujet** est un **nom collectif** avec ou sans complément, un **nom** précédé d'un **déterminant quantifiant**, le **pronom relatif qui**, etc.

L'accord se fait aussi de façon différente si le sujet est formé d'un groupe de **plusieurs mots coordonnées** par **et**, **ni**, **ou**.

– Le sujet est un nom collectif

a) Si le **sujet** est un **nom collectif** (foule, bande, nuée, multitude, troupe, meute, etc.) au **singulier non** suivi d'un **complément**, le verbe s'écrit _____ .

Exemple: _____

b) Si le **sujet** est un **nom collectif** suivi d'un **complément** au **pluriel**, le verbe s'écrit _____

_____ ou _____, selon que l'on veut insister sur l'ensemble ou sur

les éléments de l'ensemble. Cependant, si le **nom collectif** est **précédé** d'un **déterminant défini**,

démonstratif ou **possessif**, le verbe se met obligatoirement _____ .

Exemples: _____

_____

– Le sujet est un groupe nominal précédé d'un **déterminant quantifiant**

Si le **sujet** est un **groupe nominal** précédé d'un déterminant quantifiant (**la plupart** des, **nombre de**, **quantité de**...) le verbe se met _____.

Exemples: _____

_____

N.B. Lorsque le groupe **la plupart** n'est pas suivi d'un complément, le verbe s'écrit également

_____.

Exemple: _____

Si le sujet est précédé de **le peu de, ce peu de, tant de, trop de** ou **plus d'un**, le verbe s'écrit généralement

_____.

Exemples: _____

_____

Lorsque le sujet est précédé de **moins de deux**, le verbe s'écrit _____.

Exemples: _____

– Le sujet est le pronom relatif qui

Dans ce cas, le verbe s'accorde _____ et _____ avec _____.

Exemples: _____

_____

Si le **verbe** a des GNS de personnes différentes, il se met _____.

La **1re l'emporte** sur la **2e** et la **3e**; la **2e**, sur la **3e**.

Exemples: _____

_____

N.B. Lorsque le GNS est mis en évidence par le marqueur **c'est... qui**, (**ce sont...qui**), le verbe prend la même personne que le noyau du GNS.

Exemples: _____

_____

_____

– Le sujet est formé de plusieurs groupes coordonnés ou juxtaposés

Lorsque les **sujets** sont **coordonnés** par **et** ou sont juxtaposés, le verbe se met _____

_____.

Exemples: _____

_____

S'ils sont coordonnés par **ou** ou par **ni**, le verbe s'écrit:

a) _____ si l'on considère les mots coordonnés comme _____;

Exemple: _____

b) _____ lorsque **ou** et **ni** expriment _____ ou _____

_____ entre les éléments coordonnés.

Exemple: _____

N.B. Lorsque le sujet est «l'un ou l'autre», le verbe se met _____.

Exemple: _____

EXERCICE

Mettez les verbes entre parenthèses au mode et au temps indiqués en faisant les accords nécessaires.

Exemple: Une multitude d'oiseaux (envahir, ind. plus-que-parfait) le ciel.   <u>avait envahi</u>

<u>avaient envahi</u>

1. Bien des gens (croire, ind. prés.) en la réincarnation. _____

2. Hommes et femmes (participer, ind. passé composé) en grand nombre à ce concours. _____

3. Ce sont Marie et toi qui (décider, ind. futur simple) du lieu de la rencontre. _____

4. Mes père et mère, fort compréhensifs, m'(accorder, ind. passé composé) cette autorisation. _____

5. La majorité de mes amis (s'adonner, ind. prés.) à un sport quelconque. _____

6. La plupart (s'imaginer, ind. imparf.) que l'an 2000 serait fabuleux. _____

7. Dans l'industrie, les robots (effectuer, ind. prés.) de nombreuses tâches. _____

8. Une multitude de badauds (suivre, ind. imparfait) la star. _____

9. La troupe (se replier, ind. passé composé) pour mieux rebondir. _____

10. Trop de pluie (tomber, ind. imparfait) ce jour-là. _____

11. Les vertus (se perdre, ind. prés.) dans l'intérêt comme les fleuves dans la mer. _____

12. Plus d'un concurrent (échouer, ind. passé composé) à ce test. _____

13. Notre mère et la vôtre (se connaître, ind. prés.) depuis l'enfance. _____

14. Beaucoup d'eau (couler, ind. futur antérieur) sous les ponts. _____

15. Nombre de visiteurs (apprécier, ind. passé composé) le gala. _____

16. Ses indiscrétions lui (valoir, ind. futur antérieur) le mépris de ses amis. _____

17. En se quittant, ils (jurer, ind. passé composé) de se revoir. _____

18. Un Pellan et un Riopelle (orner, ind. prés.) le mur. _____

19. Son peu d'entrain (laisser, ind. imparf.) croire qu'il (avoir, ind. imparf.) du chagrin. _____
_____

20. Je te (souhaiter, ind. prés.) des lendemains _____

    qui (chanter, ind. prés.). _____

21. C'est vous qui (présider, ind. futur simple) à la cérémonie. _____

22. Le peu d'attention qu'il (accorder, ind. imparf.) à cet enfant _____

    lui (réchauffer, ind. imparf.) le cœur. _____

23. Elle (assister, ind. passé composé) tous ceux _____

    qui le (souhaiter, ind. imparf.). _____

24. Que votre sœur et vous (garder, subj. prés.) le secret _____

    que je vous (confier, ind. passé composé). _____

25. Marie et moi (être, ind. futur simple) les premières arrivées. _____

EXERCICE DE STYLE

Voici une liste de verbes.

> sonder / exterminer / écarquilla / s'est faufilé / a dévoré / s'est écroulé / a glissé / a mûri /
> acquitter / ont intimé / absorbe / avez travesti / ont décliné / devisaient / a épuisé / guette /
> a soutiré / vociférait / a esquivé / s'entraider / a formulé / est établi / a séquestré / malmènent /
> a exaspérée / s'est égratigné

Choisissez celui qui convient pour remplacer le verbe et le modificateur utilisés dans les exemples suivants.

Exemple: **Ils veulent détruire entièrement ce peuple.** <u>exterminer</u>

1. Il a mangé avidement son dîner. _____

2. Le débiteur doit payer entièrement sa dette avant un mois. _____

3. Ce problème accapare totalement son attention. _____

4. Cet homme malhonnête lui a tiré adroitement une forte somme. _____

5. L'adversaire a évité adroitement le coup. _____

6. L'orateur a passé rapidement sur le sujet. _____

7. La conférencière a traité complètement le sujet. _____

8. Vous avez interprété faussement ma pensée. _____

9. L'homme est tombé lourdement sur le sol. _____

10. En tombant, il s'est déchiré légèrement la peau. _____

11. Le voleur s'est introduit adroitement dans la foule. _____

12. Elle connaît l'art d'étudier profondément les cœurs. _____

13. Le syndicat a nettement exposé les griefs de ses membres. _____

14. Le forcené a renfermé illégalement son otage. _____

15. Ces gens qui traitent durement les animaux ont été avertis. _____

16. Il a longuement médité son projet. _____

17. Il est prouvé solidement que la terre se réchauffe. _____

18. Cette nouvelle m'a excessivement irritée. _____

19. Il faut s'aider mutuellement. _____

20. La foule criait furieusement. _____

21. Assis sur un banc public, les deux amis causaient familièrement. _____

22. Elles ont poliment refusé mon invitation. _____

23. Les autorités lui ont donné formellement l'ordre de partir. _____

24. Le chat observe secrètement sa proie. _____

25. Surpris, il ouvrit démesurément les yeux. _____

LEXIQUE

A En tenant compte des affixes en gras, donnez une définition (même approximative) des mots suivants extraits du texte *Les robots*, p. 309.

1. métall**ique** _____

2. mouv**ements** _____

3. astuci**euses** _____

4. commerci**aux** _____

5. **re**programmées _____

6. utop**ique** _____

7. esclav**age** _____

8. techno**logie** _____

9. robot**ique** _____

10. manipul**ateur** _____

11. parfaite**ment** _____

12. exécu**tion** _____

13. danger**euses** _____

14. ennuy**euses** _____

15. coul**ée** _____

16. soud**ure** _____

17. pein**ture** _____

18. construc**tion** _____

19. **in**capable _____

20. développ**ement** _____

21. spati**ale** _____

22. robot**isés** _____

23. **télé**manipul**ateur** _____

24. intellig**emment** _____

25. **in**attendues _____

B Maintenant, consultez le dictionnaire et rectifiez vos définitions, au besoin.

LE PARTICIPE

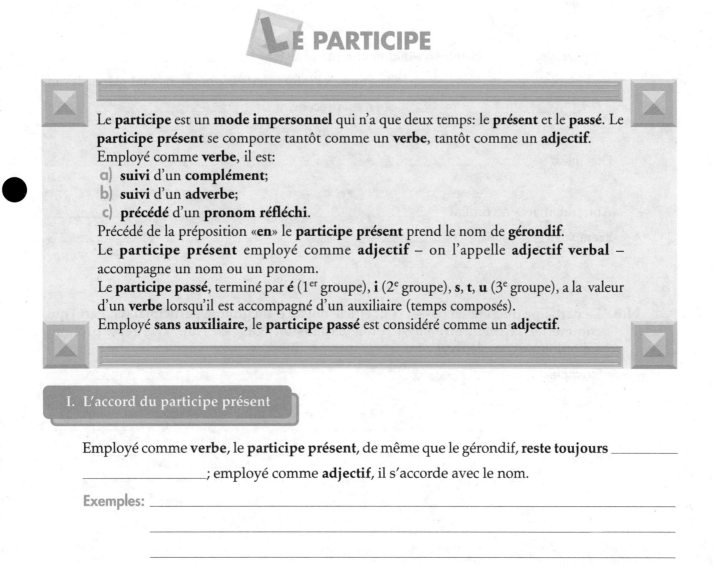

Le **participe** est un **mode impersonnel** qui n'a que deux temps: le **présent** et le **passé**. Le **participe présent** se comporte tantôt comme un **verbe**, tantôt comme un **adjectif**.
Employé comme **verbe**, il est:
a) **suivi** d'un **complément**;
b) **suivi** d'un **adverbe**;
c) **précédé** d'un **pronom réfléchi**.
Précédé de la préposition «**en**» le **participe présent** prend le nom de **gérondif**.
Le **participe présent** employé comme **adjectif** – on l'appelle **adjectif verbal** – accompagne un nom ou un pronom.
Le **participe passé**, terminé par **é** (1er groupe), **i** (2e groupe), **s, t, u** (3e groupe), a la valeur d'un **verbe** lorsqu'il est accompagné d'un auxiliaire (temps composés).
Employé **sans auxiliaire**, le **participe passé** est considéré comme un **adjectif**.

I. L'accord du participe présent

Employé comme **verbe**, le **participe présent**, de même que le gérondif, **reste toujours** _____

_____; employé comme **adjectif**, il s'accorde avec le nom.

Exemples: _____

_____

_____

a) Le **participe passé** employé **sans auxiliaire** s'accorde _____ et _____

_____ comme un véritable **adjectif**.

Exemples: _____

_____

b) Le **participe passé** employé comme **préposition** (vu, excepté, etc.) reste _____

lorsqu'il _____ ou _____. S'il est placé

après, il s'accorde _____ et _____ ou _____

_____.

Exemples: _____

_____

c) Les participes passés **ci-joint**, **ci-inclus**, **ci-annexé** restent _____, s'ils

sont placés _____ ou si, à l'intérieur de la phrase, ils sont placés devant

_____ qui n'est précédé ni _____ ni

_____ ou _____.

Exemples: _____

_____

Autrement, ils s'accordent _____ et _____ .

Exemples: _____

_____

_____

N.B. Le **participe** (présent ou passé) peut être le **noyau** d'un **groupe participial** (**G. Part.**) qui, comme le GV, peut être suivi d'une expansion (GN, G. Adj., G. Prép., pronom, subordonnée complétive, G. Inf.).

Exemples: _____

_____

_____

_____

_____

EXERCICES

A Dans les phrases suivantes, faites accorder, s'il y a lieu, le mot entre parenthèses.

Exemple: **Nous avons trouvé cette histoire (captivant).**   captivante

1. Une fille toute (souriant) s'avança vers moi. _____
2. Dans l'intervalle, il n'expédie que les affaires (courant). _____
3. Le policier s'est précipité vers ce garçon (criant) à l'aide. _____
4. Déjà il regrette d'avoir tenu ces propos (déplaisant). _____
5. Les filles devisaient en (riant) de bon cœur. _____
6. Je me souviens encore de cette aventure (exaltant). _____
7. En les (accueillant) sous son toit, il fait preuve de solidarité. _____
8. La situation (s'envenimer), j'ai filé à l'anglaise. _____
9. Cette enfant a les joues (pendant). _____
10. Tes paroles (réconfortant) me rassurent. _____
11. Tu as omis d'inscrire les guillemets (fermant). _____
12. Il s'est fait mal en (fermant) la porte. _____
13. Ces cris (déchirant) m'ont fait mal au cœur. _____
14. Elle s'est présentée au gymnase (obéissant) à la consigne. _____
15. Ces enfants (obéissant) progressent vite. _____
16. J'ai écouté mon amie, la (réconfortant) de mon mieux. _____
17. Ces jeunes ont trouvé l'expérience (fascinant). _____
18. Des guides fort (accueillant) nous attendaient à l'entrée. _____

B Formez le participe passé des verbes entre parenthèses et faites les accords nécessaires.

Exemple: **(Passer) dix heures, je ne t'attends plus.**   Passé

1. Quand ils sont rentrés, il était dix heures (passer). _____
2. Les affaires (expédier), il quitta son bureau. _____
3. Cette mer (infester) de requins est impropre à la baignade. _____
4. Elle se dirigea vers sa chambre, (décevoir). _____
5. Les mesures (préconiser) ne semblent pas efficaces. _____
6. (Voir) l'heure avancée, la réunion a été remise. _____
7. (Convaincre) d'avoir raison, elle ne céda pas. _____
8. Le groupe s'était réuni, mes amis et moi (excepter). _____
9. (Voir) de près, cette bâtisse n'impressionne pas. _____
10. La somme (rafler) dépasse les dix mille dollars. _____
11. Elle mène une vie (vouer) au travail. _____

12. Mes prières (exaucer), j'ai remercié le ciel. _____

13. Ce traité (ratifier), la paix reviendra. _____

14. Tu agiras selon les règles (établir). _____

15. Il n'a pas réussi à s'approprier les biens (convoiter). _____

16. Tu peux maintenant jeter ces fleurs (flétrir). _____

17. Elle a la satisfaction du devoir (accomplir). _____

18. Ces fruits (mûrir) sous le soleil sont délicieux. _____

19. Il ne récupérera jamais la fortune (engloutir) dans cette affaire. _____

20. Ce médicament (absorber) sans eau lui donne mal à l'estomac. _____

21. Les questions (aborder) ne relèvent pas de son domaine. _____

22. (Rassasier), les enfants sont allés jouer au parc. _____

23. La loi (promulguer) hier entrera en vigueur dans une semaine. _____

24. Elle s'est retrouvée devant une porte (clore). _____

25. Ci-(joindre) la somme que je vous dois. _____

26. Nous avons obtenu l'autorisation (demander). _____

27. Vous trouverez ci-(annexer) photocopie du document. _____

28. Les rapports (attendre) sont sur votre bureau. _____

29. Chacun a scrupuleusement respecté les directives (émettre). _____

30. Les citations (insérer) dans le texte le rendent plus intelligible. _____

QUELQUES FIGURES DE STYLE

Les **figures de style** sont des **formes particulières** données au **langage** en vue de le rendre plus **expressif**.

A La comparaison

La **comparaison** sert à rapprocher _____

en les unissant par _____ (**comme, tel, pareil à, identique à, semblable à**, etc.).

Exemple: _____

B La métaphore

La **métaphore** est une _____ dans laquelle le **mot de comparaison** n'est **pas exprimé**. Elle consiste à **remplacer** le **premier terme** de la comparaison par le **second** pris **au sens figuré**.

Exemple: _____

C La métonymie

La **métonymie** consiste _____ en vertu d'un rapport constant entre les deux termes. Ainsi, la métonymie désigne entre autres:

a) _____ ;

Exemple: _____

b) _____ ;

Exemple: _____

c) _____ ;

Exemple: _____

d) _____ ;

Exemple: _____

e) _____ , etc.

Exemple: _____
_____

D La litote

La **litote** consiste _____ en utilisant générale-ment une tournure négative.

Exemple: _____

E L'hyperbole

L'**hyperbole**, c'est _____ dans la description d'une personne, d'une chose ou d'une idée.

Exemples: _____
_____

F L'antithèse

L'**antithèse** est _____ ou _____ .

Exemple: _____

G L'ironie

L'**ironie** consiste à dire _____,
de façon à créer un effet plaisant.

Exemple: _____

_____

H L'euphémisme

L'**euphémisme** permet _____ (pour ne
pas déplaire à l'interlocuteur). L'euphémisme est employé à la place d'une expression plus
exacte, mais plus brutale.

Exemple: _____

I La gradation

La **gradation** consiste à présenter une suite d'idées:

a) soit _____ (gradation ascendante);

Exemple: _____

_____

b) soit _____ (gradation descendante).

Exemple: _____

EXERCICE

Identifiez la figure de style dans chacun des exemples suivants.

Exemple: **Tout le village était parti à sa recherche.**   _____métonymie_____

1. La classe a compris toutes les explications.   _____

2. Le gamin était vif comme un chat.   _____

3. Cette mère-poule surprotège ses enfants.   _____

4. À la fin, il a quitté la robe pour l'épée.   _____

5. Cette fillette est une pie.   _____

6. Que de soins m'eût coûtés cette tête charmante!   _____

7. Va, cours, vole et nous venge!   _____

8. Cette langue de vipère a semé la zizanie dans le groupe. _____

9. Un souffle, une ombre, un rien, tout lui donnait la fièvre. _____

10. Cette bouteille capiteuse l'a enivré.   _____

11. Cette dame n'est plus très jeune.   _____

12. La ville se réveille tranquillement.   _____

13. Il avait la conversation plate comme un trottoir de rue. _____

14. À la fin, ce marathonien épuisé allait comme une tortue. _____

15. Cet homme est fourbe comme un renard.

16. Tu es méchant, Zézé, méchant comme un serpent.

17. Ce crésus ne vit que pour l'argent.

18. Ma mère s'est acheté un magnifique vison.

19. Ce dessert n'est pas mauvais.

20. L'orateur était inaudible à cause de la distance.

21. Fort comme un lion, le lutteur fonçait sur l'adversaire.

22. On riait de l'apercevoir là-bas, gros comme un poing, [...]

23. Son cœur s'agitait de joie dans sa poitrine, comme la queue d'un petit agneau.

24. Tout le gouvernement s'en inquiétait.

25. Ce navet a été retiré de l'affiche après une semaine.

QUELQUES NOTIONS DE VERSIFICATION

Un **poème** est une **suite de vers** de même mesure (c'est-à-dire comptant le même nombre de syllabes) ou de mesures différentes. Ces vers peuvent être groupés en strophes. En poésie, la **strophe** est l'équivalent du **paragraphe** en prose.

La mesure du vers

Un vers peut compter de une à douze syllabes. Dans le compte des syllabes d'un vers, le **e muet** _____, sauf s'il précède un mot commençant _____ ou s'il se trouve _____.

Exemple: <u>Il gou ver n(e) à lui seul sa bar qu(e) à qua tre voiles</u>. *(V. Hugo)*
   1   2   3   4   5   6   7   8   9   10 11   12

Les **vers pairs** les plus employés sont:

a) _____ ;

   Exemple: <u>Las d'a voir vi si té mon des, con ti nents, villes,</u> *[...] (Nelligan)*

b) _____ ;

   Exemple: <u>Rien n'o ffus quait sa par fai te clar té</u>. *(Baudelaire)*

c) _____ .

   Exemple: <u>Grand co mme les cieux est mon cœur;</u> *[...] (Nelligan)*

Les **vers impairs**, beaucoup plus rares, comptent neuf ou sept syllabes.

Le rythme

Dans l'**alexandrin**, il y a une pause obligatoire après la 6ᵉ syllabe: c'est la _____.

Elle divise le vers en deux parties égales, appelées _____.

Exemple: <u>Ô</u> <u>vil</u> <u>le</u> <u>co</u> mme un <u>cœur</u> <u>tu</u> <u>es</u> <u>dé</u> <u>rai</u> <u>son</u> nable. (*G. Apollinaire*)

La rime

Des **vers** peuvent être **rimés** ou non. La rime est _____

_____.

La **rime** est **féminine** lorsqu'elle _____ et **masculine** dans le cas contraire.

Exemples: _____ / _____ (F)

_____ / _____ (M)

La qualité de la rime

La **rime** est **pauvre** si _____.

Exemple: _____ / _____

La **rime suffisante** porte sur _____.

Exemple: _____ / _____

La **rime riche**, en général, porte sur _____.

Exemple: _____ / _____

La disposition des rimes

Les rimes peuvent être:

a) _____ (**A A B B**);

Exemples: Du palais d'un jeune lap**in**   _____

Dame belette un beau mat**in**   _____

S'empara: c'est une rus**ée**.   _____

Le maître étant absent, ce lui fut chose ais**ée**.   _____   (*La Fontaine*)

b) _____ (**AB AB**);

Exemples: Grand comme les cieux est mon c**œur**;   _____

Et bien que mon œil soit sans fl**amme**,   _____

Je lis dans la vie un bonh**eur**   _____

Et ce bonheur, j'en cherche l'**âme**.   _____   (*Nelligan*)

c) _____ (**AB BA**).

Exemples: «Vite qu'on m'apporte le pin**ceau**!   _____

Mes couleurs! crie le vieil art**iste**,   _____

Je veux peindre la pose tr**iste**   _____

De mon enfant dans son ber**ceau**.»   _____   (*Nelligan*)

Les sonorités: l'allitération, l'assonance

L'allitération et l'assonance produisent des effets poétiques qui contribuent à l'enrichissement du vers.

L'**allitération** est la _____ .

Exemple: Pour qui sont ces serpents qui sifflent sur vos têtes? (*Racine*)

L'**assonance** est la _____ .

Exemple: Tout m'afflige et me nuit et conspire à me nuire.

Le rejet

Le **rejet** consiste à _____ ou _____

_____ .

Exemple: Du palais d'un jeune lapin
Dame belette un beau matin,
S'empara [...] (*La Fontaine*)

Les poèmes à forme fixe

On appelle **poèmes à forme fixe** de petits poèmes qui ont une structure déterminée: nombre de vers, nombre de strophes, disposition des rimes, etc. Le poème à forme fixe encore pratiqué de nos jours est le **sonnet** qui comprend deux quatrains (strophes de quatre vers) et deux tercets (strophes de trois vers).

La **disposition des rimes** du sonnet est la suivante:
ABBA / ABBA / CCD / EDE ou **ABBA / ABBA / CCD / EED**

Le **dernier vers** du sonnet est appelé la **chute** du sonnet. Il crée la surprise.

Le poème en vers libres

Dans la poésie moderne, les règles traditionnelles de la versification ne sont plus utilisées. Des **vers courts** (trois, quatre syllabes) se mêlent aux **vers longs** (treize syllabes ou plus), sans aucune régularité. Les **vers**, le plus souvent, ne sont **pas rimés**. Parfois, la **ponctuation** est **supprimée**. Seuls comptent le **rythme**, les **images**, les **sonorités**.

EXERCICES

  Comptez les syllabes dans les vers suivants. Mettez entre parenthèses les «e» muets qui ne comptent pas dans la mesure du vers. La première strophe servira d'exemple.

La passante

1   <u>Hi er, j'ai vu pa sser, co mm(e) u n(e) om bre qu'on plaint,</u>
    1 2   3   4   5   6   7   8   9   10   11   12

    <u>En un grand parc obs cur, u ne fe mme voi lé(e):</u>
    1 2   3   4   5   6 7 8 9 10 11 12

    <u>Fu nè br(e) et sin gu liè r(e), e lle s'en est a llé(e),</u>
    1 2   3   4   5   6   7   8   9 10 11 12

    <u>Re ce lant sa fier té sous son mas qu(e) o pa lin</u>
    1 2 3 4 5 6 7   8   9   10   11 12

2   Et rien que d'un re gard, par ce soir cris ta llin,

       J'eus de vi né bien tôt sa dou leur re fou lée;

       Puis e lle dis pa rut en quel que noi re a llée

       Pro pi ce au deuil pro fond dont son cœur é tait plein.

3   Ma jeu ne sse est pa rei lle à la pau vre pa ssante:

       Beau coup la croi se ront i ci-bas dans la sente

       Où la vie à la tom be â pre ment nous con duit;

4   Tous la ve rront pa sser, feui lle sè che à la brise

       Qui tour bi llo nne, tom be et se fa ne en la nuit;

       Mais nul ne l'ai me ra, nul ne l'au ra com prise.

              Émile NELLIGAN, *Poésies complètes*
              © Éditions FIDES

B *La passante* est un poème à forme fixe. Comment appelle-t-on ce type de poème?
Quelles en sont les caractéristiques?

_____.

_____

_____

C Dites en quoi consiste l'allitération dans les vers suivants.
  a) Le vent se lève, il faut tenter de vivre.

_____.

  b) Dans l'eau du lac laqué de lune...

_____.

D Soulignez le rejet dans les vers suivants de La Fontaine.

Les derniers traits de l'ombre empêchent qu'il ne voie
Le filet: il y tombe, en danger de mourir.

E Indiquez la qualité de la rime dans les vers suivants.

    a) plaint / opalin _____

    b) voilée / allée _____

    c) passante / sente _____

    d) brise / comprise _____

F Essayez de trouver une seule rime pauvre dans *La passante*.

LEXIQUE

En tenant compte du contexte, *Les robots*, p. 309, trouvez dans le dictionnaire la signification qui convient à chacun des mots suivants.

1. mignon (paragr. 1, ligne 3)
2. exécuter (paragr. 2, ligne 2)
3. gamme (paragr. 2, ligne 2)

4. déambulent (paragr. 2, ligne 3)
5. fraise (paragr. 2, ligne 6)
6. dramaturge (paragr. 3, ligne 1)
7. drame (paragr. 3, ligne 1)
8. abrutissant (paragr. 3, ligne 4)
9. dicte (paragr. 4, ligne 2)
10. assigné (paragr. 4, ligne 5)
11. complexes (paragr. 5, ligne 1)
12. concepts (paragr. 5, ligne 3)

13. élémentaires (paragr. 5, ligne 3)
14. ventouses (paragr. 6, ligne 7)

15. gratuitement (paragr. 7, ligne 2)
16. débouchés (paragr. 8, ligne 7)
17. explorer (paragr. 9, ligne 2)
18. arguments (paragr. 9, ligne 3)
19. vivres (paragr. 9, ligne 3)
20. sondes (paragr. 10, ligne 1)

21. satellites (paragr. 10, ligne 3)

22. défaillants (paragr. 10, ligne 3) _____

23. astéroïdes (paragr. 10, ligne 7) _____

24. sans répit (paragr. 11, ligne 1) _____

25. synthèse (paragr. 11, ligne 7) _____

COLORER SANS PEINTURER!

1   Qu'ont en commun les hélices de bateau, des avions, des navettes spatiales ou des implants pour les os fracturés? Ils sont tous faits de titane ou d'un alliage de titane. De plus en plus, ce métal léger et résistant remplace l'aluminium dans les technologies de pointe. Alors que le titane a une apparence naturellement grise, Grégory Jerkiewicz voit plutôt son avenir en couleur.

2   Avec l'aide de ses étudiants, ce chimiste de l'Université de Sherbrooke a mis au point un procédé qui permet d'appliquer de la couleur sur une pièce en titane sans utiliser de substance colorante. Le procédé chimique, nommé passivation par polarisation, consiste en quelque sorte à oxyder le métal immergé dans une solution, au moyen d'un courant électrique.

3   Le principe de la réaction est électrochimique. Le titane est utilisé comme une électrode, à laquelle on relie une contre-électrode de platine. Les deux plaques métalliques baignent dans une solution aqueuse de tétrafluoroborate d'ammonium, cette solution s'étant avérée la plus performante. On fait passer un courant entre les deux électrodes et, en moins de 10 secondes, la couleur apparaît! «Il ne s'agit pas d'une véritable coloration du métal, explique Grégory Jerkiewicz, mais plutôt d'une modification de l'épaisseur de la couche d'oxyde à la surface du titane, qu'on appelle couche passive. «Lorsque passe le courant électrique, l'oxygène contenu dans l'eau de la solution se fixe et forme une couche oxydée sur le métal. La plaque de titane ne contient aucun pigment de coloration.

4   Si le métal traité paraît coloré, c'est en raison des propriétés de la lumière blanche, composée d'un spectre de couleurs allant du rouge au bleu. «On a affaire à un phénomène d'irisation, continue le chimiste. Une partie de la lumière blanche est réfléchie à la surface externe, l'autre partie pénètre à l'intérieur de la couche oxydée, puis est à son tour réfléchie par la surface métallique pure. À ce moment, il y a interférence entre ces deux rayons lumineux réfléchis, et notre œil voit une couleur rose, turquoise, verte, etc.» Plus le voltage est élevé, plus la couche oxydée devient épaisse, et chaque gamme d'épaisseur rend une couleur distincte. Les couleurs varient aussi selon la concentration et l'acidité de la solution, la température et le temps d'exposition au courant.

5   Cette technique comporte plusieurs avantages par rapport à la méthode thermique employée habituellement pour la création de couches colorées sur du métal. Un bain de la taille de la pièce de métal à colorer remplace les fours de grandes dimensions qui doivent chauffer jusqu'à 2 000 °C durant de nombreuses heures. Le procédé de coloration par passivation forme des pellicules de couleur homogène, alors que la méthode thermique entraîne des craquements de la couleur de surface, une fois le métal refroidi. Un large spectre de couleurs vives et bien définies peut être créé, mais «nous devons encore mettre au point les tons de rouge», précise Grégory Jerkiewicz. Dans les cas d'abrasion, si la couche colorée s'égratigne, la pellicule a la propriété de se réparer d'elle-même par passivation rapide dans l'air. De plus, puisqu'elles sont déjà oxydées, les couches colorées protègent le métal d'origine et constituent une barrière solide contre la corrosion.

6   En plus de permettre la coloration des pièces de titane dans les domaines de l'aéronautique et de la technologie spatiale, cette découverte ouvre la porte à une série d'applications commerciales pour des objets de petite taille, comme les bâtons de golf, les bicyclettes, les montures de lunettes et les bijoux. On pourra même lithographier sur le métal des motifs, un lettrage, un logo... Le titane en verra vraiment de toutes les couleurs!

Emmanuelle BERGERON
© *Québec Science*

A L'ÉTUDE DU TEXTE

1. D'après le texte, quel métal remplace de plus en plus l'aluminium dans les technologies de pointe?   /2

2. Quelles sont les caractéristiques de ce métal?   /2

3. Quel chimiste a mis au point le procédé qui permet d'appliquer de la couleur sur le titane sans utiliser de substance colorante?   /2

4. Comment se nomme le procédé mis au point par ce chercheur?   /2

5. Expliquez en quoi consiste ce procédé.   /2

6. Le 3ᵉ paragraphe explique comment s'effectue la «passivation par polarisation». Au cours de l'opération, le titane se colore-t-il? Que se passe-t-il?   /2

7. Selon l'inventeur de ce procédé, pourquoi le titane ainsi traité paraît-il coloré?   /2

8. Comment explique-t-il ce phénomène, au 4ᵉ paragraphe?   /3

9. Le 4ᵉ paragraphe indique également le rôle que joue le voltage dans le phénomène d'irisation? Quel est-il? Citez le texte.   /2

10. Quels autres facteurs sont à l'origine de cette diversité des couleurs? /2

a) _____

b) _____

11. Quels avantages, mentionnés au 5e paragraphe, présente cette technique par rapport à la méthode thermique? /5

a) _____
_____

b) _____

c) _____

d) _____

e) _____
_____

12. Le 6e paragraphe cite les champs d'application de cette technique nouvelle. Quels sont-ils? /6

_____

_____

_____

B La grammaire de la phrase et du texte

1. Dans les 1er et 3e paragraphes, relevez les conjonctions de coordination. Indiquez la relation qu'exprime chacune d'elles. /5

Paragr. 1:

_____

Paragr. 3:

_____

_____

2. Dans le 4e paragraphe, relevez un adverbe de liaison et indiquez la relation marquée. /2

_____

3. Dans le 5e paragraphe, relevez un G. Adv. qui sert de marqueur de relation. Quelle est la relation marquée? /2

_____

4. Dans chacune des phrases suivantes, relevez le verbe pronominal. Indiquez s'il est de sens réfléchi, réciproque ou passif. /5

a) Ce chercheur se consacre à ces travaux depuis plusieurs années.

_____

b) Ce procédé s'appelle «passivation par polarisation».

_____

c) Ce résultat s'explique fort bien.

_____

d) Ils se sont étreints chaleureusement.

_____

e) À l'Institut Armand Frappier, les recherches se poursuivent activement.

_____

5. Faites accorder comme il convient les verbes entre parenthèses ci-dessous.　　/8

　　a) La plupart des découvertes scientifiques (être, ind. prés.) _____ fortuites.

　　b) La majorité des chercheurs (croire, ind. prés.) _____ que les OGM peuvent être nuisibles.

　　c) L'uranium et le radium (compter, ind. prés.) _____ parmi les métaux radioactifs.

　　d) Ma collègue et moi (entreprendre, ind. passé composé) _____ des recherches sur ce sujet.

　　e) C'est eux et vous qui (bénéficier, ind. futur simple) _____ des retombées de ce projet.

　　f) Mon frère ou mon cousin (venir, ind. futur simple) _____ à ta rencontre.

　　g) Quelles conséquences (entraîner, ind. futur simple) _____ ces clonages d'animaux?

　　h) L'un ou l'autre (se présenter, ind. futur simple) _____ au rendez-vous.

6. Formez le participe passé des verbes entre parenthèses ci-dessous, puis faites les accords nécessaires.　　/8

　　a) Les recherches (entreprendre) par son équipe sont très avancées. _____

　　b) Les plaques (utiliser) baignent dans une solution acide. _____

　　c) (Voir) l'heure (avancer), nous avons remis la séance à demain. _____

　　_____

　　d) Toute la famille était là, mes grands-parents (excepter). _____

　　e) La pellicule (égratigner) se répare d'elle-même. _____

　　f) Ces employées (expérimenter) sont très appréciées. _____

　　g) La technique (mettre) au point par ce chimiste ouvre la porte _____
　　à une série d'applications commerciales.

7. Dans les exemples suivants, relevez le participe présent ou passé et justifiez son accord.　　/8

　　a) [...] pour les os fracturés.

　　_____

　　_____

　　b) [...] sans utiliser de substance colorante.

　　_____

　　_____

c) [...] l'oxygène contenu dans l'eau de la solution se fixe [...]

_____

_____

d) [...] plus la couche oxydée devient épaisse [...]

_____

_____

8. Dans chacune des phrases suivantes, repérez le verbe. Écrivez-le dans la /10
2e colonne, et dans la 3e, le mot ou le groupe de mots avec lequel il s'accorde.

PHRASES	VERBES	SUJETS
a) Ce chimiste a mis au point un procédé qui permet d'appliquer [...]		
b) Le procédé chimique, nommé passivation par polarisation, consiste en quelque sorte [...]		
c) Les deux plaques métalliques baignent dans une solution aqueuse [...]		
d) [...] Lorsque passe le courant électrique, l'oxygène contenu dans l'eau de la solution se fixe et forme une couche oxydée sur le métal.		
e) On a affaire à un phénomène d'irisation, continue le chimiste		
f) [...] chaque gramme d'épaisseur rend une couleur distincte.		

C Le lexique

À partir de chacun des termes indiqués ci-dessous, formez, à l'aide des affixes /20
connus, une famille d'au moins cinq mots.

a) utile: _____

b) mettre: _____

c) poser: _____

d) solide: _____

LE TEXTE POÉTIQUE

PREMIER REMORDS

Émile Nelligan, l'un des plus grands poètes du Québec, est né à Montréal le 24 décembre 1879. Très jeune, il est attiré par la poésie. Il montre peu d'enthousiasme pour l'école qu'il abandonne dès l'âge de dix-sept ans pour s'inscrire à l'École littéraire de Montréal.

Déjà, en 1899, son œuvre est achevée. Nelligan sombre dans la névrose et sa santé ne cesse de se détériorer.

Il meurt le 18 novembre 1941, à Montréal.

> Au temps où je portais des habits de velours,
> Éparses sur mon col roulaient mes boucles brunes.
> J'avais de grands yeux purs comme le clair des lunes;
> Dès l'aube je partais, sac au dos, les pas lourds.
>
> Mais en route aussitôt je tramais des détours,
> Et narguant les pions de mes jeunes rancunes,
> Je montais à l'assaut des pommes et des prunes
> Dans les vergers bordant les murailles des cours.
>
> Étant ainsi resté loin des autres élèves,
> Loin des bancs, tout un mois, à vivre au gré des rêves,
> Un soir, à la maison, craintif, comme j'entrais,
>
> Devant le crucifix où sa lèvre se colle
> Ma mère était en pleurs!… Ô mes ardents regrets!
> Depuis, je fus toujours le premier à l'école.

Émile NELLIGAN, *Poésies complètes*
© Éditions FIDES

A L'étude du texte

1. Que traduisent ces «grands yeux purs comme le clair des lunes»?

_____

2. Quel sentiment traduit le dernier vers du 1er quatrain?

_____

3. Quel groupe de mots, dans ce 4e vers, justifie votre réponse à la question précédente?

_____

4. Donnez le sens du 1er vers du 2e quatrain.

_____
_____

5. Indiquez le sens des 3e et 4e vers du second quatrain.

_____
_____

6. Quel passage du 1ᵉʳ tercet traduit son désir d'évasion et de liberté?

_____

7. Combien de temps a duré l'école buissonnière?

_____

8. Comment expliquez-vous le sentiment de crainte exprimé au 3ᵉ vers du 1ᵉʳ tercet?

_____

_____

9. Quelle image de la mère présente les deux premiers vers du 2ᵉ tercet?

_____

10. Quel sentiment personnel le poète exprime-t-il dans la 2ᵉ partie du second vers de ce tercet?

_____

11. Que traduit la chute (le dernier vers) du sonnet?

_____

12. Donnez les deux sens possibles du dernier vers.

a) _____

b) _____

B La grammaire de la phrase et du texte

1. Dans le 1ᵉʳ quatrain, relevez:

a) un pronom nominal sujet;

_____

b) un GN Compl. D. V.;

_____

c) un G. Adj. Compl. N.;

_____

d) un GN Suj.;

_____

e) une comparaison.

_____

2. Dans le 2ᵉ quatrain, relevez:

a) un organisateur textuel marquant l'opposition;

_____

b) une conjonction de coordination marquant l'addition;

_____

c) deux verbes au participe présent.

_____

3. Dans la dernière strophe, relevez une phrase sans verbe.

_____

4. Que traduisent les points de suspension dans le 2e vers du 2e tercet?

_____

_____

_____

C **Versification**

1. Combien de vers compte ce poème?

_____

2. Combien comporte-t-il de strophes?

_____

3. Combien compte-t-il de rimes?

_____

4. Quelle est la disposition des rimes dans les deux premières strophes?

_____

5. Quelle est la mesure des vers de ce poème?

_____

6. Quelle est la qualité de la rime des vers:

   a) 1 et 4 du 1er quatrain?

_____

   b) 2 et 3 du 2e quatrain?

_____

7. Relevez une allitération dans le 2e quatrain. Soulignez les lettres qui la forment.

_____

L'ACCORD DU PARTICIPE PASSÉ

Les auxiliaires **avoir** et **être** entrent dans la formation **des temps composés** de tous les verbes. À la **voix active**, c'est l'auxiliaire **avoir** qui accompagne le participe passé; à la **voix passive**, l'auxiliaire **être**. Ce dernier sert aussi à former les **temps composés** des **verbes pronominaux** et de **certains verbes intransitifs** marquant le mouvement.

L'**accord du participe passé** dépend essentiellement de l'auxiliaire qui l'accompagne.

– Le participe passé employé avec l'auxiliaire être et avec les verbes attributifs

Le **participe passé** employé avec l'auxiliaire **être** s'accorde _____ et

_____ avec le _____ du verbe, comme un attribut.

Exemples: _____

_____

Si le verbe **être** est remplacé par un **verbe attributif** (**passer pour, être considéré comme, être nommé, être élu, être tenu pour, avoir l'air, sembler, rester, demeurer, trouver, juger**…), le participe passé

s'accorde _____ et _____ .

Exemples: _____

_____

Si les **sujets** sont de **genres différents**, le participe se met _____ .

Exemple: _____

> **N.B.** Si le verbe attributif est construit avec un **Compl. D.**, le participe passé **attribut** du
> **Compl. D.** s'accorde _____ et _____ .
>
> Exemples: _____
>
> _____

– Le participe passé employé avec l'auxiliaire avoir

Le **participe passé** employé avec l'auxiliaire **avoir** s'accorde _____ et _____

_____ si celui-ci _____ .

Exemple: _____

Le **participe passé** reste _____ ou _____

_____ .

Exemples: _____

_____

> **N.B.** 1) Le **participe passé** employé avec **avoir** est **très souvent invariable** puisque le **Compl. D.**
> fait toujours partie du GV et se place normalement **après** le **verbe**.
>
> Exemples: _____
>
> _____
>
> 2) Le **Compl. D.** précède le **verbe** dans les **phrases interrogatives** et **exclamatives** et dans
> les **phrases relatives**. Si l'auxiliaire employé est le verbe avoir, le participe passé
> s'accorde presque toujours avec ce complément.
>
> Exemples: _____
>
> _____
>
> _____

3) Lorsque les verbes **mesurer**, **courir**, **coûter**, **peser**, **valoir**, **marcher**, **dormir**, **régner**, **vivre**, etc. sont accompagnés d'un complément qui exprime la **mesure**, le **prix**, la **distance**, la **valeur**, etc., leur participe passé _____.

Exemples: _____

_____

QUELQUES ACCORDS PARTICULIERS DU PARTICIPE PASSÉ EMPLOYÉ AVEC AVOIR

Le tableau qui suit présente quelques cas particuliers d'accord du participe passé employé avec l'auxiliaire avoir.

QUELQUES ACCORDS PARTICULIERS DU PARTICIPE PASSÉ EMPLOYÉ AVEC AVOIR
a) Les participes passés **dit**, **cru**, **su**, **dû**, **pu**, **voulu** sont _____ s'ils sont _____ exprimé ou sous-entendu.   Exemple: _____
b) Les participes passés **fait** et **laissé**, suivis d'un **infinitif** sont _____.   Exemple: _____
c) Le **participe passé** précédé de **en** reste _____.   Exemple: _____
d) Le **participe passé** précédé de **le peu** _____   _____ . Sinon, il reste invariable.   Exemples: _____   _____
e) Le **participe passé** employé avec **avoir suivi** d'un **infinitif** s'accorde avec _____ _____, si celui-ci _____.   Sinon, il ne varie pas.   Exemples: _____   _____
f) Le **participe passé** précédé du pronom **l'** signifiant **cela** est _____.   Exemple: _____

EXERCICE

Écrivez le participe passé des verbes ci-dessous entre parenthèses, et faites les accords nécessaires.

Exemple: Tu as (faire) des promesses que tu n'as (pouvoir) tenir.   fait / pu

1. Quels résultats avez-vous (obtenir)?   _____

2. La première visite que j'ai (faire) _____

   à cet endroit m'a (plaire). _____

3. Enfants, que de beaux rêves nous avions (caresser)! _____

4. Rien n'a (changer) entre nous. _____

5. Toutes les informations qu'il nous a (transmettre) _____

   seront (vérifier). _____

6. Les idées que vous avez (exprimer) _____

   ont (faire) l'unanimité. _____

7. Les débats ont été (précéder) des formalités habituelles. _____

8. Les œuvres qu'elle a (observer) sont sublimes. _____

9. Elle a (fournir) tous les efforts qu'elle a (pouvoir). _____

   _____

10. Nous avons (céder) _____

    alors que nous n'aurions pas (devoir). _____

11. Les arbres que j'ai (voir) abattre étaient centenaires. _____

12. Ces arbres que j'ai (voir) pousser sont loin d'être centenaires. _____

13. Cette récompense, tu l'as bien (mériter). _____

14. Cette pente est plus abrupte que nous l'avions (penser). _____

15. Son échec s'explique par le peu d'efforts qu'il a (fournir). _____

16. Malgré le peu d'efforts qu'elle a (fourni), _____

    elle a (obtenir) la première place. _____

17. J'ai (cueillir) ces fraises des bois ce matin et j'en ai (manger). _____

    _____

18. Par prudence, nous les avons (laisser) faire. _____

19. Le surveillant les a (surprendre) _____

    et les a (convoquer) à son bureau. _____

20. Il lança un mot malheureux qu'il n'aurait pas (devoir). _____

21. Elle est plus brave que je ne l'avais (croire). _____

22. Elle s'est (laisser) conter des histoires. _____

23. Ces incidents sont (survenir) durant la nuit. _____

24. Cette maison vaut bien les 2 000 000 $ qu'elle a (coûter). _____

25. Nous avons (emporter) tous les meubles _____

    que nous avons (pouvoir). _____

26. J'aime les modèles réduits. Mon père m'en a (offrir) à Noël. _____

27. La mère ramasse les jouets que son enfant a (laisser) traîner. _____

28. Des soucoupes volantes? Moi, je n'en ai jamais (apercevoir). _____

29. Ces pierres sont (extraire) de la carrière située non loin d'ici. _____

30. Elle investira les sommes qu'elle a (accumuler). _____

Dans les exemples suivants, **remplacez**, s'il y a lieu, le gérondif et son complément par un GN ou un G. Prép.

Exemple: **Il est parti en courant.** _____ à la course

1. Elle a sauté de joie en voyant son nouvel ordinateur. _____

2. J'irai vous voir en sortant du bureau. _____

3. On ne réussit qu'en travaillant. _____

4. En arrivant chez elle, j'ai remarqué certains changements. _____

5. Il se fit connaître en publiant son premier roman. _____

6. On s'instruit en lisant. _____

7. La foule l'accueillit en criant de joie. _____

8. J'ai entrepris ce travail en étant certain de le mener à bien. _____

9. Je suis allé à cette fête en espérant y rencontrer Sylvie. _____

10. J'ai découvert l'erreur en relisant le texte _____

11. Elle a protesté en refusant l'invitation. _____

12. Je me réjouis en pensant aux vacances prochaines. _____

13. Il a toujours agi en respectant les autres. _____

14. Marie ne se sent pas de joie en se souvenant de son triomphe. _____

15. Elle gagne sa vie en chantant. _____

16. Il a acquis ces connaissances en observant la nature. _____

17. C'est en réfléchissant que l'on s'assagit. _____

18. En précisant quelques détails, il s'est fait mieux comprendre. _____

19. Il s'est absenté en prétextant un rendez-vous urgent. _____

20. Elle y est parvenue en assignant à chacun une tâche. _____

LEXIQUE

En tenant compte du contexte _Premier remords_ (p. 338), trouvez dans le dictionnaire la signification des mots et groupes de mots suivants.

1. Éparses (vers 2)

_____

2. Dès l'aube (vers 4)

_____

3. tramais (vers 5)

_____

4. des détours (vers 5)

5. narguant (vers 6)

6. rancunes (vers 6)

7. montais à l'assaut (vers 7)

8. au gré (vers 10)

9. ardents (vers 13)

10. regrets (vers 13)

INITIATION À LA LITTÉRATURE

En suivant le plan suggéré à la page 63 de votre cahier, rédigez en une quinzaine de lignes environ une biographie de *Émile Nelligan*.

L'ACCORD DU PARTICIPE PASSÉ DES VERBES PRONOMINAUX ET DES VERBES IMPERSONNELS

L'accord du **participe passé** des **verbes pronominaux** se fait différemment selon que le verbe est:

a) **essentiellement pronominal**;

b) de **sens réfléchi ou réciproque**;

c) de **sens passif**.

Quant au **participe passé** des **verbes impersonnels** (ou pris impersonnellement), il est **toujours invariable**.

– Le participe passé des verbes essentiellement pronominaux

Le **participe passé** des verbes **essentiellement pronominaux** s'accorde _____ et

_____ .

Exemple: _____

Il en est de même de certains **verbes pronominaux** dont le **pronom, sans fonction grammaticale,** fait corps avec le verbe (**s'apercevoir, se douter, s'attendre à…**).

Exemples: _____

_____

– Le participe passé des pronominaux de sens réfléchi et réciproque

Le **participe passé** de ces verbes s'accorde en **genre** et en **nombre** avec le **pronom réfléchi** placé avant, si celui-ci est **Compl. D.** du verbe (lorsque l'on **remplace** l'auxiliaire **être** par l'auxiliaire **avoir**).

Exemples: _____

_____

_____

– Le participe passé des pronominaux de sens passif

Si le **verbe pronominal** est de **sens passif**, le **participe passé** s'accorde _____ et

_____ .

Exemple: _____

N. B. Le participe passé des verbes **se plaire, se complaire, se déplaire, se jouer de, se rire de, se sourire, se mentir, se succéder, se suffire, se nuire, s'en vouloir** _____

_____ .

Exemple: _____

– L'accord du participe passé des verbes impersonnels

Le **participe passé** des **verbes impersonnels** ou pris impersonnellement est toujours _____ .

Exemples: _____

_____

EXERCICE

Trouvez le participe passé des verbes ci-après entre parenthèses, puis faites les accords nécessaires.

Exemple: Ces amis en désaccord se sont (faire) maints reproches. _____ *fait*

1. Ils ne se sont pas (laisser) faire. _____

2. Les spectateurs se sont (empresser) d'envahir le stade. _____

3. Cette dame s'était (attirer) beaucoup de considération. _____

4. Ces nouveaux ordinateurs se sont (vendre) rapidement. _____

5. Depuis, il s'est (créer) de nombreux organismes de charité. _____

6. Nos chemins se sont (croiser). _____

7. Ce politicien maladroit s'est (attirer) les foudres du public. _____

8. Ces bénévoles se sont (dévouer) à la tâche. _____

9. Les peines que nous nous sommes (donner) étaient exagérées. _____

10. La blessure qu'il s'est (infliger) à la jambe est superficielle. _____

11. Ces artistes se sont (rendre) célèbres. _____

12. Les élèves se sont (réjouir) de ce congé inattendu. _____

13. Les consignes qu'ils se sont (imposer) ont été suivies. _____

14. Elle s'est (couper) au doigt. _____

15. Elles se sont (enfuir) par cette allée. _____

16. Elle s'est (attribuer) tout le mérite de cet exploit. _____

17. Les deux hommes se sont (presser) la main. _____

18. Les discours qu'il y a (avoir) furent passionnants. _____

19. Ces équipes se sont (affronter) hier. _____

20. Elle s'est (adonner) à de nombreux loisirs. _____

21. Ces athlètes se sont (livrer) une fière compétition. _____

22. Ils se sont (intéresser) au vol à très haute altitude. _____

23. La championne s'est (voir) ravir son titre cette année. _____

24. Les policiers se sont (précipiter) sur les lieux. _____

25. Ces négociateurs se sont (entretenir) toute la matinée. _____

26. Il s'est (avérer) qu'il était innocent. _____

27. Les données retenues se sont (révéler) fort intéressantes. _____

28. Que de détermination il lui a (falloir) pour en arriver là! _____

29. Cette enquête révèle que les touristes se sont (plaire) ici. _____

30. Tous les villageois se sont (rire) du vieux fou. _____

31. Elles se sont (repentir) d'avoir tenu ces propos malheureux. _____

32. La nouvelle s'est (répandre) comme une traînée de poudre. _____

33. Ces importuns se sont (heurter) à une porte close. _____

34. Les autorités s'étaient bien (douter) de ce qui se tramait. _____

35. Elle s'est (briser) la cheville. _____

36. Les accidentés se sont vite (rétablir). _____

37. Ils s'étaient (réserver) les meilleures places. _____

38. Les billets se sont (vendre) en un éclair. _____

39. Ils se sont (fixer) une ligne de conduite. _____

40. Se sentant épiés, les malfaiteurs se sont (fondre) dans la foule. _____

41. Elle s'est (interrompre) au beau milieu de la phrase. _____

42. Mes cousins se sont (impliquer) à fond dans cette aventure. _____

43. Mes camarades se sont (plaire) à me faire peur. _____

44. Elles se sont (réserver) les meilleures places pour ce spectacle. _____

45. Les orateurs se sont (succéder) durant trois longues heures. _____

46. Nos camarades se sont (joindre) à la conversation. _____

47. Ces maladies mortelles se sont (propager) à un rythme affolant. _____

48. Ils se sont (jeter) dans la mêlée sans réfléchir. _____

49. Courageuses, les filles ne se sont pas (laisser) abattre. _____

50. Ma cousine et sa mère se sont (abstenir) de participer à la fête. _____

LEXIQUE: ART ET LITTÉRATURE

Les mots suivants relèvent tous du champ lexical de l'Art et de la Littérature.
Trouvez, dans le dictionnaire, leur signification.

1. Art

_____

_____

2. Autobiographie

_____

3. Autoportrait

_____

4. Biographie

_____

5. Caractère

_____

_____

6. Comédie

_____

_____

7. Dramatique

_____

8. Dramaturge

_____

9. Esthétique

_____

10. Héros

_____

11. Littérature

_____

_____

12. Mœurs

_____

13. Nouvelle

_____

_____

14. Œuvre

_____

15. Pièce de théâtre

_____

_____

16. Poésie

_____

_____

17. Prose

_____

_____

18. Roman

_____

_____

_____

19. Style

_____

20. Théâtre

_____

_____

21. Tragédie

_____

_____

_____

PRODUCTION ÉCRITE: LE POÈME EXPRESSIF

Sur un thème de votre choix – l'amour, l'amitié, la justice, la liberté, la nature, etc., – composez un poème dans lequel vous accorderez une importance particulière aux images, au rythme et aux sonorités.

LA GRASSE MATINÉE

Jacques Prévert est né en 1900 à Neuilly-sur-Seine, en France. Son enfance n'a pas toujours été comblée, en raison des difficultés financières de la famille.

Entre 1942 et 1946, il a écrit les scénarios et les dialogues de plusieurs films, avant de devenir le poète célèbre que l'on connaît. Son premier recueil – Paroles – paraît en 1946.

Non-conformiste, opposé à tous les tabous, il exploite dans sa poésie les thèmes de la liberté, de la justice et du bonheur.

Décédé en 1977 à Omonville-la-Petite, Prévert laisse derrière lui une œuvre d'une grande variété, à la fois ironique, violente, tendre et chargée de passion.

Il est terrible
le petit bruit de l'œuf dur cassé sur un comptoir d'étain
il est terrible ce bruit
quand il remue dans la mémoire de l'homme qui a faim
5   elle est terrible aussi la tête de l'homme
la tête de l'homme qui a faim
quand il se regarde à six heures du matin
dans la glace du grand magasin
une tête couleur de poussière
10   ce n'est pas sa tête pourtant qu'il regarde
dans la vitrine de chez Potin
il s'en fout de sa tête l'homme
il n'y pense pas
il songe
15   il imagine une autre tête
une tête de veau par exemple
avec une sauce de vinaigre
ou une tête de n'importe quoi qui se mange
et il remue doucement la mâchoire
20   doucement
et il grince des dents doucement
car le monde se paie sa tête
et il ne peut rien contre ce monde
et il compte sur ses doigts un deux trois
25   un deux trois
cela fait trois jours qu'il n'a pas mangé
et il a beau se répéter depuis trois jours
Ça ne peut pas durer
ça dure
30   trois jours
trois nuits
sans manger
et derrière ces vitres
ces pâtés ces bouteilles ces conserves
35   poissons morts protégés par les boîtes
boîtes protégées par les vitres

vitres protégées par les flics
flics protégés par la crainte
que de barricades pour six malheureuses sardines…
40 Un peu plus loin le bistro
café-crème et croissants chauds
l'homme titube
et dans l'intérieur de sa tête
un brouillard de mots
45 un brouillard de mots
sardines à manger
œuf dur café-crème
café arrosé rhum
café-crème
50 café-crème
café-crime arrosé sang!…
Un homme très estimé dans son quartier
a été égorgé en plein jour
l'assassin le vagabond lui a volé
55 deux francs
soit un café arrosé
zéro franc soixante-dix
deux tartines beurrées
et vingt-cinq centimes pour le pourboire du garçon.
60 Il est terrible
le petit bruit de l'œuf dur cassé sur un comptoir d'étain
il est terrible ce bruit
quand il remue dans la mémoire de l'homme qui a faim.

Jacques PRÉVERT, *Paroles*
© Éditions Gallimard

A L'étude du texte

1. Donnez le sens des quatre premiers vers.

   _____

2. Quel sentiment traduit la tête de l'homme qui a faim quand il se regarde dans la glace du grand magasin?

   _____

3. Qu'évoque ce vers: «une tête couleur de poussière»?

   _____

4. Pourquoi l'homme se fout-il de sa tête?

   _____

   _____

5. Quelle image éveille ces deux vers:
        «et il remue doucement la mâchoire
        doucement»?

   _____

   _____

6. Quel sentiment exprime le vers suivant:
«et il grince des dents doucement»?

_____

_____

7. Que signifie le vers «car le monde se paie sa tête»?

_____

8. Quels vers montrent que l'homme a été patient malgré l'intensité de sa faim?

_____

_____

_____

_____

_____

_____

9. Quels vers indiquent la solide protection dont bénéficient les biens matériels dans la société?

_____

_____

_____

_____

_____

_____

10. Examinez le rapprochement que fait l'auteur entre café-crème et café-crime. Que signifie l'emploi des paronymes crème-crime?

_____

11. Connaissez-vous une façon plus banale de dire la même chose?

_____

12. Quel vers du poème prouve que l'assassin possédait, malgré tout, le sens des conventions sociales?

_____

13. Peut-on dire que, selon l'auteur, les biens matériels semblent mieux protégés dans la société que la vie humaine? Citez deux faits qui le prouvent. _____

a) _____

_____

b) _____

_____

14. Le vagabond faisait-il vraiment la grasse matinée comme le laisse entendre le titre? Relevez deux vers qui justifient votre réponse. _____

_____

_____

15. Ce poème pourrait être divisé en trois parties. Essayez de donner un titre aux vers suivants:

a) 1 à 25;

_____

b) 26 à 51;

_____

c) 52 à 63.

_____

16. Partagez-vous, en partie, les sentiments exprimés dans ce poème? Lesquels? _____

_____

_____

B La grammaire de la phrase et du texte

1. Dans le 10e vers du poème,

a) quel mot est mis en relief?.

_____

b) Quel est le marqueur utilisé?

_____

c) Transformez les vers 10 et 11 en phrase de forme déclarative.

_____

d) Dans cette dernière phrase, mettez le Compl. D. en relief en utilisant un pronom de reprise.

_____

2. Entre les vers 15 à 22, relevez une conjonction de coordination qui marque:

a) l'alternative;

_____

b) la conséquence;

_____

c) la cause.

_____

3. Entre les vers 35 à 40, quel vers est l'équivalent d'une phrase exclamative?

_____

4. Entre les vers 50 à 55, relevez une phrase passive.

_____

_____

5. Transformez cette phrase en phrase active.

_____

6. Relevez le participe passé employé dans les vers indiqués et justifiez-en l'accord.

a) vers 2:

_____

b) vers 26:

_____

_____

c) vers 52 et 53:

_____

_____

_____

C Versification

1. Citez deux raisons qui font de ce texte un poème en vers libres.

a) _____

b) _____

2. En citant un exemple, chaque fois, dites combien de syllabes comptent

a) le vers le plus long de ce poème?

_____

b) le vers le plus court?

_____

3. Comment désigne-t-on la répétition de la voyelle c dans le vers suivant:
   «café-crème et croissants chauds»

_____

4. Ce poème est rarement ponctué. Quelle est, selon vous, la valeur du point d'exclamation à la fin du vers suivant:
   «café-crime arrosé sang!»

_____

LA PHRASE SUBORDONNÉE / LA COMPLÉTIVE INTRODUITE PAR QUE

Une **phrase** est dite **subordonnée** lorsque le **GNS** et le **GV** qui la forment sont **enchâssés** dans une autre phrase appelée **phrase matrice** (phrase qui en contient une autre).
Cet enchâssement se fait au moyen d'un **marqueur** appelé **subordonnant**.
Il existe plusieurs espèces de subordonnées:
– les **complétives**;
– les **relatives**;
– les **circonstancielles**.

La subordonnée complétive

La **subordonnée complétive** est généralement **introduite** par la **conjonction** de **subordination** «**que**».

Constituant obligatoire de la phrase matrice, la complétive ne peut être **effacée** et fonctionne comme

_____.

Exemple: _____

La subordonnée complétive peut être **déplacée**. Si elle précède le verbe de la phrase matrice, elle

devient _____.

Exemple: _____

Autres fonctions de la subordonnée complétive

De plus, la subordonnée complétive peut être:

a) _____;

    Exemple: _____

b) _____;

    Exemple: _____

c) _____;

    Exemple: _____

d) _____;

    Exemple: _____

e) _____;

    Exemple: _____

f) _____

    Exemple: _____

Le mode de la subordonnée complétive

Le mode du verbe de la subordonnée complétive varie selon que le verbe de la phrase matrice est un verbe d'**opinion** ou de **déclaration**; un verbe exprimant une **perception**, une **volonté**, un **sentiment**.

Le tableau suivant présente la plupart de ces verbes et le mode qu'ils commandent.

VERBES	MODE DU VERBE	EXEMPLES
d'**opinion**: croire, penser, juger...	**INDICATIF**	
de **déclaration**: dire, affirmer, déclarer, soutenir, jurer...	**INDICATIF**	
de **perception**: sentir, entendre, voir...	**INDICATIF**	
de **volonté**: vouloir, souhaiter, interdire, ordonner...	**SUBJONCTIF**	
de **sentiment**: se réjouir, regretter, douter, craindre, déplorer...	**SUBJONCTIF**	

N.B. 1) Le **verbe** de la **subordonnée complément** du **verbe impersonnel** s'écrit _____ _____.

Exemple: _____

2) Quand le verbe de la phrase matrice est le verbe «**craindre**», le verbe de la subordonnée complétive s'accompagne toujours d'un «**ne**» explétif.

Exemple: _____

3) Deux subordonnées complétives peuvent être coordonnées ou juxtaposées.

Exemples: _____

_____

Remarques

1) Il existe une autre forme de subordonnée complétive, la subordonnée interrogative introduite par un mot interrogatif (qui, que, quoi, où, si, etc.). L'interrogation est posée par l'intermédiaire d'un verbe qui contient une question explicite ou non, comme demander, savoir, ignorer, dire, etc.

Exemples: _____

_____

2) La subordonnée interrogative est toujours _____ du verbe de la phrase matrice et elle se termine toujours _____. Les subordonnées interrogatives peuvent également être coordonnées ou juxtaposées.

A D'après le modèle ci-dessous, représentez graphiquement chacune des phrases suivantes.

Exemple: Tu sais que papa est sans travail depuis longtemps.

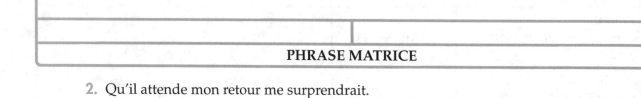

Tu	sais	que papa est sans travail depuis longtemps.
		⇓
		Subordonnant
		SUBORDONNÉE COMPLÉTIVE
PHRASE MATRICE		

1. Galilée a démontré que la Terre tourne autour du Soleil.

PHRASE MATRICE

2. Qu'il attende mon retour me surprendrait.

PHRASE MATRICE

3. La vérité est que le voyage n'a pas eu lieu.

PHRASE MATRICE

4. Il s'est avéré que la terre a tremblé cette nuit.

PHRASE MATRICE

5. Je doute que le soleil se lève aujourd'hui.

PHRASE MATRICE	

6. L'ennui est que tu t'y es pris trop tard.

PHRASE MATRICE	

7. Je te dis que j'aurai quelque chose.

PHRASE MATRICE	

8. Un jour tu réaliseras que ce choix était délibéré.

PHRASE MATRICE	

9. Je n'avais pas vu qu'il était là.

PHRASE MATRICE	

10. La certitude qu'il nous avait entendus nous fit mal.

PHRASE MATRICE		

11. Que tu me comprennes me rassure énormément.

┌───┐
│   │
│   │
├────────────────────────────┬────────────────────┤
│   PHRASE MATRICE   │
└───┘

12. Toute la famille se souvient que cette soirée fut réussie.

┌───┐
│   │
│   │
├────────────────────────────┬────────────────────┤
│   PHRASE MATRICE   │
└───┘

B Dans les phrases suivantes, soulignez les subordonnées complétives et indiquez la fonction de chacune.

Exemple: Je considère <u>qu'il est d'une grande rectitude</u>. Compl. D. V.

1. Il faut qu'elle entre à l'université cet automne.
2. Croyez-vous qu'il a bien agi?
3. Le malheur est que le projet a été mal planifié.
4. J'avais peur que ces yeux me suivent la vie entière.
5. La consigne veut que l'on ne fume pas en ces lieux.
6. Il est établi que ces produits sont nocifs.
7. Je constate que la réalité dépasse la fiction.
8. Le malade s'aperçoit que ses jours sont comptés.
9. Ma satisfaction est que j'ai rédigé mon texte tout seul.
10. Que vous ne soyez pas à ce rendez-vous nous déçoit.
11. L'idée que je puisse perdre m'a effleuré l'esprit.
12. Le juge a ordonné que l'accusée soit libérée.
13. On annonce que la température se réchauffera plus tard.
14. Ses parents disent qu'il grandit en sagesse.
15. Ma mère ne tolère pas que je sois impoli.
16. Imaginez-vous que le professeur avait perdu patience.
17. Ces parents étaient heureux qu'on félicite leurs enfants.
18. Sa détermination explique qu'elle réussisse si bien.
19. Chacun espère que la situation se redressera.
20. Avouez que vous m'avez joué un bon tour!

21. Elle dit que la station spatiale internationale sera bientôt installée. _____

22. Il faut que jeunesse se passe. _____

23. Chacun sait que les oiseaux nidifient au printemps. _____

24. Les élèves redoutent que cet examen soit trop difficile. _____

25. Grand-mère se plaint qu'elle a des trous de mémoire. _____

26. Sa perspicacité explique qu'il ait découvert le pot aux roses. _____

27. Il vaut mieux que tu laisses tomber. _____

28. Le directeur l'a averti qu'il devra changer de comportement. _____

29. Je réalise que j'ai beaucoup appris. _____

30. Nous ne sommes pas sûrs qu'ils viendront. _____

EXERCICE DE STYLE: LA TRANSFORMATION INFINITIVE

Écrivez les phrases suivantes en supprimant la conjonction de subordination et en mettant à l'infinitif le verbe de la subordonnée précédé d'une préposition, si nécessaire.

Exemple: **Ce jeune homme prétend qu'il a déjà vu un ovni.**
Ce jeune homme prétend avoir déjà vu un ovni.

1. Marie affirme qu'elle a fait de son mieux.

   _____

2. Bien des gens croient qu'ils détiennent la vérité.

   _____

3. J'estime que j'ai bien agi.

   _____

4. J'ai cru entendre que quelqu'un m'appelait.

   _____

5. Le chasseur, surpris, voit le lièvre qui fuit au loin.

   _____

6. Ma tante a promis qu'elle reviendra demain.

   _____

7. Carole croit toujours qu'elle a raison.

   _____

8. Cette skieuse pense qu'elle est la meilleure.

   _____

9. Luc espère fortement qu'il participera à ce concours.

   _____

10. Je crains que je ne puisse répondre à ton invitation.

_____

11. J'ai vu cet enfant qui pleurait à chaudes larmes.

_____

12. La foule sent que la fièvre monte.

_____

13. Elle admet volontiers qu'elle a fait exprès.

_____

14. Elle m'a avoué qu'elle ne reconnaît pas cette écriture.

_____

15. Mon copain dit qu'il s'intéresse à la musique de jazz.

_____

16. Elle a ordonné qu'on rédige un rapport sur l'incident.

_____

17. Je sens l'adversaire qui faiblit.

_____

18. La présidente a proposé qu'on se réunisse d'urgence.

_____

19. Elles espèrent qu'elles partiront avant 20 heures.

_____

20. Cette jeune fille affirme qu'elle déteste les films d'horreur.

_____

21. Nous avons décidé que nous respecterons les consignes.

_____

22. La championne prétend qu'elle battra son propre record.

_____

23. J'ai décidé que je confierai désormais mes secrets à mon journal.

_____

24. Prise de peur, j'ai cru entendre que quelqu'un marchait derrière moi.

_____

25. Sur le coup, j'ai vu ma compagne qui frémissait.

_____

LEXIQUE

Dans *La grasse matinée* (p. 353), le pauvre homme affamé, pour traduire sa rage contenue et sa frustration, «grince des dents».

Quel est le sens des expressions ci-après qui contiennent toutes le mot «*dent*»?

1. Acculé, l'homme ne desserrait pas les dents.

2. J'ai mal compris puisque tu parles entre les dents.

3. La voisine m'a fait un mauvais coup: j'ai une dent contre elle.

4. Cette entreprise nous a ruinés: nous nous sommes cassé les dents.

5. Cette fille ira loin: elle a les dents longues.

6. Les manifestants se précipitaient en tous sens, les policiers étaient sur les dents.

7. Elle mange du bout des dents ce gâteau qu'elle a accepté par politesse.

8. Ce clochard n'a rien à se mettre sous la dent.

9. Nous avions si froid que nous claquions des dents.

10. Ce garçon ment comme un arracheur de dents.

11. Il prendra clairement position quand les poules auront des dents.

12. Du calme! Pourquoi prendre le mors aux dents?

13. Ce critique a la dent dure.

14. Vaincu, cet homme montre les dents.

15. Les adversaires se sont déchirés à belles dents.

LA CONCORDANCE DES TEMPS

Le **temps** du **verbe** de la **subordonnée** est toujours conditionné par celui du verbe de la **phrase matrice**: c'est la **concordance des temps**.

Le tableau suivant résume les principales règles de la concordance des temps lorsque le verbe de la subordonnée est à l'indicatif ou au subjonctif.

CONCORDANCE DES TEMPS DE L'INDICATIF		
Verbe dont dépend la subordonnée, au présent	**Temps du verbe de la subordonnée**	**Rapport chronologique**
Je sais (**présent**)	que tu ris. (**présent**)	**simultanéité** entre les faits exprimés par les **deux verbes**
Je sais (**présent**)	que tu riais. (**imparfait**) que tu as ri. (**passé composé**) que tu avais ri. (**plus-que-parfait**)	**antériorité** du fait exprimé par le **verbe** de la **subordonnée**
Je sais (**présent**)	que tu riras. (**futur simple**) que tu auras ri. (**futur antérieur**)	**postériorité** du fait exprimé par le **verbe** de la **subordonnée**
Verbe dont dépend la subordonnée, au passé	**Temps du verbe de la subordonnée**	**Rapport chronologique**
Je savais (**imparfait**) J'ai su (**passé composé**) Je sus (**passé simple**)	que tu riais. (**imparfait**)	**simultanéité** entre les faits exprimés par les **deux verbes**
Je savais (**imparfait**) J'ai su (**passé composé**) Je sus (**passé simple**)	que tu avais ri. (**plus-que-parfait**)	**antériorité** du fait exprimé par le **verbe** de la **subordonnée**
Je savais (**imparfait**) J'ai su (**passé composé**) Je sus (**passé simple**)	que tu rirais. (**cond. présent**) que tu aurais ri. (**cond. passé**)	**postériorité** du fait exprimé par le **verbe** de la **subordonnée**
CONCORDANCE DES TEMPS DU SUBJONCTIF		
Verbe dont dépend la subordonnée, au présent	**Temps du verbe de la subordonnée**	**Rapport chronologique**
Je souhaite (**présent**) Je souhaite (**présent**)	que tu réussisses. (**subj. présent**) qu'elle revienne demain. (**subj. présent**)	**simultanéité** entre les faits exprimés par les **deux verbes** ou **postériorité** du fait exprimé par le verbe de la subordonnée
Je regrette (**présent**) Je souhaite (**présent**)	qu'elle ait mal réagi. (**subj. passé**) qu'elle ait terminé demain. (**subj. passé**)	**antériorité** ou **postériorité** du fait exprimé par le **verbe** de la **subordonnée**

Verbe dont dépend la subordonnée, au passé	Temps du verbe de la subordonnée	Rapport chronologique
Je souhaitais (**imparfait**)	que l'avion décolle enfin. (**subj. prés.**)	**postériorité** du fait exprimé par le **verbe** de la **subordonnée**
J'ai regretté (**passé composé**)	que tu aies perdu ton pari. (**subj. passé**)	**antériorité** du fait exprimé par le **verbe** de la **subordonnée**

N.B. 1) Si le **verbe subordonné** exprime un **phénomène permanent**, il reste au **présent**.

Exemple: _____

2) L'imparfait et le plus-que-parfait du subjonctif tendent à disparaître. Aussi, lorsque le verbe principal est au passé, l'usage est-il de mettre le verbe subordonné au subjonctif présent. Il est donc préférable de dire:

«Je souhaitais que vous arriviez» plutôt que
«Je souhaitais que vous arrivassiez.»

Mieux encore: **Je souhaitais votre arrivée.**

EXERCICES

A **Observez** les phrases suivantes. Indiquez si le fait exprimé par le verbe de la subordonnée indique la simultanéité, l'antériorité ou la postériorité par rapport au verbe de la phrase matrice. Consultez le tableau de la page 366.

Exemple: **Je crois que son adversaire l'emportera.** postériorité

1. Je constate que la tempête fait rage dehors. _____
2. J'imagine que cette nouvelle a causé tout un émoi. _____
3. Ma tante a décidé qu'elle dirigera la nouvelle entreprise. _____
4. Cette jeune fille est convaincue que son avenir est assuré. _____
5. Mon ami croit que Green Peace est un organisme indispensable. _____
6. La loi exige que les animaux en voie d'extinction soient protégés. _____
7. Cette fille, très sportive, affirme qu'elle s'entraîne tous les jours. _____
8. Je crois que la voiture électrique sera bientôt sur le marché. _____
9. Elle dit que tes prédictions se réaliseront. _____
10. Les skieuses ont décidé qu'elles iraient à Bromont. _____
11. Savez-vous que la terre a tremblé cette nuit en Gaspésie? _____
12. Les élèves prétendent que l'examen a été difficile. _____
13. On assure qu'un tel environnement est malsain. _____
14. Chacun espère que la situation se redressera sous peu. _____
15. Elle souhaite que sa demande soit agréée. _____

B Dans les phrases suivantes, écrivez le verbe de la phrase matrice au temps indiqué entre parenthèses et modifiez le verbe subordonné de façon à respecter les règles de la concordance des temps.

Exemple: **Je devine (imparfait) que tu me caches quelque chose.**
devinais   **cachais**

1. Chacun sait (imparfait) que tu partiras dans dix jours.

_____

2. J'affirme (passé composé) que tu m'as mal comprise.

_____

3. Elle prévoit (plus-que-parfait) que la vérité éclatera au grand jour.

_____

4. On annonce (plus-que-parfait) que l'entracte durera quinze minutes.

_____

5. Le pilote affirme (passé composé) que les turbulences sont nombreuses.

_____

6. Nous espérons (imparfait) que la température se réchauffera.

_____

7. Je pense (imparfait) que vous serez arrivés avant nous.

_____

8. Je sais (imparfait) que mon équipe vaincra.

_____

9. Elle promet (passé composé) qu'elle prendra mon parti.

_____

10. Elle prétend (passé simple) qu'elle a gagné son pari.

_____

11. Chacun pense (imparfait) que la comédie a assez duré.

_____

12. On se doute (imparfait) bien qu'il pleuvra ce soir.

_____

EXERCICE DE STYLE:
DE LA SUBORDONNÉE COMPLÉTIVE AU GROUPE NOMINAL

Dans les phrases suivantes, remplacez la subordonnée complétive soulignée soit par un **GN**, soit par un **GN** suivi d'un **G. Prép. Compl. N.**

Exemple: **Chacun attend qu'elle se décide.**   _____ **sa décision** _____

1. Tu comprends que la situation est urgente. _____

2. J'ai réalisé que les études sont importantes. _____

3. <u>Que ce rapport soit authentique</u> ne fait pas de doute. _____

4. Je me réjouis <u>que tu réussisses</u>. _____

5. Vous admettrez <u>que vous avez erré</u>. _____

6. Nos parents désirent <u>que nous soyons heureux</u>. _____

7. Je crains <u>qu'il ne se produise une catastrophe</u>. _____

8. Chacun constate <u>qu'elle est gentille avec les enfants</u>. _____

9. <u>Que la question se règle</u> est une nécessité. _____

10. Quelqu'un a proposé <u>que l'on ajourne le débat</u>. _____

11. Je veux surtout <u>que tu sois d'accord</u>. _____

12. Les économistes prédisent <u>que les impôts seront haussés</u>. _____

13. Elle vient de constater <u>qu'elle a perdu son stylo</u>. _____

14. Chacun est persuadé <u>qu'il est innocent</u>. _____

15. Je suis convaincu <u>qu'elle a agi de bonne foi</u>. _____

16. Tout le monde constate <u>que tu es mécontent</u>. _____

17. J'estime <u>que ces reproches sont justifiés</u>. _____

18. L'expérience prouve <u>que ce procédé est excellent</u>. _____

19. Le chef a ordonné <u>que soit tenue une autre réunion</u>. _____

20. Je souhaite <u>qu'ils se réconcilient</u>. _____

21. Sa patronne exige <u>qu'il démissionne</u>. _____

22. Son avocate a tout fait pour éviter <u>qu'il soit condamné</u>. _____

23. On espère <u>que l'économie se redressera</u>. _____

24. Je n'accepte pas <u>que tu te moques de moi</u>. _____

25. J'attends <u>que tu me confirmes ton arrivée</u>. _____

LEXIQUE: LES ANTONYMES

En tenant compte du contexte *La grasse matinée* (p. 353), donnez l'antonyme de chacun des mots suivants.

1. terrible (vers 1) _____

2. bruit (vers 2) _____

3. dur (vers 2) _____

4. remue (vers 4) _____

5. faim (vers 4) _____

6. matin (vers 7) _____

7. s'en fout (vers 12) _____

8. songe (vers 14) _____

9. doucement (vers 20) _____

10. rien (vers 23) _____

11. contre (vers 23) _____

12. jours (vers 26) _____

13. durer (vers 28) _____

14. derrière (vers 33) _____

15. morts (vers 35) _____

16. crainte (vers 38) _____

17. malheureuses (vers 39) _____

18. loin (vers 40) _____

19. chauds (vers 41) _____

20. intérieur (vers 43) _____

21. estimé (vers 52) _____

22. volé (vers 54) _____

23. garçon (vers 59) _____

L'AUTOMNE

Automne... vent du soir, sanglot mélodieux
Et tristes... forêts d'or... des feuilles qui s'envolent
Comme des papillons qui parcourent les cieux,
Et qui tombent tout bas, dessus la mousse molle.

La feuille qui se meurt et qu'emporte le vent...
Des arbres dépouillés... des sanglots de la brise...
Des larmes, des soupirs, des plaintes qu'on entend
Dans les prés, dans les bois, et dans les plaines grises...

Tout pleure, tout soupire. – Ô concerts langoureux
De ces longs soirs d'automne! Ô brise qui rapporte
Tant de doux souvenirs, souvenirs amoureux
De bonheurs qui s'en vont, comme les feuilles mortes!

Oui, tristes soirs d'automne, où l'on regarde un peu
Pour voir s'il reste encor du printemps et des roses,
Et si dans le ciel gris paraît encore du bleu,
Ou bien s'il n'y a plus que des larmes moroses!

Automne... vent du soir... souvenir du passé...
Long rêve qui se meurt... Tout s'endort et s'efface,
Et marche vers l'oubli d'un blanc tombeau glacé...
Tout meurt, tout disparaît. Oui, ici-bas, tout passe.

Saint-Denys GARNEAU, *Textes choisis et présentés*
par Benoît Lacroix

A L'ÉTUDE DU TEXTE

1. Quelle expression de la 1re strophe évoque une musique plaintive? /2

_____

2. Qu'évoque l'expression «forêts d'or»? /3

_____

3. À quels sens fait appel la description de la 1re strophe? Citez des extraits. /4

a) _____

b) _____

4. Quel sentiment se dégage de la 2e strophe? /4

_____

5. Quels sont les mots et les expressions qui confirment votre réponse à la question /7
précédente?

_____

_____

6. Quel passage du poème nous dit que toute la nature est en deuil à l'automne? /2

_____

7. Dans la 3e strophe, relevez une belle comparaison. /4

_____

8. Citez deux vers de la 4e strophe qui traduisent une certaine nostalgie. /4

_____

_____

9. Le titre du poème vous semble-t-il très approprié? Pourquoi? /5

_____

_____

B LA GRAMMAIRE DE LA PHRASE ET DU TEXTE

1. Dans la 1re strophe du poème, relevez une comparaison. /1

_____

2. Quel est le premier terme de la comparaison? /1

_____

3. Quel est le mot de comparaison? /1

_____

4. Dans la 3e strophe, relevez une phrase exclamative sans verbe. /2

_____

5. Quel sentiment traduit cette phrase exclamative? /2

_____

6. Dans les trois 1res strophes, relevez tous les pronoms relatifs. Indiquez /8
l'antécédent et la fonction de chacun. Inscrivez vos réponses dans le tableau suivant.

PRONOMS RELATIFS	ANTÉCÉDENTS	FONCTIONS

PRONOMS RELATIFS	ANTÉCÉDENTS	FONCTIONS

7. Dans la 4ᵉ strophe, relevez trois subordonnées interrogatives coordonnées. Quelle est leur fonction? /3

8. Relevez toutes les conjonctions de coordination contenues dans votre réponse à la question précédente. Qu'exprime chacune d'elles? /3

a)

b)

c)

9. Relevez les participes passés contenus dans les 2ᵉ, 3ᵉ et 5ᵉ strophes. Justifiez leur accord. /3

a)

b)

c)

10. Maintenant, faites accorder, s'il y a lieu, les participes passés ci-dessous entre parenthèses. /10

a) La nature entière s'était (endormi).

b) Ils se sont (fait) des gestes d'amitié.

c) Tous ses souvenirs amoureux avaient (disparu).

d) Le vent a (emporté) les feuilles des arbres
que l'automne avait (dépouillé).

e) Les forts vents qu'il a (fait) n'avaient pas été (prévu).

f) La peine que lui avait (causé) la perte de ses souvenirs

　　　　était à peine (apaisé).

g) Les plaintes qu'il (avait entendu) lui déchiraient le cœur. _____

11. Dans chacune des phrases suivantes, soulignez la subordonnée complétive　　/4
et indiquez-en la fonction.

　　a) Que tout passe ici-bas désespère le poète. _____

　　b) Le poète est malheureux que tous ses souvenirs
　　　　de bonheur s'en aillent au vent. _____

　　c) Voici que tout disparaît. _____

　　d) Il est vrai que tout passe ici-bas. _____

12. Représentez graphiquement les quatre phrases suivantes. Identifiez la subordonnée　　/4
et écrivez sa fonction.

　　a) Le poète attristé se plaint qu'ici-bas tout passe.

PHRASE MATRICE	

　　b) Le fait est qu'ici-bas tout est éphémère.

PHRASE MATRICE	

　　c) Le poète a la certitude que tout passe ici-bas.

PHRASE MATRICE	

　　d) Le poète constate avec tristesse que les feuilles se meurent.

PHRASE MATRICE	

13. Dans les phrases suivantes, écrivez le verbe de la phrase matrice au temps /4
indiqué entre parenthèses et modifiez le verbe subordonné de façon à respecter
la règle de la concordance des temps.

a) Tous mes amis pensent (imparfait) que ce film sera un succès.

_____

b) Certains affirment (passé composé) que la situation a changé pour le mieux.

_____

c) Je me doute (imparfait) que tu en as gardé d'excellents souvenirs.

_____

d) Nous espérons (imparfait) que le ciel s'éclaircira.

_____

C LA VERSIFICATION

1. Quelle est la disposition des rimes? /2

_____

2. Donnez un exemple: /2
   a) de rime masculine;

_____

   b) de rime féminine

_____

3. Dans les 1re, 2e et 4e strophes, relevez: /3
   a) une rime suffisante

_____

   b) une rime pauvre

_____

   c) une rime riche

_____

D LE LEXIQUE

Relevez dans le poème une douzaine de mots relevant du champ lexical /12
de la «tristesse».

_____

_____

Sı...

Rudyard Kipling, écrivain anglais, est né à Bombay en Inde en 1865. Il reçut une éducation très virile. Après de solides études en Angleterre, il devint journaliste et fit de nombreux voyages. Son roman le plus connu, Le livre de la jungle, fut publié en 1894. En 1907, Kipling reçut le Prix Nobel de littérature.

Rudyard Kipling est mort à Bombay en 1936.

Si tu peux voir détruit l'ouvrage de ta vie
Et sans dire un seul mot te mettre à rebâtir,
Ou perdre en un seul coup le gain de cent parties
Sans un geste et sans un soupir; [...]
5 Si tu peux être fort sans cesser d'être tendre,
Et te sentant haï, sans haïr à ton tour,
Pourtant lutter et te défendre;

Si tu peux supporter d'entendre tes paroles
Travesties par des gueux pour exciter des sots,
10 Et d'entendre mentir sur toi leurs bouches folles
Sans mentir toi-même d'un mot;
Si tu peux rester digne en étant populaire,
Si tu peux rester peuple en conseillant les rois;
Et si tu peux aimer tous tes amis en frère,
15 Sans qu'aucun d'eux soit tout pour toi;

Si tu sais méditer, observer et connaître,
Sans jamais devenir sceptique ou destructeur;
Rêver, mais sans laisser ton rêve être ton maître,
Penser sans n'être qu'un penseur;
20 Si tu peux être dur sans jamais être en rage,
Si tu peux être brave et jamais imprudent,
Si tu sais être bon, si tu sais être sage,
Sans être moral ni pédant;
Si tu peux rencontrer Triomphe après Défaite

25 Et recevoir ces deux menteurs d'un même front,
Si tu peux conserver ton courage et ta tête
Quand tous les autres les perdront,
Alors les Rois, les Dieux, la Chance et la Victoire
Seront à tout jamais tes esclaves soumis.
30 Et ce qui vaut bien mieux que les Rois et la Gloire,
Tu seras un homme, mon fils.

Rudyard KIPLING (Traduction de André Maurois)
© Grasset

L'étude du texte

1. Quels sentiments l'auteur veut-il éveiller chez celui à qui il s'adresse dans les deux premiers vers?

   _____

   _____

2. Quels traits de caractère souhaite-t-il le voir développer:

   a) dans les 3e et 4e vers?

   _____

   b) dans le 5e vers?

   _____

   c) les 6e et 7e vers?

   _____

   _____

   d) dans les vers 8 à 11?

   _____

   _____

3. Quels sont les comportements prescrits:

   a) dans les 12e et 13e vers ?

   _____

   _____

   b) Que recommande le 14e vers?

   _____

4. Quelle mise en garde contient toutefois le 15e vers?

   _____

5. Que signifient:

   a) les 16e et 17e vers?

   _____

   _____

   b) le 18e vers?

   _____

   c) le 19e vers?

   _____

6. Dans les vers 20 à 25, quels traits de caractère le poète souhaite-t-il retrouver chez cet être?

   _____

   _____

7. Que symbolisent les mots Triomphe et Défaite?

_____

8. Quelle attitude, selon le poète, est souhaitable dans les circonstances?

_____

9. Selon le poète, quels bienfaits en tirera celui qui adopte une telle attitude?

_____

10. À la suite de la lecture de ce poème, quelle idée vous faites-vous de Kipling?

_____

B **La grammaire de la phrase et du texte**

1. Quelle est la figure de style la plus fréquente dans ce poème?

_____

2. Relevez-en trois exemples.

a) _____

b) _____

c) _____

3. Trouvez la seule apostrophe du texte.

_____

4. Dans la 1re strophe, relevez un participe passé Attr. Compl. D.

_____

C **La versification**

1. Les vers des quatre strophes de ce poème sont-ils de mesure égale? Pourquoi?

_____

2. Relevez deux vers qui justifient votre réponse à la question précédente.

a) _____

b) _____

3. Quelle est la disposition des rimes dans la 2e strophe?

_____

4. Dans la 1re strophe, relevez

a) une rime pauvre:

_____

b) une rime suffisante:

_____

c) une rime riche:

_____

5. Trouvez dans la 4ᵉ strophe de ce poème traduit de l'anglais deux vers qui ne riment pas.

_____

6. Pourquoi, selon vous, peut-on affirmer que ces mots ne riment pas?

_____

7. Où se trouve placée la césure dans les vers suivants?

    a) vers 2:

    _____

    b) vers 24:

    _____

    c) vers 29:

    _____

 # LA SUBORDONNÉE RELATIVE

On appelle **subordonnée relative** toute phrase **enchâssée** dans la **phrase matrice** au moyen d'un **pronom relatif** référent ou nominal. Ce pronom peut être précédé ou non d'une préposition.

La **subordonnée relative** introduite par un **pronom référent** peut être **déterminative** ou **explicative**.

La **subordonnée relative** introduite par un **pronom nominal**, aussi appelée **relative indéfinie** peut avoir la plupart des fonctions du **GN**.

> **I. La subordonnée relative introduite par un pronom relatif référent**

La **subordonnée relative** introduite par un pronom relatif **référent** est une **expansion** du **GN**. Elle sert à apporter des informations sur un nom ou un pronom (son antécédent) faisant partie de la phrase matrice.

Exemple: _____

La subordonnée relative déterminative

a) La **subordonnée relative** est _____ lorsqu'elle _____ sans que le sens de la phrase devienne incomplet. Elle sert à _____

_____ .

Exemple: _____

N.B. La subordonnée relative déterminative n'est jamais séparée du reste de la phrase par une virgule.

b) **La subordonnée relative explicative**

La **subordonnée relative** est _____ lorsqu' _____

sans que le reste de la phrase perde son sens. Elle est généralement _____

_____ et peut exprimer principalement _____ et parfois, _____,

_____, _____.

Exemples: _____

_____

N.B. 1) La subordonnée relative introduite par un pronom référent précédé d'une préposition ou par le pronom relatif «où» peut être réduite à une **relative infinitive**.

Exemples: _____

_____

2) Lorsque le sujet du verbe de la phrase matrice et le sujet du verbe subordonné désignent le ou les mêmes êtres, le ou les mêmes objets, la subordonnée peut être réduite à la **phrase participiale**.

Exemple: _____

3) Les subordonnées relatives peuvent être **juxtaposées** ou **coordonnées**.

II. La subordonnée relative introduite par un pronom relatif nominal

La subordonnée relative introduite par un **pronom relatif nominal** est l'équivalent d'un **GN.**

Le tableau suivant présente la plupart des fonctions de cette subordonnée.

FONCTIONS DE LA SUBORDONNÉE RELATIVE INTRODUITE PAR UN PRONOM NOMINAL	
FONCTIONS	**EXEMPLES**
a) **Suj. V.**	_____
b) **Attr. Suj.**	_____
c) **Compl. Adj.**	_____
d) **Compl. D. V.**	_____
e) **Compl. I. V.**	_____
f) **Compl. Ag.**	_____

A D'après les modèles ci-dessous, représentez graphiquement chacune des phrases suivantes.

Exemples:

1. Tu en parleras à qui tu voudras.

Tu	en parleras	à qui tu voudras. ⇓ Subordonnant
		SUBORDONNÉE RELATIVE
PHRASE MATRICE		

2. Le fermier cultive des pommes qui sont destinées à l'exportation.

Le fermier	cultive des pommes ⇓ Antéc.	qui sont destinées à l'exportation. ⇓ Subordonnant
		SUBORDONNÉE RELATIVE
PHRASE MATRICE		

1. Elle a choisi un sujet qui porte sur l'énergie solaire.

PHRASE MATRICE	

2. Il a exécuté à la lettre les ordres qu'il a reçus.

PHRASE MATRICE	

3. Elle a fondé une entreprise qui fonctionne bien.

PHRASE MATRICE	

4. Qui veut voyager loin ménage sa monture.

PHRASE MATRICE

5. La directrice réunira tous les élèves dont les notes sont faibles.

PHRASE MATRICE

6. Elle affectionne ses enfants qui le lui rendent bien.

PHRASE MATRICE

7. Tout réussit à qui sait persévérer.

PHRASE MATRICE

8. Elle vient de cueillir ces fleurs dont elle hume le parfum.

PHRASE MATRICE

9. Qui paie ses dettes s'enrichit.

PHRASE MATRICE

10. Les voisins ont construit un chalet qui donne sur le lac.

```
┌─────────────────────────────────────────────────────────────┐
│                                                               │
│                                                               │
│                                                               │
├──────────────────────────────┬────────────────────────────────┤
│                              │                                │
│                    PHRASE MATRICE                             │
└───────────────────────────────────────────────────────────────┘
```

B

a) Soulignez la subordonnée relative dans chacun des exemples suivants.

b) Mettez entre parenthèses, s'il y a lieu, l'antécédent du pronom relatif.

c) Écrivez la fonction de chaque subordonnée.

d) Indiquez lesquelles sont coordonnées ou juxtaposées.

Exemple: Le dictionnaire est (le livre) <u>qui contient tous les livres</u>.   Compl. Antéc.

1. Les sièges qui ont été placés là sont tous occupés.

2. On donne à qui veut bien recevoir.

3. La pierre qu'il a lancée a fracassé la vitre.

4. Mon entraîneur est un homme qui fait preuve de discipline.

5. Quel est ce jeune homme qui va et qui vient dans le parc?

6. Connaissez-vous l'homme qui s'est présenté ce matin?

7. Maman m'a offert ce jeu que je désirais tant et dont je rêvais depuis si longtemps.

8. S'amusait qui voulait.

9. Ma sœur est libre de recevoir qui elle veut.

10. Le bureau où je travaille est bien éclairé.

11. Je reçus de ma mère une lettre à laquelle je répondis aussitôt.

12. Marc est celui qui a pris cette décision, qui l'a exécutée.

13. On a annulé cette exposition qui devait débuter demain.

EXERCICE DE STYLE

Observez les phrases suivantes. **Remplacez** chacun des groupes de mots soulignés par un verbe à l'infinitif.

Exemple: Je le regarde <u>qui va</u> tranquillement son chemin.   aller

1. L'enfant avait vu l'oiseau <u>qui tombait</u> de son nid.

2. Je l'ai entendu <u>qui fournissait</u> les raisons de son absence.

3. Les vaches, sereines, regardent le train <u>qui passe</u>.

4. Je sentis mon corps <u>qui tremblait</u>.

5. Nous avons vu cet automobiliste <u>qui filait</u> à toute allure.

6. J'entends quelqu'un <u>qui chante</u> à l'étage supérieur.

7. Je les ai vus <u>qui avançaient</u> avec méfiance.

8. Cet extravagant jure avoir vu un ovni <u>qui se posait</u> dans le bois.

9. Tout à coup nous entendîmes une voix <u>qui appelait</u> à l'aide.

10. J'ai vu les enfants <u>qui riaient</u> de bon cœur.

11. Nous avons cru voir un fantôme <u>qui se dirigeait</u> vers nous.

12. La voisine jure avoir vu l'enfant <u>qui errait</u> seule au parc.

13. Elle affirme avoir entendu le tonnerre <u>qui grondait</u>.

14. Le témoin affirme avoir vu l'homme <u>qui s'enfuyait</u>.

15. Tous se réjouissent de voir les premières neiges <u>qui tombent</u>.

16. Il prétend avoir vu le suspect <u>qui examinait</u> les lieux.

17. Les autorités voient la situation <u>qui</u> leur <u>échappe</u>.

18. Il sent la colère <u>qui monte</u> en lui.

19. Elle sentit une main <u>qui</u> lui <u>effleurait</u> la joue.

20. Soudain j'entendis mon chien <u>qui hurlait</u>.

21. Ils ont vu les derniers passagers <u>qui descendaient</u> du train.

22. Elle jure avoir senti son courage <u>qui l'abandonnait</u>.

23. On a vu une foule de curieux <u>qui envahissait</u> la place.

24. Brusquement, l'athlète a senti ses genoux <u>qui cédaient</u>.

25. Nous voyions, impuissants, la nageuse <u>qui perdait</u> pied.

26. De nos jours, on voit nombre de pays <u>qui s'efforcent</u>
de combattre la pollution.

27. Personne n'avait vu la catastrophe <u>qui venait</u>.

28. Nous voyons les alpinistes <u>qui entreprennent</u> la descente
avec joie.

29. Nous nous sentons <u>qui faiblissons</u>.

30. Je crois avoir vu quelqu'un <u>qui</u> lui <u>indiquait</u> l'itinéraire à suivre.

En tenant compte du contexte *Si...* (p. 376), trouvez dans le dictionnaire la signification de chacun des mots suivants.

1. rebâtir (vers 2)

_____

2. lutter (vers 7)

_____

3. défendre (vers 7)

_____

4. digne (vers 12)

_____

5. populaire (vers 12)

_____

6. conseillant (vers 13)

_____

7. destructeur (vers 17)

_____

8. Rêver (vers 18)

_____

9. maître (vers 18)

_____

10. penseur (vers 19)

_____

11. rage (vers 20)

_____

12. moral (vers 23)

_____

13. Triomphe (vers 24)

_____

14. Défaite (vers 24)

_____

15. courage (vers 26)

_____

16. tête (vers 26)

_____

ᴀNITIATION À LA LITTÉRATURE QUÉBÉCOISE

Consultez un manuel de littérature ou un dictionnaire des auteurs.

Dans le tableau suivant, transcrivez les informations demandées.

NOM	LIEU ET DATE DE NAISSANCE	MÉTIER EXERCÉ	ŒUVRES CONNUES
BEAUCHEMIN, Yves			
DUBÉ, Marcel			
GÉLINAS, Gratien			
GODBOUT, Jacques			
GRIGNON, C. Henri			
GUÈVREMONT, Germaine			
HÉBERT, Anne			
LECLERC, Félix			
LEMELIN, Roger			
MIRON, Gaston			
NELLIGAN, Émile			
ROY, Gabrielle			
SAVARD, F-Antoine			
THÉRIAULT, Yves			

LES SUBORDONNÉES CIRCONSTANCIELLES DE TEMPS, DE BUT, DE CONDITION

On entend par **subordonnées circonstancielles** toutes les phrases **enchâssées** dans la **phrase matrice** à l'aide d'une **conjonction de subordination** (simple ou complexe). Elles jouent toutes le rôle de **Compl. P.**

Il existe de nombreuses subordonnées circonstancielles:

– de **temps**;

– de **but**;

– de **condition** (ou d'**hypothèse**);

– de **cause**;

– de **conséquence**;

– d'**opposition**;

– de **comparaison**…

– La circonstancielle de temps

La **circonstancielle de temps** sert à préciser si le fait exprimé dans cette subordonnée a lieu _____,

_____ ou _____ le fait exprimé par le verbe de la phrase matrice. Elle est introduite, selon le

cas, par l'une des conjonctions (ou des locutions conjonctives) qui suivent.

PRINCIPALES CONJONCTIONS ET LOCUTIONS CONJONCTIVES DE TEMPS	
FAIT EXPRIMÉ PAR LE VERBE DE LA SUBORDONNÉE	**CONJONCTIONS ET LOCUTIONS CONJONCTIVES**
postérieur au fait énoncé dans le reste de la phrase	avant que, en attendant que, jusqu'à ce que…
simultané au fait énoncé dans le reste de la phrase	quand, lorsque, pendant que, tandis que, tant que, comme, au moment où…
antérieur au fait énoncé dans le reste de la phrase	après que, dès que, quand, depuis que, aussitôt que…

N.B. Pour éviter la répétition des conjonctions ou des locutions conjonctives déjà exprimées lorsque

les propositions subordonnées sont coordonnées, on remplace _____

par la conjonction _____.

Exemple: _____

La **circonstancielle de temps** est **permutable**. Elle peut être placée au début, au milieu ou à la fin de la phrase.

Comparez:

Nous irons nous promener dans le bois	dès qu'il fera beau.
	⇓
	Subordonnant
	CIRCONSTANCIELLE DE TEMPS
PHRASE MATRICE	

Dès qu'il fera beau,	nous irons nous promener dans le bois.
⇓	
Subordonnant	
CIRCONSTANCIELLE DE TEMPS	
PHRASE MATRICE	

Nous irons,	dès qu'il fera beau,	nous promener dans le bois.
	⇓	
	Subordonnant	
	CIRCONSTANCIELLE DE TEMPS	
PHRASE MATRICE		

Les modes dans la circonstancielle de temps

Lorsque le **fait** exprimé dans la **subordonnée** de temps est **antérieur** ou **simultané** à celui qui est énoncé dans le reste de la phrase matrice, le verbe de la subordonnée se met _____ _____ .

Exemples: _____

_____

Si le **fait** exprimé est **postérieur** à celui qu'énonce le reste de la phrase, le **verbe** se met _____ _____ .

Exemple: _____

N.B. «**Avant que**» est souvent accompagné d'un «**ne**» explétif et est **toujours** suivi_____ .

«**Après que**» est généralement suivi _____ .

Exemples: _____

_____

Autres moyens d'exprimer le temps

Le temps peut également s'exprimer au moyen:

a) d'un _____ ou d'un _____ ;

Exemples: _____

_____

b) d'un _____ ou d'une _____ ;

Exemple: _____

c) d'un _____ ;

Exemple: _____

d) d'un _____ ;

Exemple: _____

e) d'un _____ ;

Exemple: _____

f) d'un _____ précédé d'une préposition ou d'une locution prépositive.

Exemple: _____

– La circonstancielle de but

La **circonstancielle de but** indique _____ ou _____. Elle est introduite par l'une des locutions **afin que**, **pour que**, **de peur que**, **de manière que**, **de crainte que**, etc.

Exemple: _____

N.B. 1) Comme la circonstancielle de temps, la circonstancielle de but est **permutable**. Elle est généralement à la fin de la phrase matrice. Elle peut, cependant, être au début de cette dernière ou la couper.

2) Le **verbe** de la circonstancielle de **but** est toujours _____ .

Exemple: _____

3) Lorsque le verbe de la phrase matrice est à l'**impératif**, le mot subordonnant est généralement

_____ .

Exemple: _____

4) Les locutions «**de crainte que**», «**de peur que**» sont souvent accompagnés d'un «**ne**» explétif.

Exemples: _____

_____

Autres moyens d'exprimer le but

Le but peut être exprimé au moyen:

a) d'un _____ ;

Exemple: _____

b) d'un _____ précédé d'une préposition ou d'une locution prépositive.

Exemple: _____

– La circonstancielle de condition (ou d'hypothèse)

La **circonstancielle de condition** indique **à quelle condition** peut ou pourrait se réaliser l'action exprimée dans le reste de la phrase matrice. Généralement introduite par la conjonction **si**,

_____ .

Exemple: _____

La **circonstancielle de condition** peut être introduite par l'une des locutions **pourvu que, à condition que, à supposer que, en admettant que, à moins que...**

Le verbe de la subordonnée est alors _____.

Exemple: _____

N.B. 1) Le **verbe** de la **subordonnée** introduite par **si** n'est **jamais** au **futur** ni au **conditionnel**.

2) «**À moins que**» s'accompagne souvent d'un «**ne**» explétif.

Exemple: _____

3) Lorsque le **verbe** de la **phrase matrice** est à _____, le verbe subordonné se met au _____; lorsque ce verbe est au _____, le verbe subordonné se met au _____.

Exemples: _____

_____

4) Lorsque deux subordonnées de condition introduites par **si** sont coordonnées, on remplace _____ par la conjonction _____.

Exemple: _____

Autres moyens d'exprimer la condition
La condition s'exprime aussi au moyen, entre autres:

a) d'un_____;

Exemple: _____

b) d'un _____ précédé d'une préposition ou d'une locution prépositive;

Exemple: _____

c) d'un_____;

Exemple: _____

d) d'un_____.

Exemple: _____

EXERCICES

A D'après le modèle ci-dessous, représentez graphiquement chacune des phrases suivantes.

Exemple: **Si tu avais bien compris, tu ne te serais pas trompé.**

Si tu avais bien compris, ⇓ Subordonnant	tu ne te serais pas trompé.
CIRC. DE CONDITION	
PHRASE MATRICE	

1. Je pars tôt afin que je ne rate pas l'autobus.

PHRASE MATRICE	

2. Si elle se présente, reçois-la chaleureusement.

PHRASE MATRICE	

3. Quand le temps est à la pluie, je me couvre bien.

PHRASE MATRICE	

4. Il est méconnaissable lorsqu'il est en colère.

PHRASE MATRICE	

5. Il a tout fait pour que j'accepte.

PHRASE MATRICE	

6. Je donnerai mon accord si le projet m'intéresse.

PHRASE MATRICE	

7. En admettant que je refuse, que ferez-vous?

PHRASE MATRICE	

8. Elle a fait de son mieux pour que chacun soit satisfait.

PHRASE MATRICE	

9. Je me serais abstenue si tu m'avais avertie du danger.

PHRASE MATRICE	

B Maintenant, soulignez les subordonnées circonstancielles contenues dans les phrases suivantes. À droite, identifiez chacune d'elles.

Exemple: <u>Aussitôt que tu seras de retour</u>, avertis-moi.   Sub. de temps

1. Je demeure sceptique jusqu'à ce que tu me prouves le contraire. _____

2. Profite de la vie pendant que tu en as encore la force. _____

3. Viens que je te parle. _____

4. N'hésite pas à moins que tu ne sois sûre de rien. _____

5. Elle parle de la sorte afin que tu te laisses convaincre. _____

6. Elle prendra des vacances aussitôt qu'elle sera libre. _____

7. Je le ferais encore, si j'avais à le faire. _____

8. Si les prévisions météorologiques changent, nous aviserons. _____

9. Je lui dirai mon opinion dès que l'occasion s'en présentera. _____

10. Si tu redoubles d'efforts, tes résultats seront excellents. _____

11. Pourvu que tu n'aies rien à te reprocher, reste calme. _____

12. Approche que je te confie un secret. _____

13. Tant qu'il continuera de pleuvoir, le jeu ne pourra reprendre. _____

14. Parle-lui si tu veux en avoir le cœur net. _____

15. Ma chatte miaule pour que je lui ouvre la porte. _____

Quelle est l'unique fonction de toutes les subordonnées que vous venez d'identifier?

_____

EXERCICE DE STYLE

Dans les exemples suivants, sans changer le sens de la phrase, **remplacez** chacune des subordonnées soulignées par un groupe de mots équivalent (G. Prép., G. Part., G. Inf. précédé ou non d'une préposition).

Exemple: **Le problème doit être réglé <u>avant que n'expire le délai</u>.**
**   ... avant l'expiration du délai.**

1. <u>Lorsqu'il naquit</u>, la Deuxième Guerre mondiale était terminée.

    _____

2. Elle serait contente <u>si elle le savait</u>.

    _____

3. Je partirai <u>lorsqu'elle sera de retour</u>.

    _____

4. Ma mère n'a rien négligé <u>pour que la tâche me soit facile</u>.

    _____

5. <u>Pendant que vous étiez enfant</u>, vous étiez extrêmement timide.

    _____

6. Elles ont tout fait <u>pour que nous soyons satisfaits</u>.

    _____

7. Il accourra <u>si vous l'appelez</u>.

    _____

8. J'investirai à la Bourse <u>si vous me le conseillez</u>.

    _____

9. Elle triomphera <u>si elle s'arme de patience</u>.

    _____

10. <u>Dès que vous aurez pris une décision</u>, vous me ferez signe.

    _____

11. Elle partira <u>lorsque le jour se lèvera</u>.

    _____

12. L'équipe adverse l'a emporté <u>parce que l'arbitre l'a décidé</u>.

    _____

13. <u>Lorsqu'il mourut</u>, tous ses enfants étaient rassemblés autour de lui.

    _____

14. Lorsque j'entendis ces mots, je me mis à trembler.

_____

15. Elle n'a pu rien faire pendant que vous étiez absent.

_____

16. Quand ils sont en captivité, les animaux vivent plus longtemps.

_____

17. Si vous ne m'aviez pas aidé, j'aurais échoué.

_____

18. Ces dames ont soigné leurs parents pendant qu'ils étaient vieux.

_____

19. La foule applaudit vivement quand elle eut fini son discours.

_____

20. Ils ont atteint la grotte alors que la nuit tombait.

_____

21. Les manifestants se sont dispersés tandis qu'il pleuvait.

_____

22. Elle s'est réfugiée dans sa chambre pour qu'elle soit seule.

_____

23. Un silence religieux se fit pendant qu'il prononçait son discours.

_____

24. Il étudie afin qu'il obtienne sa maîtrise en informatique.

_____

25. Si tu ne l'avais averti, il aurait été pris au piège.

_____

LEXIQUE: LES SYNONYMES

Trouvez dans le texte *Si...* (p. 376), le mot ayant à peu près la même signification que chacun de ceux de la colonne de gauche.

1. démoli _____

2. reconstruire _____

3. plainte _____

4. doux _____

5. accepter _____

6. dénaturées _____

7. coquins _____

8. réfléchir _____

9. examiner _____

10. apprendre _____

11. incrédule _____

12. sévère _____

13. vaillant _____

14. téméraire _____

15. généreux _____

16. sensé _____

17. cuistre _____

18. garder _____

19. valets _____

20. dociles _____

LA PÊCHE À LA BALEINE

À la pêche à la baleine, à la pêche à la baleine,
Disait le père d'une voix courroucée
À son fils Prosper, sous l'armoire allongé,
À la pêche à la baleine, à la pêche à la baleine,
5   Tu ne veux pas aller,
Et pourquoi donc?
Et pourquoi donc que j'irais pêcher une bête
Qui ne m'a rien fait, papa,
Va la pépé, va la pêcher toi-même,
10   Puisque ça te plaît.
J'aime mieux rester à la maison avec ma pauvre mère
Et le cousin Gaston.
Alors dans sa baleinière le père tout seul s'en est allé
Sur la mer démontée…
15   Voilà le père sur la mer,
Voilà le fils à la maison,
Voilà la baleine en colère,
Et voilà le cousin Gaston qui renverse la soupière,
La soupière au bouillon.
20   La mer était mauvaise,
La soupe était bonne.
Et voilà sur sa chaise Prosper qui se désole:
À la pêche à la baleine, je ne suis pas allé,
Et pourquoi donc que j'y ai pas été?
25   Peut-être qu'on l'aurait attrapée,
Alors j'aurais pu en manger.
Mais voilà la porte qui s'ouvre, et ruisselant d'eau
Le père apparaît hors d'haleine,
Tenant la baleine sur son dos.
30   Il jette l'animal sur la table, une belle baleine aux yeux bleus,
Une bête comme on en voit peu,
Et dit d'une voix lamentable:
Dépêchez-vous de la dépecer,
J'ai faim, j'ai soif, je veux manger.
35   Mais voilà Prosper qui se lève,
Regardant son père dans le blanc des yeux,
Dans le blanc des yeux bleus de son père,
Bleus comme ceux de la baleine aux yeux bleus:
Et pourquoi donc je dépècerais une pauvre bête qui ne m'a rien fait?
40   Tant pis, j'abandonne ma part.
Puis il jette le couteau par terre,
Mais la baleine s'en empare, et se précipitant sur le père,
Elle le transperce de père en part.
Ah, Ah, dit le cousin Gaston,

     © LIDEC inc.

45 On me rappelle la chasse, la chasse aux papillons.
Et voilà
Voilà Prosper qui prépare les faire-part,
La mère qui prend le deuil de son pauvre mari
Et la baleine, la larme à l'œil contemplant le foyer détruit.
50 Soudain elle s'écrie:
Et pourquoi donc j'ai tué ce pauvre imbécile,
Maintenant les autres vont me pourchasser en motogodille
Et puis ils vont exterminer toute ma petite famille.
Alors, éclatant d'un rire inquiétant,
55 Elle se dirige vers la porte et dit
À la veuve en passant:
Madame, si quelqu'un vient me demander,
Soyez aimable et répondez:
La baleine est sortie,
60 Asseyez-vous,
Attendez là,
Dans une quinzaine d'années, sans doute elle reviendra.

Jacques PRÉVERT, *Paroles*
© Éditions Gallimard

A L'étude du texte

1. Quels sont les principaux acteurs de ce petit drame?

_____

2. Quels en sont les personnages secondaires?

_____

3. Quel sentiment traduit, dès le début, la voix du père?

_____

4. Pourquoi est-il tellement irrité?

_____

_____

5. Comment le fils justifie-t-il son refus?

_____

6. Quel trait de caractère cette réponse dénote-t-elle chez le garçon?

_____

7. Quelle autre raison avance-t-il pour ne pas accompagner son père?

_____

8. Quel sentiment particulier traduit l'utilisation du mot «pauvre»?

_____

9. «Alors dans sa baleinière le père tout seul s'en est allé
   Sur la mer démontée…»
   Que traduisent ces deux vers?

   _____

   _____

10. Quel trait de caractère décelez-vous chez Gaston qui renverse la soupière?

    _____

11. À quel personnage connu de BD fait-il penser?

    _____

12. Quel sentiment traduit l'attitude de Prosper au 22ᵉ vers?

    _____

13. Qu'est-ce qui, selon vous, a provoqué les réflexions de Prosper aux vers 23 à 26?

    _____

14. Pourtant, le fils doutait de la capture possible de la baleine. Quel vers le prouve?

    _____

15. Quel vers montre l'épuisement du père au retour de la pêche?

    _____

16. Comment le poète traduit-il la stupéfaction du fils dans les deux vers suivants:
    « Dans le blanc des yeux bleus de son père,
    Bleus comme ceux de la baleine aux yeux bleus»

    _____

17. Quel lien faites-vous entre cette sonorité et l'interjection «euh!»?

    _____

    _____

18. Relevez le vers qui montre que le fils n'a pas changé d'idée, même après le retour du père.

    _____

19. Pour ne pas trahir ses idées, quelle décision prend-il?

    _____

20. Dans sa colère, le fils pose un geste imprudent qui sera fatal au père. Quel est-il?

    _____

    _____

21. La baleine, elle aussi, est dotée de sentiments. Quels sont les siens, une fois le meurtre accompli?

    _____

22. Relevez le vers qui justifie votre réponse à la question précédente.

    _____

23. Quel autre vers traduit son regret d'avoir tué le père de famille?

24. Quelles conséquences de son acte redoute-t-elle?

25. La baleine se sauve en laissant un message à la veuve. Quel sens donneriez-vous à cette prophétie sur laquelle se termine le poème?

B La grammaire de la phrase et du texte

1. Dans le premier passage dialogué de ce poème, les indices habituels ne figurent pas. Pourquoi, selon vous?

2. Quels sont ces indices?

3. Délimitez ce passage dialogué en écrivant le premier et le dernier vers qui le composent.

4. Dans ce passage dialogué, identifiez:

  a) celui qui parle le premier;

  b) le verbe introducteur;

  c) le vers qui devrait être précédé d'un tiret pour marquer le changement d'interlocuteur.

5. Faites passer au discours indirect l'extrait suivant:
Et dit d'une voix lamentable:
«J'ai faim, j'ai soif, je veux manger.»

6. Quelle figure de style retrouve-t-on dans les 20e et 21e vers?

7. Récrivez en langage soutenu ces propos de Prosper:
«Et pourquoi donc que j'y ai pas été?»

8. Relevez dans le poème une énumération.

1. Observez les vers suivants:
   «Mais la baleine s'en empare, et se précipitant sur le père,
   Elle le transperce de père en part.»

   a) Quelle est la consonne qui revient le plus souvent?

   _____

   b) En versification, comment appelle-t-on cette répétition d'une même consonne?

   _____

   c) Quel est, selon vous, l'effet recherché par le poète?

   _____

   _____

2. Pourquoi peut-on dire que, dans le contexte, le verbe «transperce» est particulièrement imagé?

   _____

   _____

3. Relevez le rejet entre les vers:

   a) 10 et 15;

   _____

   b) 55 et 60.

   _____

4. Entre les vers 50 à 55, relevez un alexandrin dont vous séparerez et numéroterez les syllabes.

   _____

LES CIRCONSTANCIELLES DE CAUSE ET DE CONSÉQUENCE

La **cause** et la **conséquence** sont des notions intimement **liées**.
La **circonstancielle de cause** indique la raison pour laquelle a lieu l'action exprimée dans le reste de la phrase matrice.
La **circonstancielle de conséquence** indique le **résultat** de l'action exprimée dans le reste de la phrase matrice.
Dans une même phrase, la relation de **conséquence** est l'**inverse** de la relation de **cause** et **vice versa**.

Observez la phrase suivante:

L'enfant est fiévreux, il tremble.
La fièvre est la **cause** des tremblements de l'enfant.
Les tremblements de l'enfant sont la **conséquence** de sa fièvre.

Si l'on veut mettre l'accent sur la **cause**, on l'exprimera au moyen de la **subordonnée de cause**.

Exemple: _____

Si l'on veut mettre l'accent sur la **conséquence**, on l'exprimera au moyen de la **subordonnée de conséquence**.

Exemple: _____

N.B. Les propositions **subordonnées** de **cause** et de **conséquence** sont toujours _____

– La circonstancielle de cause

La **circonstancielle de cause** est introduite par l'une des conjonctions de subordination **comme**, **puisque** ou par l'une des locutions conjonctives **parce que**, **vu que**, **attendu que**, **étant donné que**, **non que**, **non pas que**, etc.

Exemples: _____

_____

N.B. Le **verbe** de la circonstancielle de cause est généralement _____ .

Cependant, les locutions «**non que**», «**non pas que**», «**ce n'est pas que**» se construisent avec

_____ .

Exemple: _____

Autres moyens d'exprimer la cause
La cause peut être également exprimée à l'aide:

a) d'un_____ ;

Exemple: _____

b) d'un_____ ;

Exemple: _____

c) d'un_____ ;

Exemple: _____

d) d'un_____ , ou d'un _____

Exemples: _____

_____

– La circonstancielle de conséquence

La **circonstancielle de conséquence** est introduite:

a) par l'une des locutions conjonctives **de (telle) façon que**, **de (telle) manière que**, **de (telle) sorte que**, **en sorte que**, **de sorte que**, **au point que**, **si bien que**…;

Exemple: _____

b) par la conjonction **que**, annoncée dans la phrase matrice par _____ ou par l'un des adverbes

_____, _____, _____ ;

Exemple: _____

c) par la locution conjonctive _____, annoncée dans la phrase matrice par l'un des

adverbes _____, _____, _____.

Exemple: _____

N.B. **1)** Le verbe de la subordonnée circonstancielle de conséquence se met _____

_____.

Exemple: _____

2) Il se met au subjonctif:

a) lorsque la phrase matrice est _____ ou _____ ;

Exemples: _____

_____

b) après les locutions «**pour que**», «**sans que**» et l'expression «**faire en sorte que**».

Exemples: _____

_____

_____

3) La conséquence peut être également exprimée au moyen d'un G. Inf.

Exemple: _____

EXERCICES

A D'après le modèle suivant, représentez graphiquement chacune des phrases ci-dessous.

Exemple: **Elle a réussi parce qu'elle était déterminée.**

Elle a réussi	parce qu'elle était déterminée.
	⇓
	Subordonnant
	CIRC. DE CAUSE
PHRASE MATRICE	

1. Elle est si convaincante qu'elle a emporté l'adhésion de tous.

PHRASE MATRICE	

2. Ce chien est si méchant que personne ne veut s'en approcher.

PHRASE MATRICE	

3. Puisque le ciel se couvre, mettons-nous à l'abri.

PHRASE MATRICE	

4. Le vieil homme souffre au point qu'il a perdu le goût de vivre.

PHRASE MATRICE	

5. Comme il avait plu, les pentes de ski étaient devenues dangereuses.

PHRASE MATRICE	

6. Tu as pleuré puisque tes yeux sont rougis.

PHRASE MATRICE	

7. La concurrence est telle que l'on doit travailler d'arrache-pied.

PHRASE MATRICE	

8. Le loup était si maigre qu'il n'avait que les os et la peau.

PHRASE MATRICE	

9. Cette histoire est si invraisemblable que personne n'y ajoute foi.

PHRASE MATRICE	

10. Ces gens se fréquentent peu parce qu'ils ne s'aiment pas.

PHRASE MATRICE	

B Dans les phrases suivantes, soulignez les subordonnées circonstancielles et identifiez chacune d'elles.

Exemple: **Son attitude fut si digne <u>que chacun la complimenta</u>.**   Sub. de cons.

1. Elle ignora ma question parce qu'elle ne voulait pas y répondre. _____

2. La pièce était si comique que la salle croulait de rire. _____

3. Comme la lutte s'annonçait chaude, chacun fourbissait ses armes. _____

4. Puisqu'il fait si froid, notre balade sera brève. _____

5. On chasse tellement ces animaux qu'ils sont en voie de disparition. _____

6. Nous étions troublés au point que nous n'avons pu réagir. _____

7. Ne portez pas de jugement puisque vous ignorez le fond de l'histoire. _____

8. Nous étions si pressés de partir que nous avons oublié l'essentiel. _____

9. Tu maigris vite puisque tu fais de l'exercice. _____

10. L'assemblée était tellement houleuse qu'on dut la renvoyer. _____

11. La route était encombrée au point que nul n'avançait. _____

12. Parce qu'elle se sentait suivie, elle a pressé le pas. _____

13. Il était si grand qu'on lui donnait déjà dix-huit ans. _____

14. Ce typhon a été si violent qu'il a fait huit cents morts. _____

15. Puisque tu le prétends, prouve-le. _____

16. L'air est si pollué que les monuments se détériorent à vue d'œil. _____

17. Ses propos étaient incohérents au point qu'on le crut fou. _____

18. Le gamin était si agité que sa mère le réprimanda. _____

19. Comme les absents sont si nombreux, remettons la réunion. _____

20. Parce que ma proposition lui plut, elle accepta avec joie. _____

21. La situation se présente de telle façon que personne n'y peut rien. _____

22. Comme je n'utilise plus cette desserte, je l'ai donnée en cadeau. _____

23. La panique était telle que ce fut un sauve-qui-peut général. _____

24. Son amitié m'est si précieuse que je la cultive avec soin. _____

25. Puisque ce sujet la passionne, elle continue ses recherches. _____

EXERCICE DE STYLE
L'EXPRESSION DE LA CAUSE ET DE LA CONSÉQUENCE

Observez les phrases suivantes. **Transformez** chacune d'elles de manière à exprimer la cause ou la conséquence au moyen d'une subordonnée circonstancielle.

Exemple: **Parce que ma proposition lui plut, elle accepta avec joie.**
Ma proposition lui plut si bien qu'elle accepta avec joie.

1. Elle a réussi parce qu'elle était déterminée.

_____

2. Puisque tu as tant pleuré tes yeux sont devenus rouges.

_____

3. Elle s'est absentée étant donné qu'elle était fatiguée.

_____

4. Il a reçu une contravention parce qu'il a brûlé un feu rouge.

_____

5. Comme il avait marché longtemps, ses souliers étaient couverts de poussière.

_____

6. Ces gens se fréquentent peu parce qu'ils ne s'aiment pas.

_____

7. Elle ignora ma question parce qu'elle ne voulait pas y répondre.

_____

8. Comme la lutte s'annonçait chaude, chacun fourbissait ses armes.

_____

9. Tu maigris vite puisque tu fais de l'exercice.

_____

10. Il a perdu son emploi parce qu'il s'absentait régulièrement.

_____

11. Elle n'a pu acheter ce manteau étant donné qu'elle n'avait pas assez d'argent.

_____

12. Les dirigeants ont dû prendre des mesures exceptionnelles puisque l'entreprise dépérissait.

_____

_____

13. Cette émission a été annulée vu que les techniciens sont en grève.

_____

14. Je le visite rarement parce que son chien est très méchant.

_____

15. La voiture roulait si vite qu'elle ne put freiner à temps.

_____

En tenant compte du contexte _La pêche à la baleine_ (p. 396), trouvez dans le dictionnaire la signification de chacun des mots ou groupes de mots suivants.

1. courroucée (vers 2)

_____

2. baleinière (vers 13)

_____

_____

3. démontée (vers 14)

_____

4. se désole (vers 22)

_____

5. ruisselant d'eau (vers 27)

_____

6. hors d'haleine (vers 28)

_____

7. lamentable (vers 32)

_____

8. dépecer (vers 33)

9. dans le blanc des yeux (vers 36)

10. transperce (vers 43)

11. faire-part (vers 47)

12. foyer (vers 49)

13. pourchasser (vers 52)

14. motogodille (vers 52)

15. exterminer (vers 53)

16. veuve (vers 56)

LES CIRCONSTANCIELLES D'OPPOSITION DE CONCESSION ET DE COMPARAISON

La **circonstancielle** d'**opposition** sert à indiquer une **opposition** entre le fait qu'elle exprime et celui qu'exprime le reste de la phrase, ces deux **faits** étant **simultanés**.

La **circonstancielle** de **concession** exprime un fait inattendu par rapport à ce que laisse entendre le reste de la phrase.

La **circonstancielle de comparaison** sert à établir entre le fait qu'elle exprime et celui qu'exprime le reste de la phrase un rapport de **ressemblance** ou de **différence**.

– La circonstancielle d'opposition

La **circonstancielle d'opposition** est introduite par l'une des conjonctions ou des locutions conjonctives **alors que, pendant que, quand, si, tandis que, au lieu que...**

Le verbe de la subordonnée d'opposition se met généralement _____.

Exemple: _____

N.B. Seul «**au lieu que**» peut être suivi _____.

    Exemple: _____

– La circonstancielle de concession

La **circonstancielle de concession** est introduite par **quoique, bien que, si... que, encore que, malgré que, quelque... que, quel que, pour... que, tout... que**, etc., généralement suivis _____

_____.

Exemple: _____

N.B. Seul **tout... que** peut être suivi d'un verbe à l'**indicatif**.

    Exemple: _____

Remarques

1) **Quoique** s'écrit en un seul mot lorsqu'on peut le remplacer par _____ ; sinon, il signifie
_____ et s'écrit en deux mots.

    Exemples: _____

    _____

2) Dans la locution **quelque... que**, **quelque** s'écrit en un seul mot lorsqu'il est suivi _____
_____, _____ ou _____.

    Exemples: _____

    _____

    _____

3) Dans la locution **quel que**, **quel** s'accorde _____.

    Exemple: _____

– La circonstancielle de comparaison

La **circonstancielle de comparaison** est introduite par la conjonction **comme** ou par l'une des locutions conjonctives **de même que, ainsi que**, etc.

Exemple: _____

Souvent aussi, elle est introduite par la conjonction «**que**», précédée dans la phrase matrice par un adverbe ou un adjectif marquant:

a) _____ (**aussi**, **autant**, **si**, **tel**, **le même**, etc.);

   Exemple: _____

b) _____ (**plus**, **moins**, **mieux**, **autre**, **meilleur**, etc.);

   Exemple: _____

Remarques

1) Le **verbe** de la **circonstancielle de comparaison** est généralement à _____ .

   Exemple: _____

2) La locution conjonctive **comme si** peut exprimer à la fois la **comparaison** et la **supposition**. Dans ce cas, on compare un fait à un autre qui n'est pas réel, mais supposé.

   Exemple: _____

EXERCICE

Dans les exemples suivants, soulignez les subordonnées et identifiez chacune d'elles.

Exemple: **Travaille <u>au lieu que tu parles</u>.**   Sub. d'opposition

1. Ce jeune homme agit comme le ferait un garçon de six ans. _____

2. Nous avons résolu ce problème comme le professeur l'a indiqué. _____

3. Quelque rusé qu'il soit, le renard a été dupé par le coq. _____

4. Cet imposteur ment comme il respire. _____

5. Nous vous rapportons le fait ainsi que nous l'avons vécu. _____

6. Si penchée qu'elle soit, la Tour de Pise défie encore le temps. _____

7. Pour grand que soit cet homme, il ne m'impressionne guère. _____

8. Cette femme généreuse reçoit autant qu'elle en donne. _____

9. Tu garderas les enfants tandis que j'irai voir ce film. _____

10. Dans les circonstances, il a agi comme l'aurait fait son père. _____

11. Elle fait ses exercices ainsi que la physiothérapeute le lui a recommandé. _____

12. Si habilement que tu la questionnes, elle ne révélera rien. _____

13. Bien que vous ayez soigneusement emballé ce vase, il s'est brisé. _____

14. Lise dessinait pendant que sa sœur lisait. _____

15. À mon retour, j'ai retrouvé ma chambre comme je l'avais laissée. _____

16. Il soigne ses relations autant qu'il peut. _____

17. Bien que tu sois ma sœur, je désapprouve ton geste. _____

18. Quelque extraordinaire que soit cette nouvelle, elle ne m'émeut point. _____

19. Ce vieux matois est aussi rusé que peut l'être un renard. _____

20. Quels que soient les obstacles, n'hésite pas à foncer. _____

21. Tout malade que tu es, tu refuses de te reposer. _____

22. Il a oublié ses bottes alors qu'il neige déjà. _____

23. Malgré qu'il ait couru, il est arrivé trop tard. _____

24. Quelque fatigant que soit ce voyage, je le ferai. _____

25. Quels que soient tes problèmes, garde espoir. _____

26. Dans ce moment difficile, mon amie m'assiste
comme elle l'a toujours fait. _____

27. Tout habile qu'il est, cet acrobate a raté son numéro. _____

28. Tu as agi ainsi que le ferait une mère. _____

29. Tandis que la chaire était à droite, je la cherchai longtemps à gauche. _____

30. Chacun le dévisageait comme s'il était une bête curieuse. _____

EXERCICE DE STYLE

Transformez chacune des phrases suivantes en remplaçant la conjonction ou la locution conjonctive soit par les deux-points, soit par la virgule, soit par la conjonction de coordination appropriée.

Exemple: **Sois plus explicite parce que je veux comprendre.**
                  Sois plus explicite: je veux comprendre.

1. Tu devrais te couvrir, puisqu'il fait froid.

   _____

2. Elle est en retard parce qu'elle a musardé en chemin.

   _____

3. Elle y a pensé trop tard si bien qu'elle a manqué son rendez-vous.

   _____

4. Il n'a rien à se mettre sous la dent, de sorte qu'il est obligé de mendier.

   _____

5. Ce sirop est efficace puisqu'il guérit la toux.

   _____

6. David est désolé parce que son chat a disparu.

   _____

7. Comme tu ne te sens pas bien, garde le lit.

   _____

8. Pourvu que tu partages, tu seras heureux.

   _____

9. Alors qu'elle se disait inflexible, elle a cédé.

10. Son geste s'explique puisqu'il avait des raisons valables.

11. Il travaille de sorte qu'il fait d'énormes progrès.

12. Comme cette athlète était bien entraînée, elle l'a emporté.

13. L'accident est survenu parce que le conducteur était en état d'ébriété.

14. Le conducteur était en état d'ébriété de sorte que l'accident n'a pu être évité.

15. Il a été renvoyé parce qu'il avait demandé une augmentation de salaire.

LEXIQUE

Dans *La pêche à la baleine* (p. 396), le poète écrit que Prosper regarde «son père dans le blanc des yeux». Trouvez dans le dictionnaire le sens des expressions suivantes, toutes formées avec le mot «*blanc*».

1. Il n'a rien à se reprocher: il est blanc comme neige.

2. Surpris, il est devenu blanc comme un linge.

3. Sa patronne lui a laissé carte blanche.

4. À l'entraînement, les soldats tirent à blanc.

5. La plupart des poètes modernes utilisent des vers blancs.

6. Il est sorti de ce procès avec les mains blanches.

7. Au début de chaque paragraphe, il faut laisser un blanc.

8. Ses associés l'ont saigné à blanc.

_____

9. Cette question posée de but en blanc m'embarrasse.

_____

10. Ignorant le montant de la transaction, elle lui a signé un chèque en blanc.

_____

11. Il a mangé son pain blanc le premier.

_____

12. Les résultats de cette joute ont été consignés noir sur blanc.

_____

13. La foule était chauffée à blanc.

_____

14. Cet orateur est ennuyeux: il parle d'une voix blanche.

_____

15. Ce blanc-bec en a encore beaucoup à apprendre.

_____

CHANSON

1 Quand il est entré dans mon logis clos,
J'ourlais un drap lourd près de la fenêtre,
L'hiver dans les doigts, l'ombre sur le dos…
Sais-je depuis quand j'étais là sans être?
Et je cousais, je cousais, je cousais…
– Mon cœur, qu'est-ce que tu faisais?

2 Il a demandé des outils à nous.
Mes pieds ont couru, si vifs dans la salle,
Qu'ils semblaient, – si gais, si légers, si doux, –
Deux petits oiseaux caressant la dalle.

De-ci de-là, j'allais, j'allais, j'allais…
– Mon cœur, qu'est-ce que tu voulais?

3 Il m'a demandé du beurre, du pain,
– Ma main en l'ouvrant caressait la huche –
Du cidre nouveau, j'allais, et ma main
Caressait les bols, la table, la cruche.

Deux fois, dix fois, vingt fois je les touchais.
– Mon cœur, qu'est-ce que tu cherchais?

4 Il m'a fait sur tout trente-six pourquois.
J'ai parlé de tout, des poules, des chèvres,
Du froid et du chaud, des gens, et ma voix
En sortant de moi caressait mes lèvres…
Et je causais, je causais, je causais…
– Mon cœur, qu'est-ce que tu disais?

5 Quand il est parti, pour finir l'ourlet
Que j'avais laissé, je me suis assise…
L'aiguille chantait, l'aiguille volait,
Mes doigts caressaient notre toile bise…
Et je cousais, je cousais, je cousais…
– Mon cœur, qu'est-ce que tu faisais?

Marie NOËL, *Les Chansons et les Heures*
© Éditions Stock

1. Quels sont les personnages en présence dans cette chanson?   /2

2. Relisez le 2ᵉ vers de la 4ᵉ strophe. À quel milieu appartiennent ces personnages?   /2
    Expliquez votre réponse.

    _____

    _____

3. Où se passe la scène?   /2

    _____

4. Qu'évoquent les mots «hiver», «ombre» dans la 1ʳᵉ strophe?   /3

    _____

5. Expliquez le sens du 4ᵉ vers.   /3

    _____

6. Quel est le sens de cette répétition: «Et je cousais, je cousais, je cousais…»?   /3

    _____

    _____

7. Quel extrait de la 2ᵉ strophe traduit l'empressement à servir l'être aimé?   /2

    _____

8. Que marque la répétition du verbe «allais», dans le 2ᵉ refrain?   /3

    _____

9. Quel sentiment traduit la 3ᵉ strophe? Quels gestes le prouvent?   /3

    _____

    _____

10. Qu'exprime la 4ᵉ strophe?   /3

    _____

11. Quel vers traduit particulièrement le plaisir que procurent ces échanges à la femme?   /2

    _____

12. Que faut-il entendre par «ma voix / En sortant de moi caressait mes lèvres.»?   /3

    _____

13. Quels sentiments exprime la 5ᵉ strophe?   /3

    _____

14. Le refrain de la première strophe est repris à la fin du poème. Qu'est-ce qui les   /4
    différencie?

    _____

    _____

15. En six phrases simples, résumez cette chanson-récit.   /6

_____

_____

LA GRAMMAIRE DE LA PHRASE ET DU TEXTE

   1. Quelle est la valeur des points de suspension à la fin du 5ᵉ vers?   /3

   _____

   _____

   2. Quel groupe nominal, dans le 1ᵉʳ refrain, est une apostrophe?   /2

   3. Pourquoi le 2ᵉ vers de la 3ᵉ strophe est-il entre tirets?   /2

   _____

   4. Quels GN de la 3ᵉ strophe sont Compl. D. du verbe «a demandé»?   /2

   5. Identifiez les déterminants qui forment ces GN.   /2

   _____

   6. Relevez une 2ᵉ énumération de GN Compl. D. V. dans la 3ᵉ strophe.   /3
       Quelle remarque faites-vous quant à la ponctuation utilisée?

   _____

   _____

   7. La marque du pluriel au mot «pourquoi», à la 4ᵉ strophe, est-elle normale?   /3
       Expliquez.

   _____

   8. Quels G. Prép. forment l'énumération dans la 4ᵉ strophe?   /2

   _____

   9. Quelle est la fonction de ces G. Prép.?   /2

   10. Dans les première et dernière strophes, relevez la circonstancielle de temps.   /4
       Indiquez si le fait exprimé par le verbe subordonné marque l'antériorité, la simultanéité ou
       la postériorité par rapport à celui qu'exprime le reste de la phrase matrice.

       a) _____

       b) _____

   11. Relevez une subordonnée interrogative dans la première strophe et indiquez sa   /2
       fonction.

   _____

   _____

12. Dans la 2ᵉ strophe, relevez une circonstancielle de conséquence. Indiquez quel mot de la phrase matrice annonce cette subordonnée. /2

_____

13. Relevez, dans la dernière strophe, la seule subordonnée relative du poème. Quelle est sa fonction? /2

_____

14. Représentez graphiquement chacune des phrases suivantes. Identifiez la subordonnée circonstancielle et donnez sa fonction. /5

a) Bien que tu aies posé un tel geste, je ne t'en veux pas.

PHRASE MATRICE	

b) Elle a tout fait pour que ses désirs soient satisfaits.

PHRASE MATRICE	

c) Si elle l'avait su à temps, elle aurait réagi autrement.

PHRASE MATRICE	

d) Comme elle l'aime, elle fait tout pour lui plaire.

PHRASE MATRICE	

e) Elle l'attendait comme elle le faisait tous les matins.

PHRASE MATRICE	

© LIDEC inc.

C LA VERSIFICATION

1. Séparez et numérotez les syllabes du premier refrain. Combien de syllabes compte /4 chaque vers? Comment appelle-t-on de tels vers?

   a) Et je cou sais, je cou sais, je cou sais…

   b) Mon cœur, qu'est-ce que tu fai sais?

   _____

   _____

2. Comment sont disposées les rimes dans les 4 premiers vers de la 5e strophe du poème? /2

   _____

3. Relevez deux rejets dans la 2e strophe. /4

   _____

D LE LEXIQUE

En tenant compte du contexte, donnez le synonyme de chacun des mots suivants. /10

1. logis (strophe 1, vers 1)   _____

2. clos (strophe 1, vers 1)   _____

3. vifs (strophe 2, vers 2)   _____

4. gais (strophe 2, vers 3)   _____

5. dalle (strophe 2, vers 4)   _____

6. De-ci de-là (refrain 2, vers 1)   _____

7. huche (strophe 3, vers 2)   _____

8. cruche (strophe 3, vers 4)   _____

9. pourquois (strophe 4, vers 1)   _____

10. ourlet (strophe 5, vers 1)   _____

QUELQUES SIGNES ORTHOGRAPHIQUES
LA DIVISION DES MOTS / L'ABRÉVIATION

– Le trait d'union

Le **trait d'union** s'utilise pour **relier** certains mots grammaticalement dépendants ou certains mots composés.

On emploie **obligatoirement** le trait d'union pour relier:

a) le verbe à l'**impératif** au **pronom** complément qui le suit (y compris **en** et **y**);

   Exemples: _____

   _____

   _____

b) le **verbe** et le **pronom sujet inversé** (**on** et **ce** compris);

   Exemples: _____

   _____

c) le «t» euphonique qui sépare le verbe de son sujet. Dans ce cas, le trait d'union doit être placé **avant** et **après** le «t»;

   Exemple: _____

d) le **pronom personnel** et le **déterminant** «**même**»;

   Exemple: _____

e) les **déterminants** et les **pronoms démonstratifs** et les adverbes **ci** ou **là**; (Dans le cas des déterminants démonstratifs, le trait d'union se place entre le nom déterminé et l'adverbe.)

   Exemples: _____

f) les **nombres composés** par **addition** et **inférieurs** à **cent**, sauf ceux qui sont reliés par «**et**»;

   Exemple: _____

g) certains **mots composés** ou certains **préfixes** à un **radical**.

   Exemples: _____

   _____

– L'apostrophe

L'**apostrophe** permet d'éviter la rencontre de deux voyelles. Dans ce cas, il y a élision de la première qui est remplacée par une apostrophe ('). Ainsi:

a) le «i» de _____ s'élide devant _____ et _____;

   Exemples: _____

b) le «e» final de _____ et _____.

   Exemples: _____

   _____

N.B. Ne s'**élide jamais** un mot placé:

a) **avant** _____ ;

   Exemple: _____

b) **avant** _____ et_____ ;

   Exemples: _____

   _____

c) **avant** _____ .

   Exemples: _____

   _____

– La division des mots en fin de ligne

Un mot placé en fin de ligne peut être divisé de diverses façons:

a) **entre deux syllabes**;

   Exemple: _____

b) entre **deux consonnes identiques**;

   Exemple: _____

c) au **trait d'union** d'un **mot composé**;

   Exemples: _____

   _____

d) **après** le **préfixe** s'il s'agit d'un mot **dérivé**.

   Exemple: _____

Remarques

La **division des mots** est interdite:

1) **avant** et **après** une **apostrophe**;

   Exemples: _____

   _____

2) **avant** et **après** x et y si ces lettres sont placées **entre deux voyelles**;

   Exemples: _____

   _____

3) dans les **mots** d'une seule **syllabe**;

   Exemple: _____

4) dans les **nombres** écrits **en chiffres**;

   Exemple: _____

après la **première lettre** d'un mot;

Exemples: _____

_____

6) dans les **abréviations**, les **symboles d'unités**, les **sigles** et les **acronymes**;

Exemples: _____

_____

_____

7) dans le **dernier mot** d'un **paragraphe** ou d'une **page**.

– L'abréviation

Une abréviation est un mot dont on a effacé certaines lettres pour le rendre moins long et ainsi gagner espace et temps. Elle s'obtient:

a) par **retranchement** des **lettres finales** à partir d'une consonne suivie d'une voyelle; l'abréviation est alors suivie d'un point;

Exemples: adjectif   ⇒ _____   conjonction   ⇒ _____

b) par **retranchement** des **lettres médianes**; l'abréviation commence et se termine par les première et dernière (ou les deux ou trois dernières) lettres du mot et n'est pas suivie d'un point;

Exemples: Maître   ⇒ _____   Compagnie   ⇒ _____

             premier   ⇒ _____   première   ⇒ _____

             Madame ⇒ _____   Mademoiselle ⇒ _____

c) par **retranchement** de toutes les lettres **sauf** la **première** qui sera suivie d'un point;

Exemples: Monsieur ⇒ _____   pages   ⇒ _____

d) par le choix de **quelques consonnes** seulement à l'intérieur de plusieurs mots.

Exemples: quelque chose   ⇒ _____

             quelqu'un   ⇒ _____

N.B.   1) Les accents et les traits d'union demeurent dans une abréviation.

Exemple: c'est-à-dire   ⇒ _____

      2) À la fin d'une phrase, le point qui suit une abréviation sert de point final.

Exemple: _____

LECTURES SUGGÉRÉES

AYMÉ, Marcel (*Le Passe-muraille / Les Contes du chat perché*)

BAZIN, Hervé (*Vipère au poing*)

BLUME, Judy (*Œil de tigre / Tiens bon, Rachel!*)

BOSSÉ, Malcolm J. (*Les 79 carrés*)

BOULLE, Pierre (*La planète des singes*)

BRANFIELD, John (*Un Chemin en Cornouailles*)

BROWN Frederic (*Martiens, go home*)

CHÉDID, Andrée (*Les Manèges de la vie / Le 6e jour / La Cité fertile*)

CLARK, Mary Higgins (*La Maison du guet / La Nuit du renard*)

COUSTURE, Arlette (*Ces enfants d'ailleurs*)

DAHL, Roald (*Kiss, kiss*)

DAUDET, Alphonse (*Le Petit Chose / Les Lettres de mon moulin*)

DUBÉ, Marcel (*Zone / Le Temps des lilas*)

DUMAS, Alexandre (*La Tulipe noire / Les Trois Mousquetaires / Vingt ans après / Le Comte de Monte-Cristo*)

DUMAS fils, Alexandre (*La Dame aux camélias*)

ELLIS, Mel (*Le Chant triste du coyote*)

FLAUBERT, Gustave (*Trois contes*)

FOURNIER, Alain (*Le Grand Meaulnes*)

GARY, Romain (*La Vie devant soi / Les Cerfs-volants*)

GÉLINAS, Gratien (*Tit-Coq / Hier, les enfants dansaient*)

GIDE, André (*La Symphonie pastorale / Les Faux-Monnayeurs*)

GIONO, Jean (*Le Hussard sur le toit / Les Deux Cavaliers de l'orage*)

GUÈVREMONT, Germaine (*Marie Didace / Le Survenant*)

HÉMON, Louis (*Maria Chapdelaine*)

HOUSTON, James (*Akavak*)

HUGO, Victor (*Le Dernier Jour d'un condamné / Les Misérables / Notre-Dame de Paris*)

JASMIN, Claude (*La Sablière / La Petite Patrie*)

KENNEDY, Richard (*Un wagon au centre de l'univers*)

KESSEL, Joseph (*Le Lion*)

LEBLANC, Maurice (*L'Aiguille creuse*)

LECLERC, Félix (*Moi, mes souliers / Adagio / Le Fou de l'île*)

LELOUP, Roger (*L'Écume de l'aube*)

...DON, Jacques (*L'Amour de la vie / Le Loup des mers*)

MAUPASSANT, Guy de (*Pierre et Jean*)

MAUROIS, André (*Le Cercle de famille / La Machine à lire les pensées*)

MELVILLE, Herman (*Moby Dick*)

MOLIÈRE (*Les Fourberies de Scapin / L'Avare / Le Bourgeois gentilhomme / Médecin malgré lui / Le Malade imaginaire*)

NODIER, Charles (*Récits fantastiques*)

NOZIÈRE, Jean-Paul (*Retour à Ithaque*)

PAGNOL, Marcel (*L'eau des collines / Manon des Sources / Marius / Topaze / Le Temps des amours*)

POE, Edgar A. (*Nouvelles Histoires extraordinaires*)

ROBINSON, Barbara (*Au diable les belles journées d'été*)

ROY, Gabrielle (*Bonheur d'occasion / La Montagne secrète / La Petite Poule d'eau / Ces enfants de ma vie*)

SAINT-EXUPÉRY, Antoine de (*Vol de nuit / Courrier Sud / Pilote de guerre / Terre des hommes*)

SAINT-PIERRE, Bernardin de (*Paul et Virginie*)

SAND, George (*La Mare au diable / La Petite Fadette*)

SCHINKEL, David et **BEAUCHESNE, Yves** (*L'Anneau du Guépard et autres nouvelles / Le Don*)

SCOTT, Walter (*Ivanhoé*)

SIMENON, Georges (*Le Chien jaune / La nuit du carrefour*)

STEINBECK, John (*Des souris et des hommes / Les Raisins de la colère / À l'est de l'Éden / Le Poney rouge*)

THÉRIAULT, Yves (*La Fille laide / Agaguk / Kuanuten, vent d'est / N' Tsuk / L'Herbe de tendresse*)

TROYAT, Henri (*La neige en deuil / Viou / L'Araigne / Faux Jour*)

VIAN, Boris (*L'Écume des jours*)

WELLS, Herbert G. (*La Machine à explorer le temps / L'Homme invisible*)

WILDE, Oscar (*Le fantôme de Canterville et autres contes*)